未来洞察のための思考法

シナリオによる問題解決

［編著］
鷲田祐一

はじめに

　本書は，日本では2000年代以降になって，経営戦略策定や技術開発戦略，あるいは研究組織や行政機関の方針策定，そして企業のマーケティング実務の現場などで徐々に注目が高まってきている，未来シナリオ手法を用いた意思決定やアイデア創造（これらを総称して未来洞察（foresight）と呼ぶ）について，学際的・多角的視点からの検討を目的としたものである。

　本書が特に焦点を当てているスキャニング手法については，文献が少ないためか，米国ではかなり以前から存在が認識され利用されてきていたにもかかわらず，日本ではしっかりと認識されないままの状態が続いてきた。また，非常に基本的な情報収集行為である上に，実施者の属人的な手腕や各企業によるカスタマイズの影響も強いため，情報収集・意思決定手法として見た場合には，1つの手法として確立させるのにかなりの困難が伴うという事実もある。カリスマ性のある伝道者的人物もいない。そのため，現在でも，ビジネス書やノウハウ書，あるいは企業のウェブサイト等の中では，スキャニング手法や未来洞察活動についての曖昧な理解や正しくない記述が散見される状態が続いている。どう贔屓目にみても，すぐに試してみたい魅力的な手法には見えていない。

　いっぽう，筆者自身が企業等にこの手法を紹介し，ともに実践する経験をすると，多くの場合，参加者たちは手法の有用性を強く認識し，自分たちでも継続的に利用・実施したいという感想を述べる。彼らの言葉の全てがお世辞とは思えない。なぜこのようなギャップが発生するのだろうか。おそらくそれは，この手法が「誰もが利用できる公知」として紹介されてこなかったことが原因だと思われる。つまり，情報共有が不完全であるにもかかわらず，手法内容自体が非常に基本的であるという著しいアンバランスのため，一般の人にとって

は，まるで霞のように，存在自体が疑わしく見えるような状態だった，ということだ。本書の発刊趣旨の一つには，このような一種の悪循環をそろそろ断ちたいという思いがある。

本書の発刊にいたる経緯は，筆者自身が㈱KDDI総研と共同研究をする機会に恵まれたことで始まった。約3年にわたる同社との未来洞察活動の中で，たくさんの優れた研究者や実務家の方々とともに，手法自体の高度化と改良を進めることができた。またそれ以前の段階では，㈱博報堂「イノベーション・ラボ」および同社と包括提携をしてきたBusiness Futures Network社による積極的な普及啓蒙活動が大きな役割を担ってきた。学術研究の場だけではなく，先端的なビジネス実務に携わる企業研究者の中で育まれてきたという点は，いかにもこの手法らしい発展の経緯ともいえる。米国でも70年代～80年代において，似たような経緯が見られた。そして，そのような機会の創造に尽力してくださった㈱KDDI総研の東条続紀氏（代表取締役社長）と平林立彦氏（顧問主席研究員）には，この場をお借りして厚く御礼申し上げたい。

社会変化の多様性に関する豊かな理解の中で，自分たち自身の未来のシナリオを考えたいという欲求は，ある意味で非常に成熟した社会のみが直面する欲求である。それは，良い言葉で表現すれば規範がない立場，悪い言葉で表現すれば，自らの行き先に戸惑っている立場，ともいえよう。日本においても2000年代以降にこの手法が徐々に注目されるようになってきたということは，つまり日本がそれだけ，良くも悪くも本当に成熟した社会になってきたということだろう。

これまでの様々な経営や意思決定の手法は，ほぼ一方的に欧米から日本への輸入という構図の中で普及してきた。日本が，先進国とはいえ，いまだに本当の意味での成熟社会とは言いきれない状況であった中では，そのような知識輸入もやむを得なかったといえよう。そして，スキャニング手法や未来洞察の手法も，またそのような知識輸入の一環ではないか，と思う人もいるかもしれない。事実，そういう見方でこれらの手法を捉えようとすれば，この曖昧で基本的すぎる手法のことをうまく理解できない事態が続いてきたという前述のような経緯も，多少は理解できるところだ。

しかし，スキャニング手法や未来洞察の普及においては，これまでの知識輸

入とは少し違うことが起こっていることに注目したい。それは，霞のように曖昧で基本的であるからこそ，この手法に興味を持ち，様々な角度から手法自体の高度化に貢献しようという姿勢を見せる日本企業や学術研究者が現れ始めているという現象である。未完成な手法であるからこそ，自分たち自身の環境の中でうまく機能するように，知恵者たちがこの手法に様々な工夫を持ち込んできているのである。本書で紹介しているそれぞれの研究は，まさにそのような試みの記録である。今までのような単純な知識輸入の時代であれば，こんな曖昧で基本的すぎる手法は，おそらくあっという間に社会の中で棄却され，文字通り雲散霧消していたことだろう。

　今後もスキャニング手法や未来洞察活動が，日本社会の中で独自に発展してゆく傾向は長期的に続いてゆくと思われる。今後はビジネス実務の土俵だけではなく，学術研究の場でも開発や研究，そして利用が増加してゆくことを期待したい。本書の試みが，そのような輪が広がってゆくための，良いきっかけになることを祈ってやまない。

　本書の全体構成は以下のとおりである。まず第1章・第2章で手法自体の開発背景，理論，および手続きの概説をする。次に第3章・第4章で，この手法についての適用事例や実証実験を紹介しつつ，そのアウトプット（未来シナリオ）が実際に的中することについての検討をする。続く第5章・第6章・第7章では，この手法の個別の要素について，認知心理実験の考え方を用いた有用性の検証をした3本の研究を紹介する。最後に第8章では，実務家への調査結果をもとにして，未来洞察活動がどのようにしてイノベーション創出に活用されうるのかについての包括的な議論を展開している。

　具体的には，以下のような内容である。第1章では，未来を予測するという行為の中で，シナリオという手法を選択することの相対的な位置づけを概説している。演繹推論，帰納推論など従来からの思考法に加え，各種研究が進む仮説的推論（アブダクション）も組み合わせて，未来の不確実性をどのようにマネジメントすべきなのかについての幅広い視点からの検討も紹介する。学術領域としては，経営学・マーケティング学を出発点にしながらも，認知科学（意思決定論），イノベーション学，デザイン学などの視点を融合させる必要性を主張している。

第2章では，これまで日本でスキャニング手法の普及をめざしてきた主要な研究者・実務家らが共著の形で，これまでの開発の経緯を紹介しつつ，日本の企業や組織で実施することを想定した詳細な手順の説明をする。またそれに伴って，それぞれの要素概念や用語に対して本書内での定義を明確化している。曖昧で基本的すぎる手法であるゆえに，それら定義と手順の説明は重要である。もちろんここで説明している手順や定義以外にも世界には様々なスキャニング手法や未来洞察が存在すると思われるが，少なくともこの第2章によって，日本の実務家や研究者に対して，一定の信頼性と安定性を持って共通理解を形成することが可能になるのではないかと思われる。

　第3章では，約10年前に国立の研究機関が実施した未来洞察活動の結果を題材にして，どのように社会変化をシナリオ化したのかについての事例を紹介する。それと同時に，実際に当時のシナリオが意図した年次が訪れたときに，シナリオが的中しているのかどうかを詳細に検証し，この手法の長所短所を議論する。

　第4章では視点を変えて，個人の日常生活の中での無意識的なシナリオ作成活動に着目した実験結果を紹介し，不確実性，リスク意識，自信，理解などの視点から，未来時点における因果関係を人間がどうマネージするのかについての考察をする。統計学を元にした他の意思決定モデルと比較したときのシナリオ手法の効用についても独自の検証結果を主張する。

　第5章では，若手の意思決定研究者が中心になって，未来洞察活動に熟練した人はどのような能力を身につけた人なのかという問題について，実務家を対象とした実証実験をもとにした独自の検証結果を紹介する。情報の取り扱い方についての新しい「エキスパート」像を主張している。

　第6章では，情報学研究者が中心になって，未来洞察活動の最初の困難要素である未来イシューの策定について，実証実験結果を紹介する。一般的なまとめ方をする設定と，多様な視点や情報の管理に長けた人材の力を借りたまとめ方をする設定を比較して，実務家が実施した未来洞察ワークショップのアウトプット（未来シナリオ）の質の違いを検証している。

　第7章では，むしろ一般の人がスキャニング手法を用いたアイデア開発を実施した場合に，どんなふうに多様な情報をマネージする傾向があるのかを国際

的な実験によって検証している．実験は，気鋭の若手教育心理研究者が中心になって進められた．情報の多様化について，一般的に信じられていることとは異なる傾向が検証されたことから，アイデア作成課題における外部情報提供の在り方についての示唆を主張する．

最後に第8章では，経営学の研究者が，未来洞察活動を経験・理解した実務家への意識調査をもとにして，これら手法がどのようにイノベーション創出に貢献しうるのかを論じている．そのような吟味を通じて，シナリオ手法と連携して利用されることが多い「デザイン思考」との対比と役割分担，そしてこの種のイノベーションを実現する際の，デザイナー職人材の重要性を主張する．

本書は全体として，創造性を元にしたイノベーション実現という大きな目標を掲げ，実務の中で育まれてきた未来洞察の諸手法を，幅広い学際的な視点から理解・解釈した書としてまとめられている．実務・学術の別を問わず，また個人・組織の別も問わず，未来洞察の諸手法を積極的に活用することを通じて，多くの人々が手法の高度化や普及に参加できるガイドとしての書を目指したつもりである．

このような意欲的な書の執筆・編集という大役を与えていただいたことについて，各執筆者および関係各位には，あらためて心から感謝の意を述べたい．また，企画の実現と編集全般を担当してくださった㈱KDDI総研の篠原聡兵衛様と永久保綾子氏，㈱勁草書房の永田悠一氏，そして，学術的視点からいつも温かく支えていてくださる東京大学の植田一博教授と堀井秀之教授にも，この場をお借りして深く御礼申し上げる．

2016年2月

鷲田祐一

目　次

はじめに　　i

第1章　未来を洞察するための思考法の選択　　　　鷲田祐一　1

1.1　予測手法の発展　　1
1.2　意思決定におけるシナリオの活用　　4
1.3　未来予測と未来洞察　　8
1.4　演繹推論・帰納推論・アブダクション　　14
1.5　予測シミュレーションや量的・質的調査とシナリオの関係　　19
1.6　デザイン思考を用いたアブダクション　　24
1.7　経営における思考決定方法の選択　　27

第2章　スキャニング手法とインパクトダイナミクス手法の概説
　　　　鷲田祐一・粟田恵吾・石野幹生・藤原まり子・Geoff Woodling　　33

2.1　はじめに　　33
2.2　時間軸の設定　　37
2.3　ワークショップ形式とメンバー選定　　39
2.4　スキャニング・マテリアルのデータベース　　44
2.5　未来イシューの策定　　52
2.6　スキャニング　　59
2.7　未来変化のマッピング　　65
2.8　インパクトダイナミクス　　72
2.9　未来シナリオの活用　　78

第3章　10年先の社会技術問題シナリオ作成の試みと実際に10年が経過した時点でのシナリオ検証　　鷲田祐一・三石祥子・堀井秀之　　85

3.1　社会技術問題と本研究の目的　85
3.2　2006年実施の未来洞察ワークショップの経緯　87
3.3　2006年時点で作成した2015年の社会変化仮説　92
3.4　技術開発と社会変化の再構成による未来シナリオ作成（2006年段階）　96
3.5　抽出された社会技術問題例と解決への示唆（2006年段階）　100
3.6　2006年に作成された環境自動車関連シナリオの再検討（2015年段階）　105
3.7　結論と今後の課題　116

第4章　シナリオ作成とその評価　　鷲田祐一・本田秀仁・引谷幹彦　　119

4.1　シナリオ作成行為と，研究の動機　119
4.2　先行研究　121
4.3　中心課題と仮説　125
4.4　実験設定　127
4.5　実験結果と仮説検証　134
4.6　ディスカッションと未来洞察への示唆　139
4.7　結論と今後の課題　144

第5章　未来に関するアイデア生成のエキスパートとノンエキスパートは何が違うのか？：認知プロセスの分析
　　　　本田秀仁・鷲田祐一・須藤明人・粟田恵吾・植田一博　　147

5.1　はじめに　147
5.2　方法　149

5.3　結果・考察　151
　5.4　結　論　158

第6章　ユーザー視点の導入による事業アイデアの質の向上
　　　　　　　　　和嶋雄一郎・鷲田祐一・冨永直基・植田一博　163

　6.1　はじめに　163
　6.2　ユーザー視点を導入したアイデア生成　167
　6.3　評定結果　174
　6.4　総合考察　176
　付　録　186

第7章　情報の多様性がアイデア生成に及ぼす影響の検討
　　　　　　　　　清河幸子・鷲田祐一・植田一博・Eileen Peng　189

　7.1　はじめに　189
　7.2　実験1　196
　7.3　実験2　202
　7.4　総合考察　206
　7.5　結　論　208
　付　録　211

第8章　未来洞察による新商品開発とイノベーション
　　　　　　　　　古江奈々美・鷲田祐一・藤原まり子　215

　8.1　実務における未来洞察手法　215
　8.2　市場の予測可能性とイノベーション概念の関係性　216
　8.3　企業組織の中での未来洞察　225
　8.4　イノベーションを育むのは，個人か，組織か，社会か　235

8.5 結論と今後の学際的研究への期待　241

事項索引　247
人名索引　250
著者紹介　253

第1章　未来を洞察するための思考法の選択

鷲田祐一

1.1　予測手法の発展

1.1.1　過去の歴史を学ぶことで未来を予測

　経済学の究極的な目標は，経済事象の完全予測であるという主張もあるほど，未来に起こる事象を予測することに対して，人類はあくなき試みを繰り返してきた。占いの歴史は紀元前に遡る。農業の発展は，気象の法則性を正確に予測する技術の進歩と不可分であった。多くの宗教もまた，預言者の存在によって定義づけられていることが示すように，未来の予測が大きな存在意義になっている。科学の発展もまた，未来事象の予測が大きな動機の一つになっていることは疑いの余地がない。このように予測の歴史とは，人類文明の発展そのものといっても過言ではないだろう。

　そのような事実があるゆえに，歴史学の動機の一つもまた，未来の予測にあると言える。一見するとこれは逆説的に見えるが，過去に発生したことは未来において再現される可能性が高いという経験則を認めれば，実は容易に理解されるだろう。人間が歴史を知ろうとする理由の，少なくとも一つは，歴史の中に今後起こることへの参考事例を探すことである。いわゆるコンドラチェフ循環論や雁行形態論（赤松，1956），あるいはプロダクトライフサイクル論（Vernon & Lewls, 1991）などの「歴史は同じパタンを繰り返す」ことを主張する論はすべて，歴史の中に未来を予測する要素があることを前提にして，それをフレームワーク化した論といえよう。

　また，ビジネススクールで一般的に利用されているケーススタディ法は，法

律学における判例研究を基礎にして発展してきたものであるが，判例とはまさに裁判によって積み重ねられてきた司法の歴史そのものである．判例を研究することによって，個々の事案の詳細を超えた普遍性を理解することがそのエッセンスである．それと同様な手法を企業経営の意思決定に当てはめたのがケーススタディであり，そこでも過去の企業経営の事案を理解することによって，未来を予測しうる普遍的なフレームワークを見出そうとする試みと言える．社会科学全般において，ケーススタディ法は実験による検証と対比される形での長所短所が検討されているが (Eckstein, 2000)，どのような領域の議論であれ，ケーススタディ法の考え方の基本は，過去の経験や知識を一般化することにあるのは不変と言えよう (Stake, 1978)．

1.1.2　力学で予測

　古来様々に試みられてきたこれらの歴史を参照した予測の方法は，いわば時系列の変化それ自体のダイナミクスを前提にした方法といえる．しかし19世紀以降は，それ以外の方法も盛んに試みられるようになった．古典力学を参考にして開発され発展した新古典派経済学における一般均衡理論 (Debreu, 1959) の考え方は，時系列変化それ自体のダイナミクスを前提にせず，純粋な因果関係のみをもとにしてある財の経済規模の最適化を推計するモデルであった．「他の全ての要素が一定であれば」という独特の前提（セテリスパリブス）のもと，未来の事象を説明する重要な要素が決定されるメカニズムを同定し，時間がたてばやがてそのメカニズムに従って，1つの均衡点に達することを予言する，という方法である．複雑系科学が存在しなかった当時，純粋理論的にはセテリスパリブスは成立し，ゆえにすべての経済現象は予測可能と考えられていた．現代経済学の視点でみれば，新古典派経済学の一般均衡理論は，それ自体の予測能力はもはや議論の対象ではなくなったが，物事の未来を予測する思考の道具としての存在意義は今でも健在である．

1.1.3　統計で予測

　20世紀に入ってから，特に戦後にコンピュータが開発され，データ処理の能力が圧倒的に高まってからは，理論モデルによる推論だけではなく，実際の

データを用いた統計手法によるモデル自体の推計と，それを用いた未来予測が一気に進歩した。データの収集とはつまり，歴史を数字で理解する行為に他ならない。つまり統計とは，データを用いた歴史のモデル化と解釈することもできよう。

　中でも，重回帰分析の手法は現代の未来予測行為において非常に便利に利用されている。同時に，他の統計的推計から得られた値を重回帰式に外挿することで，複数の統計的予測モデルを互いに関連づけて複雑な事象の予測を試みるシステムダイナミクス手法（Forrester, 1958）も社会事象のシミュレーションや政策立案等で盛んに利用されている。システムダイナミクス手法は，複雑な事象を1つのシステムとしての全体像でとらえ，要素間のフィードバック構造をモデル化し，互いに外挿する関係で複数の重回帰式を結びつけることで，全体として問題の原因解析や解決策を探るためのシミュレーションモデルを作り上げる統計手法の一種といえる。イタリアとスイスに本拠地を置くシンクタンクであるローマクラブが1972年に発表した地球環境破壊に関するレポート（Meadows et al., 1972）がシステムダイナミクス手法を用いて長期の地球環境破壊予測をしたことで有名になった。

　システムダイナミクス手法の多くは，互いの外挿関係で多くの重回帰式を連結するが，たいていの場合は，分析者が任意に入力できる係数が少数存在する。その任意入力の係数の多寡によって，シミュレーション結果全体が上ブレしたり下ブレしたりする現象がよく見られ，一般に「上位推計」「下位推計」などと呼ばれる。このような状況の場合，その任意入力の係数をどう定めるかが大きな問題になるが，その際に，その任意の値を定めるための背景として，様々な未来に関する前提が必要になる。この「未来に関する様々な前提」こそが，初歩的な「シナリオ」である。

　統計的な予測ではその他に，共分散構造分析（豊田，1998）が頻繁に用いられるようになっている。共分散構造分析には様々なものがあるが，代表的手法である「構造方程式モデリング」式計の場合もまた，観測する変数を分析者が任意に設定する必要がある。この任意設定の段階でもまた「様々な前提」が必要になり，「シナリオ」に近い概念が必要といえる。

1.2 意思決定におけるシナリオの活用

1.2.1 意思決定研究の中で揺れ動くシナリオ手法の位置づけ

　統計的手法と並行して進化してきた概念として，意思決定研究という領域がある。その中でもシナリオを用いる手法は徐々に導入が検討され，その効用の検証も進められてきている。しかし約半世紀にわたってシナリオというものが実務での意思決定の現場で便利に活用されてきているにも関わらず，学術研究としての意思決定研究の中では，その位置づけは不明確なままである。

　Mietzner & Reger（2005）はシナリオ手法がどのように発生し，研究開発されてきたのかを，1940年代から戦後すぐの米空軍の研究開発などに遡って概観し，それら研究の系譜を「とりあつかう変数」と「シナリオ自体の形式」という2つの視点で分類した。その結果1970年代以降，シナリオ手法が未来研究のパラダイムを大きく変化させてきたことを検証したものの，同時にその定義や手法は今に至るまで様々に揺らいでいることも指摘している。

　近年の意思決定研究では階層分析法などをはじめとする多基準意思決定法の研究が主流であるが，Stewartらは，この多基準意思決定法とシナリオ手法を組み合わせることの有効性を検討した（Stewart, French, & Rios, 2013）。その結果，シナリオ手法は特に複雑系の問題を取り扱う際に有用であるが，この考え方をさらに進めると，結果的には，従来から存在するルールベースのエキスパート意思決定システムにおける信念ネットワークの設定（あるいはベイジアンネットワーク・システム）とほぼ同様の概念に帰結する，と結論している。つまり，多基準意思決定法が前提にしている概念系では，シナリオ作成という行為自体の固有の意味はうまく見いだせなかったということである。

　しかし，その他にも，やはり多基準意思決定法の一つとされる目標計画法とシナリオ手法を組み合わせた手法の有効性を検討した研究（Durbach & Stewart, 2003）もある。彼らの研究によれば，目標計画法とシナリオ手法は非常に相性が良く，実務への応用が期待されると主張している。

　他方，ビジネス実務においては，de Geus（1988）とWack（1985）の研究などによって，シナリオ手法が人間の意思決定に大いに役立つとする主張が大き

く注目されることとなった。特に後者はロイヤルダッチシェル社がシナリオ・プランニングを導入したという有名なケースを紹介しており，わが国のビジネス実務におけるシナリオ手法紹介の起源のように認識されている（西村，2003）。

　このような，概念と評価の揺れ動きが起こってきた理由の1つは，ひと口にシナリオといっても，それが指す内容がかなり多様である，という問題だと思われる。Bradfield（2008）は，シナリオには主に（1）経験ベースによるアネクドータルなシナリオ，（2）より学術的な，小規模な実証研究の理論的な解釈を下支えするために利用されているシナリオ，という2種があることを指摘した上で，後者については，今後も多くの認知心理学的な議論や検証が必要であろうと主張している。Bradfieldは特に，シナリオ作成プロセスにおける，知識の構造化と平易化，そして演繹的推論と帰納的推論の共存について興味を持って論じている。演繹的推論は，探究的（exploratory）な前方推論（forward inference）による因果律（causality）と深く関連しており，他方，帰納的推論は先見性（anticipatory）に基づく後方推論（backward inference）による効果性（effectuality）と深く関連しているとする概念整理を前提にして，それらが相互に作用しながらシナリオが作成されるとする論理は，意思決定研究にシナリオ手法を位置づけるための解りやすい出発点になると考えられる。

　このように，概念と評価が定まらないシナリオ手法に対して，意思決定研究者や実務家がどのように向き合うべきか，については，HenrionとDruzdzelの研究（Henrion & Druzdzel, 2013）がある。彼らによれば，研究者や実務家が物事を決めようとする際に，多基準意思決定法を元にした「信念」という概念を用いるか，それともシナリオ手法の「推論」という概念を用いるかは，現段階では，究極的には使う人の好みやスタイルだと言うしかなく，むしろ状況にあわせて上手に使い分けることが重要とのことである。つまり，少なくともシナリオ手法は，多基準意思決定法の有力なオルタナティブであることは間違いないということである。

1.2.2　二段推論によるシナリオの定義

　このように，学術的な理解は必ずしも捗々しくないシナリオ手法であるが，企業の経営戦略やマーケティングのプロセスにおいては，利用範囲が確実に増

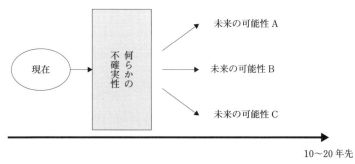

図1.1 「シナリオ」という概念（筆者作成）

大してきている。日本でも，前述のように，ビジネスコンサルティングの現場ですでに積極的に活用されている（西村，2003）。ここまで述べてきたとおり，ひと口にシナリオといっても様々な手法があるが，本書でのシナリオの定義は，図1.1のように，現在から未来に向けて，何らかの不確実性を超えた先に複数の可能性を設定し，それをあらかじめ記述し理解する，という行為を総称したものであり，近未来に起り得る意思決定に向けての心構えを事前に作ることで，たとえ大きな社会変化が来たとしても，実際に「その時」を迎えたときに正確で迅速な戦略意思決定ができるようにする，という効用がある。このような定義を基にしてシナリオ手法を用いて経営戦略やマーケティング戦略を考案する作業全体を「未来洞察（英語ではforesight）」（鷲田，2006）と呼ぶこともある。

繰り返しになるが，本書におけるシナリオを作成するという行為は，目の前の不確実性に対して何らかの仮定をまず自ら置き，その上でそれによって起こる結果も合わせて想定する，という二段推論をする思考過程である。言い換えれば，未来に起こる因果関係を設定し，その原因と結果の両方をセットであらかじめ想起し意思決定する思考過程と定義できる。このような構造を持っている過程ゆえ，作成されたシナリオの良し悪しを評価するのは，一般的な予測の成果物を評価する（つまり的中したかどうか）のとは，やや違う側面を持つ。

このような二段推論による定義は，前述の多基準意思決定法で頻繁に用いられる信念ネットワークの図とやや似ている。しかし信念ネットワークには時系列概念がないのに対して，シナリオの二段推論には明確な時系列概念が設定さ

れている点が最も違う。そしてそれゆえ，信念ネットワークではどの要素が原因でどの要素が結果なのか，についての前提が何も存在していないが，シナリオの二段推論では，手前の不確実性が原因で，後方の可能性が結果である，という前提が明確に存在している点も大きく違う。

1.2.3 利用可能な知識の範囲を広げる

　意思決定にシナリオを利用するという行為については，実はすでに非常に多くの先行研究がある。アメリカ国防兵站局では，本書で説明する未来洞察手法とほぼ同様の手法を使用した社会変化予測システムが運用され，物資の調達や配送の方針を考える際に利用されている (Schoemaker, Day, & Snyder, 2013)。シナリオを創造する場合に最も重要なことは，幅広い情報源からできるだけ多くの知識を利用することで，いわゆる「外部性」の影響で初期の想定が大幅に変化してしまう可能性を事前に察知することである。一見すると何の関係もないように見える出来事が，意外な形で未来の不確実性に大きな影響を及ぼすかもしれない。しかし，このような「外部」にあるような知識は，まさに「外部性」という名前のとおり，かなり努力して収集しなければ，利用可能にはならないものである。

　Leung, Maddux, Galinsky, & Chiu (2008) は，外国での居住経験がある人物のほうが，シナリオなどを作成する際に重要な創造性の発揮について，正の関連をもつことを示している。なお Maddux & Galinsky (2009) によると，この正の関連性は，創造性を測定する各種の実験課題（洞察課題，連想課題，生成課題など）や，実験参加者の属性（社会人，大学生など）が異なっていても認められる頑健なものであることが示されている。これらの結果は，外国での居住経験によって，利用可能な知識の範囲が広がったことによるものと解釈できるが，裏を返せば，利用可能な知識の範囲がシナリオ生成時に影響していることを示していると考えられる。

　このように，シナリオを作成するという行為においては，利用可能な知識の範囲が創造的な活動のパフォーマンスを左右するという点において，心理学における創造的問題解決の一つである洞察問題解決における制約論的アプローチ（開・鈴木, 1998; Knoblich et al., 1999; Ohlsson, 1992）の指摘と共通している。制

約論的アプローチでは，個人の経験や自然な傾向性が制約となって問題解決時の探索範囲を規定し，目標状態への到達を阻害していると考える。また，目標状態と現状とのズレが制約強度にフィードバックされることにより，制約の影響が弱められることで，最終的には探索範囲が変化し，目標状態への到達が達成されると考える。洞察問題解決研究で通常用いられている課題とシナリオ作成という行為は，目標状態が明確かどうかという点に大きな違いがあるものの，個人の内的な制約によって利用可能な知識の範囲が限定され，そのことがパフォーマンスを阻害するという点は共通する見解と言える。このように，より良いシナリオを作成するためには，利用可能な知識の範囲を限定する制約を緩和させ，広範な知識の利用可能性を高めることが重要と考えられる。

1.3 未来予測と未来洞察

1.3.1 演繹的な未来予測

　未来にむけてどのようなシナリオを描くのかという研究においては，わが国では従来，デルファイ法（Dalkey & Helmer, 1963; Gordon & Helmer, 1964）や技術ロードマップ法（香月，2008），あるいは前述の重回帰分析やシステムダイナミクス法を用いた，いわゆる演繹推論型の手法が主流であった。日本の代表的な技術ロードマップには，経済産業省が作成する「技術戦略マップ」がある。各領域の有識者が，それぞれの専門分野についての技術開発の展望を記述している。この「技術戦略マップ」をもとにして経済産業省製造産業局の各種政策や国立研究開発法人新エネルギー・産業技術総合開発機構の補助事業などが推進されている。またデルファイ法を用いた未来シナリオ作成については，日本は世界的な実績がある。それをまとめたのが，未来工学研究所が発刊した「2040年の科学技術」（文部科学省科学技術政策研究所・未来工学研究所，2010）である。これは文部科学省が中心になって定期的に実施している大規模なデルファイ調査であり，2015年までで9回実施されてきている。

　デルファイ法は，図1.2にあるように，大きく3つのステップで構成されている。まず個別技術領域の有識者に当該技術領域の有望な要素技術に関する未来ビジョンを執筆してもらう。次にその未来ビジョンをその領域ではない有識

デルファイ法（Delphi Method）

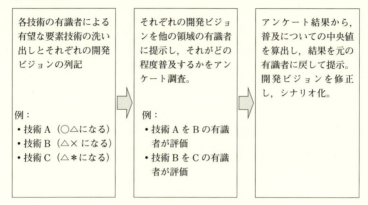

図1.2　デルファイ法の概略（筆者作成）

者数名に匿名で転送し，内容の妥当性を学術論文の査読をするような形式で評価してもらう。最後にその評価結果をもとの執筆者にフィードバックし，評価内容を反映させて未来シナリオを修正する。このようなステップを多数の有識者間で実施し，同時に大量の要素技術に関する未来ビジョンを作成し，全体を中分類・大分類などで括って俯瞰し，それぞれの領域の未来シナリオを構成する。

　技術ロードマップ法も，図1.3にあるように大きく3つのステップから構成されている。ここでもまず個別技術領域の有識者に当該技術領域の有望な要素技術に関する未来ビジョンを執筆してもらう。次にそれら有望な要素技術の未来ビジョンを時系列の表上に列記し，全体を俯瞰することで浮かび上がる大きな総合技術ビジョンを描き出し，それを技術開発シナリオとする。最後にその総合技術ビジョンのシナリオが実現されることを前提にして元の個別要素技術ビジョンに具体的開発目標をフィードバックする。特にどのようなタイミングでどのような水準の開発が必要かを明確化し，それを未来年表の形で表現する。この未来年表型の開発水準段階表が，一般に技術開発ロードマップと呼ばれているものである。

技術ロードマップ法（Technology Roadmap）

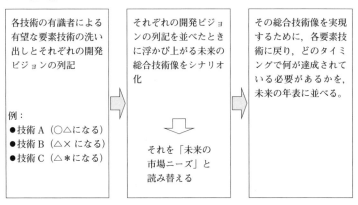

図1.3　技術ロードマップ法の概略（筆者作成）

　しかし，これら手法によるシナリオは，現在の直線的な延長でしか未来を描くことができないという問題があったり，楽観的な技術進化可能性に偏る傾向があったりして，従来とは違う方向性の出来事が発生したときに，実際にどのような現象が発生するのかをシナリオ化する力が弱いという特徴がある。この弱点が発生する原因は，いわば現代の科学技術研究開発の「縦割り型」「深堀り・蛸壺型」の体制そのものにあると思われる。図1.2および図1.3にあるように，デルファイ法や技術ロードマップ法は，有識者の属人的な知見にあえて大きく依存した形での議論に焦点をあてる手法であるゆえ，「縦割り専門性」によって生ずる視野の狭さを克服することに限界があると言わざるをえない。
　また，前述のシステムダイナミクス法は，基本的には既存の過去のデータをもとに作成した複数の重回帰式に，仮想の「未来」データを少数外挿するという手法なので，いわば少数の従来とは違う未来の影響を，膨大な過去のデータで帳消しにする過程とも言える。

1.3.2　帰納的な未来洞察

　このような問題を解決するための糸口は，どこにあるだろうか。それは，

第1章 未来を洞察するための思考法の選択　　　　11

さまざまな「帰納」的情報集約手法：

● SEPTEmber 分析法，あるいは PEST 分析法
　・政治・法律（political environment）　・経済（economic environment）
　・社会（social environment）　　　　　　・技術（technological environment）
●「スキャニング」法

共通の手順：

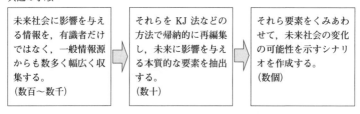

図1.4　帰納推論型手法の概略（筆者作成）

　「たとえ専門的な有識者であっても，研究者である以前に一人の生活者である」という視点に立ち戻って，専門的な問題の外側にある多くの要素からの影響（たとえば海外の人口動態，政治的な変化，国際問題，地勢的な問題，民間企業の活動，生活者の意識や文化などの要素から発生する様々な影響）を積極的に議論することにある。そして，実はこのような外部的なテーマにおいても，有識者たちは優れた視点や洞察力を持っているものである。
　そのような外部的な幅広いテーマを効率的に議題に乗せるためには，図1.4のような帰納推論型手法が大変優れている。この種の手法では，科学技術や生産体制の外部にあるような社会変化の発生要因を，大胆に科学技術や生産体制の議論からいったん切り離し，もっぱら外部的な問題を，むしろ一人の生活者として議論し，その後に，それらの社会変化が技術開発や生産側のシナリオと「交差」したときに，いったいどんな相乗効果を生むのかを議論するというステップを持っている。
　日々の生活の中で起こっている予測困難な変化事象をよく調べてみると，意外にも，元は遠い外国で起こったムーブメントであったり，同じ現象が他国ではもっと早く，そして明確な形で起こっていたりすることが非常に多く見受け

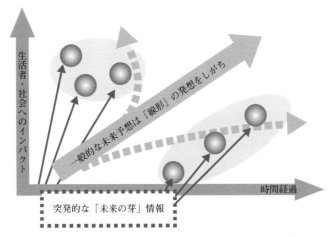

図 1.5　非線形な未来の芽になる情報の概念図（筆者作成）

られる。また，まったく関係のなさそうな分野で起こった流行が，いつの間にか巨大な潮流になってしまうことがある。突発事象の「芽」ともいえる微細な社会変化に着目して，その方向性を精密に議論することで，不確実な未来の兆しを捉え，視点の拡張を促すのが帰納推論型手法の特徴といえる。

　このような帰納推論型手法の基本的な前提は，非線形な未来変化というものである。一般的に，人間は未来を予測しようとするときに，暗黙のうちに未来は現在の線形の延長線上にあると仮定していることが多い。たとえば重回帰分析などを多用する需要予測の手法はその傾向が顕著であるし，前出のデルファイ法を用いた先行研究もある意味では同様の仮定を置いている。これはひとえに現状での技術に対するやや楽観的な将来期待を反映させてしまっている結果であり，その領域の専門家が予測すれば，その傾向はいっそう強まる。しかし，帰納推論手法では，図 1.5 にあるように，むしろ線形の延長線上にある情報をあえて外した情報ばかりを収集・吟味することで，まさに予測（forecast）ではなく，未来を洞察（foresight）しようと試みる。

　ここで言う線形延長線上を外した情報というものには様々なものが考えられる。たとえば東日本大震災時に発生した原発事故のように，平時には問題にな

第1章 未来を洞察するための思考法の選択

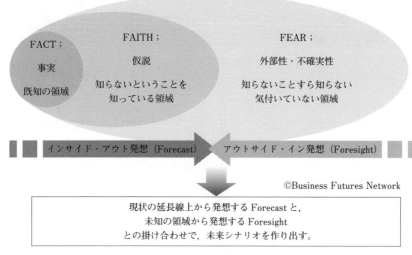

図1.6 帰納推論によるアウトサイド・イン発想（Business Futures Network社資料）

らないが非常時に対してきわめて脆い社会体制が存在しているとか，自国にはまだ影響がないが，隣国で徐々に始まり，密かに浸透しはじめている社会変化，さらには統計データには挙がってこないが，一部の敏感な層の人には暗黙の了解事項になっている隠れた事実などが挙げられる。あるいは現状の技術を根本的に代替してしまうような基礎技術の開発が密かに進んでいる，などの情報も当てはまる。このような情報に対して，人間は半ば無意識に目を背けてしまう傾向がある。また，一見すると社会の趨勢とはまったく関連していないように見える生活者のちょっとした行動や習慣・文化的流行の発生の中に，社会を線型的に変化させることを阻む兆候が見つかる場合もある。同様に，新しい立法や行政施策の話題なども重要である。それらは，いわゆるバタフライ効果（遠くの蝶の羽ばたきが，複雑な因果関係を経て目の前の大きな現象の引き金になるというような効果：「風が吹けば桶屋が儲かる」もほぼ同義）のように，未来において外部的影響を与えてくる可能性があるからだ。

　これらの外部性情報は，多くの場合は，まだ小さな出来事である。図1.6にあるように，いわば多くの人にとって「知らないことすら知らない情報」とも

いえる．未来に発生する出来事を予見するには，そのような小さな出来事のニュースをいち早く知り，それらをなるべく多く蓄積し組み合わせることで，次に起こりうることをシナリオ化するという方法が効果的である．小さなニュースであっても，同様の傾向・同様の原因と思われるような現象があちこちで同時多発していれば，それは未来の予兆といえる．

このように小さな芽になるような情報を幅広く，そしていち早く収集する，という行為は，実は近代以前から実施されてきた方法である．大航海時代や帝国主義の時代においても，自国の富を増加させるための，未来予測への投資は，この方法で活発に行われてきた．世界中に冒険家や官吏を派遣し，幅広い情報をいち早く集めることで，自国のリスク対応力，機会活用力を高めることができると強く信じられてきた．

わが国でもようやく国レベルでこのような帰納推論をもとにした未来洞察の手法的導入の検討が始まっている（治部，2011）．欧米諸国の動向等を概観しながら，わが国でも同様の体制整備の必要性を強く訴えている．しかし現段階では，欧米で実施されている多様な手法に対する理解が不足しており，また，そのような主張の成果物の1つである科学技術振興機構（JST）の情報システム「J-GLOBAL foresight」の構成には，帰納推論的手法を実装するための具体的な仕組みが限定的・実験的にしか導入されていない．全体として，わが国の学術研究組織による未来洞察の取り組みは，従来的な演繹的データ分析の枠から十分に抜け出ているとは言い難く，試みはまだ始まったばかりというべき状況である．

1.4 演繹推論・帰納推論・アブダクション

1.4.1 様々な解釈論

ところで，はたして帰納的推論とはいったい何か，という問題が浮かび上がる．演繹・帰納という言葉は，立場によって違う解釈や定義がなされていることが非常に多く，そのような解釈・定義の違いゆえに，議論がかみ合わないこともある．特に議論者の間に文系・理系などの教育背景の違いがある場合などでは，帰納という概念が，ともすると「いいかげんな根拠のない話」のように

解釈A (数学)	演繹 直接証明できる論理関係	数学的帰納 間接証明できる論理関係	未知	
解釈B (古典科学)	演繹 完全に証明された論理式で表現可能な関係		演繹ではないもの＝帰納	
解釈C (現代科学)	演繹 完全に証明された論理式で表現可能な関係	帰納 証明されていないが論理式で表現可能な関係（仮説）	論理的ではない関係	
解釈D (人間の直感)	演繹 完全に証明された論理式で表現可能な関係	帰納 証明されていないが論理式で表現可能な関係	アブダクション 論理的ではないが関係が推察される状態	関係が推察されない状態

図 1.7 様々な演繹・帰納（筆者作成）

見えてしまうケースがあり，無用に議論を混乱させる危険性がある．

　そのような解釈・定義の違いを分かりやすいように対比させて一覧できるようにしてみたのが図 1.7 である．

　解釈Aが最も狭義な定義であり，数学を元にした立場である．その起源は非常に古く，紀元前まで遡る．この立場の場合，世の中の多くの思考方法が，演繹でも帰納でもない領域に残ってしまい，それを「論理的ではない（少なくとも数学的ではない）考え方」と規定してしまう危険性がある．問題は，厳密性を追求しようとする裏返しとして，そういう演繹でも帰納でもない領域にある思考のことを，前述のとおり過度に軽視してしまう人がいるという事実である．多くの学術的な書物や教科書に出てくる「演繹・帰納」の言葉の定義説明がこの解釈Aをもとにして書かれていることも問題をいっそう複雑化する要因であろう．

　解釈Bでも同様なことが起こりやすい．解釈Bは古典科学によく見られる立場であり，現在でも多くの理系教育の基礎的な立場になっている．ここでも演繹的ではないもののほとんどが帰納という言い方で片づけられる傾向があり，

しかも勢い余ってか，それを「科学的ではないもの」として思考想定から除外してしまう危険性がある。先の原発事故や論文不正事件などで多くの問題発言の元になってしまった，いわゆる「想定外」という言葉使いの根本的原因がここにあり，同時に帰納的な考え方自体を過度に軽視する風潮の温床にもなっている。前述の「縦割り専門性」のジレンマも同じ構図で発生することが理解できるだろう。

　それらに対して，解釈Cはかなり現実的である。あえてここでは現代科学の立場としてまとめてある。この立場では，帰納的な思考法をいいかげんなものとして蔑むのではなく，これも重要な人間の本来的思考法であると捉え直し，とりあえず「論理的ではないもの」と区別して考える試みがなされてきている。特に，科学における仮説を構築したり，その仮説の元になる着想をどう生み出すか，などを考えたりする場合において，創造性の発露に重要性を置き，それらと帰納推論が関係していると考える立場である。前述の心理学における制約論的アプローチなどもまさにこれに当たる。

　いっぽう人間が日常生活を営む際には，解釈Dのようにさらにその外側にも直観的に思いをめぐらすことを自然に実施している。ここで重要なのは，論理的ではない領域においても，なんらかのかすかな関係性が直観される場合には，それを仮に描いてみるという行為が追加されている点である。これをアブダクションと呼ぶことが多い。デザイナーやクリエーターなどの実務家は，思考実験的なアウトプットを視覚化して提示することが多いが，それはまさしくアブダクションの典型といえる。

　未来洞察における帰納推論的な手法とは，解釈C，あるいは解釈Dの立場をとっている。そのような立場をとらなければ，意味のあるシナリオ創造やその評価に支障が出るからである。古典科学の立場に固執する人から見れば，確たる論拠もなく不確実性に対する仮定を置くシナリオ発想自体が論理的ではない行為にみえて嫌悪を感じる場合もあるかもしれない。しかしそういう立場を脱する努力をしなければ，近未来における不確実性に備えようという考え方自体を身に着けることができず，結局は社会変化に対応できなくなり，また「想定外」と自己弁護を繰り返す危険性もあるのではないだろうか。

1.4.2 プロセスごとに思考方法を切り替える

具体的な未来洞察の作業においては，図1.8のように，演繹推論，定量的な予測，帰納推論，アブダクション，そして最終的なメッセージの記述，というふうに，プロセスごとに様々な思考方法を切り替えながら進めることが重要である。最初から最後まで首尾一貫した思考をもとにした作業のほうが良いのではないかと考える人もいるかもしれないが，実際にはそのようなやり方をすると，首尾一貫というよりも，シナリオが個人の文学作品のようになってしまうことが多い。一遍の物語を書く場合や，主張や論陣を張るための書籍などであればそれも良いのであろうが，経営の意思決定に利用する未来洞察のアウトプットとしては，そのような個人の作家性の発露はあまり適さない。

ただし，実際にこのように多様な思考法を適宜切り替えてチーム作業をしたり多くの情報を管理しつつ議論をしたりするのは，実はたいへん難しい作業である。成功させるコツは，作業の参加者全員でなるべくこのような思考法の切り替えを共有し，それを明確に意識しながら議論をすること，そして，無用に焦ることなくそれぞれのプロセスにおける議論をしっかりと時間をかけてやり

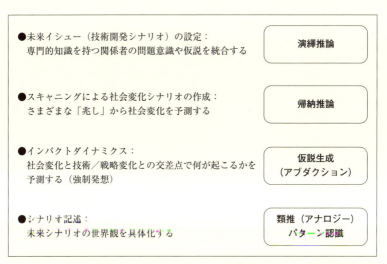

図1.8　未来洞察プロジェクトで用いられる作業ステップ（筆者作成）

遂げることだと思われる。議論を尽くすという行為は，ともすると時間の無駄，あるいは単なるおしゃべりではないかという懸念に直面する場面もあるだろうが，実はそういうおしゃべりのような行為の中で，チーム員が思考法の切り替えをしっかりと実感しそれを実践するための「思考の深み」を作り出す原動力になっている場合も多い。これは学術研究であれ，ビジネス上の研究であれ，同じである。何事も時間効率による生産性だけが重視される昨今の風潮の中では，難しい場合もあるが，あきらめずにそれを実現する努力をすることが重要である。

1.4.3　KJ法の活用

　帰納的な推論方法を使ってシナリオのアイデアなどを議論・検討する場合に有用なのが，いわゆるKJ法（川喜田・牧島，1970）によるまとめ方である。KJ法では，それぞれのデータ（この場合はアイデアや，個別の事象など）をカードに記述し，そのカードをグループごとにまとめて，図解し，論文等にまとめてゆくというプロセスを用いることが多い。KJ法の進め方には諸説あるが，図1.9のように，単なる「分類」ではなく，類似する要素の「本質要素の抽出」を目指すことが共通に重要な点である。「分類」は容易かつ直観的な推論方法であるが，いったん「分類」をしてしまうと，その基準から外れた要素をかえって見落としてしまう危険性が高まる。図1.9の場合であれば，形で分類をしてしまったため，色という要素を見落としがちになるということである。そのような「分類」に対して，上手なKJ法では，与えられたデータに共通な本質

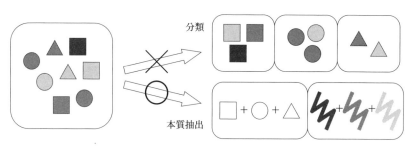

図1.9　KJ法の概要（筆者作成）

を端的に見抜く努力がなされる。本質を抽出できれば，対象にしている事実の特徴を余すところなく理解できる。

1.5 予測シミュレーションや量的・質的調査とシナリオの関係

1.5.1 シミュレーション手法のメリット

ところで昨今では，未来に発生することを予測するための手段として，各種のシミュレーションを用いることが増えてきている。前述のシステムダイナミクス手法もそのままシミュレーションモデルとして利用可能である。シナリオ手法と，シミュレーション，および統計学に基づく量的調査の関係はどのように整理できるであろうか。

前述のとおり，システムダイナミクス手法においては，分析者が任意に入力できる少数の外挿データをどう設定するか，という点で，その設定の前提としてシナリオをもちいることが有用である。いっぽう，システムダイナミクス以外のシミュレーション手法としては，マイクロ・シミュレーションや，それをさらに発展させたマルチエージェント・シミュレーションがある（Gilbert & Troitzsch, 2005）。マイクロ・シミュレーションとは，過去の統計データをもとに現状の趨勢がそのまま続けば，10年後にはどうなっているのか，を条件付き確率論の考え方を用いて，個票レベルで再現する，というシミュレーターを構築し，それを何度も回して平均をとってみることで，10年後の社会の姿を浮き彫りにしてみる，という手法である。さらにマルチエージェント・シミュレーションの場合は，個票同士の間に相互作用を設定し，それら自体をネットワーク化することで，さらに複雑な関係性を再現しようとする手法である。

このようなマイクロ・シミュレーションやマルチエージェント・シミュレーションを用いることのメリット，特に通常の未来予測に用いられる重回帰分析との違いは，これらシミュレーションは，元の統計データの全ての要素についての動的変化を，個票レベルでも全体平均レベルでも自由に観察できるという点である。通常の未来予測で使われる重回帰分析の場合は，ターゲットにする目的変数を1つに絞り，それを説明できる諸説明変数を統計データから取り出し，それぞれの説明変数間の関係を当てはまりよく説明できる回帰式を選び出

す，というプロセスで構成されている。問題はこの当てはまりのよさを選ぶ視点である。回帰分析の特性上，式の次数を高めればいくらでも局所的な当てはまり度合いは高められるが，あまりやりすぎると未来に出現するかもしれない外れ値（つまり外部性要因）の説明力が極端に弱まるというジレンマがある。ゆえに分析者は最終的に使う説明変数の数をなるべく減らし，また重回帰式の次数もできれば1次式で表せるものにするのが通常である。このジレンマをすべて算術で演繹的に処理・判断することは不可能なので，どのような変数をいくつ残すかについては，分析者が（いくつかの論拠をもとに）帰納的に判断する必要がある。

しかし，このように元のデータを何度も処理・加工した上で帰納的に判断をする，という順番で分析をすると，結局は分析者が望む結果を出すために説明変数自体や重回帰式自体を恣意的に操作することが容易にできるようになってしまう。

たとえば，$Y = Ax_1 + Bx_2 + Cx_3 + D$ という重回帰式で表される予測値があるとして，係数Aが正の値，係数Bと係数Cが負の値だとしたときに，もし分析者がなんらかの都合や事情でYの値が大きな結果を潜在的に望んでいるとすれば，係数Bや係数Cの値を少し控えめにしたり，x_2 や x_3 を説明変数として使うこと自体を中止したりする可能性があるということだ。予測という行為は，どのようなものであれ，ある程度このような恣意的な修正がつきものであるのだが，問題はこのような重回帰式上での恣意的操作は，実際の元の統計データに対してどのような意味を持つ操作なのかが解りにくいということである。たとえば係数Bを0.1小さくするという修正は，元の現象に対してどういう意味をどの程度の大きさで持ちうるのか，ということが直観的には解らない。重回帰式の導出プロセスにおいて，物事の抽象化を先にしてしまっているので，その結果として出てきた，いわば架空の値としての係数Bを変化させてしまうことの意味もまた非常に抽象的にしか理解できないということだ。

しかし，マイクロ・シミュレーションやマルチエージェント・シミュレーションを用いて未来予測をする場合には，どこかを修正して吟味する際にも，シミュレーター上に，変数間の因果関係が抽象化されずにそのまま実装されているので，意味や程度がきわめて直感的に理解できる修正をすることができる。

いわばいろいろな原因要素を変化させることで，どのような結果が出るのか，を眼の前で確認しながら修正できるということである．たとえば現状の日本の労働に関するアンケート調査をもとにして10年後の日本の労働環境を予測するマイクロ・シミュレーションモデルを構築したとして，現状の離職率をどの程度引き上げれば10年後の就業者数が現状と同様に維持できるのか，という検討をする場合，現状の統計データから，ある人が1年間に失職する確率を実際に求め，その確率を少し修正した場合にはたして10年後にどうなるのか，というような吟味を実施することができる，ということだ．この場合の失職確率は抽象的な架空の値ではないので，元の統計データを再確認すれば，その背景の事情を容易に理解できるものである．たとえばあるサンプルは失職する直前に降格しているとか，また別のサンプルは家族構成が激変している，などの事情を読みとることができる．それゆえ，その失職確率を高めるという修正行為が，実際の社会に対してどのような意味をどの程度持つのかも容易に理解できるということだ．

1.5.2 シミュレーターでシナリオを再現実験

　そして，このようなシミュレーター上の因果関係をもとにして，原因要素を変化させる，というプロセスにおいて，シナリオという考え方が整合的であるといえる．前述のとおり本書におけるシナリオとは，目の前の不確実性に対して何らかの仮定をまず自ら置き，その上でそれによって起こる結果も合わせて想定する，という二段推論をする．この二段推論は，シミュレーター上で原因要素を変化させてその影響でどんな結果が出るのかを検討する，という行為にそのまま置き換えることが可能である．ゆえに，分析者が様々なデータをもとにして帰納推論をして作成したシナリオが，シミュレーター上で本当に再現されるのか，そして再現されるためにはどの程度の大きさで原因が変化する必要があるのか，を量的に理解できるということである．もしも帰納推論で得たシナリオと，シミュレーターが導出した結果が全く違うものだとすれば，帰納推論のプロセスにどこか間違いがあるのかもしれない．あるいは帰納推論上は重要な問題だと思われた要素が，実はそれほど重要ではなく，代わってそれ以外の隠れた要素が思わぬ重要性を秘めている（つまり別の「外部性」が発見され

る）ということかもしれない。

　一方，シミュレーター上でどんなふうに原因要素を操作しても帰納推論で得られたシナリオが予見する結果が出ないのだとすれば，それは現状の延長線とは全く違う，非連続な変化を伴う未来がやってくることを暗に予見している，という解釈も可能である。たとえば前述の 10 年後の労働環境の予測シミュレーターにおいて，現状の就業状況の原因要素を大胆に変化させても，現状の日本の国力が大幅に増強されるような未来をシミュレーターが描き出すことがないとしよう。これは，日本が米国や中国に伍するような高い成長率を 10 年後に再び得るためには，現状の個々の企業の人事・採用施策や労働行政がどのような努力をしてもなお不足であり，それに加えて，現状ではまったく想定しないような外部要素（たとえば外国人移民の大量受け入れや，ロボットや人工知能の大量導入による労働生産性の劇的な上昇，あるいは定年に関する制度や習慣の劇的な変化による高齢者就業年限の大幅な延長など）が必須であるということが暗示されていると解釈できるだろう。

　同様の現象を報告している先行研究もある。前述のとおり，いわゆる複雑系の問題について従来の意思決定手法にシナリオ手法を組み合わせるのは有用であることを数多くの研究が検証してきているが，さらに Spangenberg（2006）は，コンピュータを用いたシミュレーション手法にもシナリオ手法を組み合わせる検討をしている。その結果，不確実性に対して自己組織化現象が発生する（つまり創発現象を含む）進化的なシステムがシナリオ手法と非常に相性が良いと結論している。つまり，分析者は初期の動機としては因果関係の中の外挿値を求めるためにシナリオ手法を導入するものの，それにとどまらず，シミュレーション・システム自体が初期に想定していなかったような別の因果関係を示すことがあり，それこそがシミュレーション手法とシナリオ手法を組み合わせる真の効用だという主張である。このような主張は，大澤（2003）によるチャンス発見とシナリオ創発の研究とも整合的である。

1.5.3　量的・質的データ分析者の協働プラットフォーム

　このように，シミュレーターとシナリオの両方を慎重に比較検討することで，未来に向けての意義深い洞察が可能になるが，その際に，シミュレーター構築

の元になる量的データ，そしてシナリオ作成のための帰納推論のもとになる質的データを十分に確保しておくことが重要であるのは言うまでもない。一般に量的データと質的データは，調査研究の，かなり根本的な手法的相違のように捉えられることが多く，どちらかだけが得意・不得意，という議論がなされやすいものである。このような議論において，齟齬が発生する要因になっているのは，実は手法的な違いやデータの姿の違い，ということの以前に，データが取り扱う時系列的な焦点の違いであるといえる。つまり端的に言えば，量的データは主に過去から現在までの趨勢を扱い，質的データは主に現在から未来にむけての趨勢を扱っていることが多い，ということだ。ゆえに量的データを好む研究者の目からみると質的データは信憑性に欠ける話に見えることが多く，逆に質的データを好む研究者の目からみると量的データは何の発見もないつまらない数列に見えることが多い。このような齟齬によって実りある協働が妨げられることがあってはならない。

　シミュレーションという手法は，量的データを未来時点に引き寄せるために有用な方法である。またシナリオという手法は，質的データに明確な時系列概念をもちこむために有用な手法である。有識者ヒアリングなどで得られた質的データが示す微細な予兆情報が，その有識者の個人的な意見という範囲を超えて吟味・検討の俎上に乗るのは，単なるヒアリング発言録という形ではなく，それをもとにして作られたシナリオという形になったときである。そして，これら2つが揃うことで，量的・質的データ問題による齟齬がかなり緩和できることも多い。つまり未来洞察の作業は，量的・質的データの実りある協働のためのプラットフォームになりうる。

　Casey et al.（2001）は，シナリオ手法をその他の一般的な質的調査手法と比較分析しているが，そこでもシナリオ手法は主に未来をイメージする手法であり，複雑系問題において変化のドライバーが何なのかを同定する点において高い信憑性を発揮するが，その結果自体の信憑性を議論すべき対象ではない，と結論している。本書の主張もこの分析と整合する。

1.6 デザイン思考を用いたアブダクション

1.6.1 デザイナーのためではなく，工学系意思決定者の創造性回帰のため

　演繹・帰納の議論の整理ができたところで，最後にもう一つの思考方法であるアブダクションとシナリオについても考えてみたい。アブダクションに関連する概念として，過去 10 年あまりにおいて，いわゆる「デザイン思考（design thinking）」（Brown, 2009）にまつわる議論が高まり，それらについての書籍・論文が多数発表されるようになった。

　田浦（2012）は，デザイン思考というものがいったいどんな概念であるかを探る研究の中で，デザイナーが一般的に創造行為を行うときの動機に着目し，abductive（個人的）な動機を積極的に用いていることを発見した。そして，この abductive な動機を社会的動機と対比させて描き出し，それが演繹でも帰納でもない形で，新しい技術の可能性や利用の可能性を類推的に生み出すことをモデル化した。このようなプロセスは，まさに図 1.8 で示した工程の後半部分に整合的である。しかしここまでの説明で明らかなように，本書で説明するシナリオ発想を用いた未来洞察の手法は，デザイナーの創造活動のための手法ではなく，むしろ企業経営の中の汎用的な意思決定のためのものである。なぜそのような汎用的な意思決定の手法に「デザイン」という領域から発された概念が応用されているのか。まずこの問題について少し整理をすることが必要であろう。

　いわゆるデザイン思考という概念は，「デザイン」という言葉を使ってはいるものの，実はデザインは主題ではなく，むしろデザインという行為やデザイン産業に長く根付いてきた思考方法を汎用的な道具として利用しながら，生産性追求一辺倒に陥りがちな企業組織の中に創造性を回復させようという概念といえる（鷲田, 2014）。創造性の回復という問題はたしかに現在の日本企業にとって非常に重要な指摘なので，過去 10 年あまり，注目が高まってきたといえよう。

　いっぽう，デザイン思考は実務家であるデザイナーたちにとっては，かなり外部的なものとして受け止められてきたことが，いくつかの先行研究によって

指摘されている。由田（2012）は，デザイン思考という言葉が90年代初頭にデザイン産業内に出現し，その後その伝道者たちによって広く紹介されてゆく過程を振り返りながら，デザイナー実務家としての自身のキャリアと重ね合わせ，いかに当時のデザイン実務とは異質のものであったのかを説明している。Verganti（2009）は，本当に優れたデザインを生み出したいのであれば，デザイン思考が指し示す方向性は忘れるべきだとまで主張している。

　実務的な意味でのデザイン思考とは，デザイナーが創造行為を実施するにあたって暗黙的にやってきた様々な手法や文化的行動のエッセンスを論理的な枠組みでとらえ直し，デザイナーではない人にでも模倣できるように汎化し整理した体系だと考えられる。そしてさらに，それを経営に応用することで，硬直した企業論理の中に，文化性と創造性を回帰させようという一連の試みだと考える。ゆえに，本書で説明しているシナリオ発想の手法と連動して利用されやすい概念といえる。逆にそれゆえに，デザイナー実務家にとっては，あまり興味をそそらないものであり，時にはその汎化のやり方に違和感すら覚えるのだろう。

　過去10年あまりで普及してきたいわゆるデザイン思考は，「エスノグラフィ」や「ラピッド・プロトタイピング」というようなキーワードで紹介される，経営における意思決定プロセスについての新提案と解釈すべきものであろう。エンジニアなどの工学系の実務家や経営コンサルタント，あるいは工学系研究者が，技術主導の意思決定がなされやすいエンジニアリング領域において，ユーザーを起点にした発想ができるように，ということを目的にした議論である。代表的な著作としては奥出（2007），紺野（2010），オスターワルダー・ピニョール（2012）などがある。

　たとえば奥出は，自身が実務上経験した米国企業の意思決定手法の中に，日本企業にはない斬新な概念を見出し，それを自身の言葉で手順書として解説しながら，その斬新な概念がなぜ米国では利用されていて日本では利用されていないのか，についての解説を試みている。また紺野もエスノグラフィという人類学で伝統的に使われてきた調査手法の紹介を起点にして，従来の工学研究者やエンジニア実務者が見落としがちな定性的観察調査の重要さを主張している。

1.6.2　社会問題解決もデザイン思考で

　もともとは個人的な動機をもとにした創造性の発露がデザイン思考の根底にあるはずなのだが，むしろそれを社会的動機にも拡大しようとする議論もある。代表的な先行研究としてはスミス（2009），筧（2011）などが挙げられる。この種の議論でもデザインという行為は主眼ではなく，むしろそれによって解決されるべき社会問題への意識喚起に最大の目的がある。社会問題解決というテーマもまた，生産性一辺倒の企業行動に対するアンチテーゼの一つとして，リーマンショック以降，大きな話題になっている。つまりこの種の議論は，デザイン思考と社会起業（あるいは社会問題解決）という2つのトレンドをうまく合体させて，市場原理主義や株主資本主義が自明的に生んでしまう社会矛盾を鋭く指摘し，創造性と倫理観で今までとは違う解決策を模索しようという試みである。

　現代の企業経営手法やマーケティング手法は，効率性・生産性を追求するあまり，いつしか創造性や文化性の問題について，著しく疎くなってしまっている側面がある。会計制度も同様で，売上を極大化しようとするあまり，細かい決算報告を出すこと自体が半ば目的化してしまっており，それが原因と思われる大企業の不祥事も複数発生している。株価重視の昨今の企業経営では，それもある程度やむを得ないのかもしれない。株主の期待は，長期的な企業資産の増大ではなく明日の株価の上昇であるのは明白だが，それでも株主主権を謳わないわけにはいかないからだ。

　そのような経営環境に囲まれた日常の中では，文化性や創造性の大切さ，あるいは社会的な問題の解決などということを提言することすら困難な雰囲気がある。そのような閉塞感から脱するための一助としてデザイン思考は強い支持を得てきたといえよう。シナリオを用いた意思決定もまた，極所的で短期的な思考に支配されて閉塞している経営意思決定に，別の選択肢を複数もたらすことで，近未来における意思決定に「心構え」を作るという効果がある。2つの思考方法は互いに整合的であり，また文化性や社会全体の趨勢などの「外部性」要素を積極的に取り扱うという具体的な共通点もある。ゆえに2つを連結・連動して活用しようという試みは，いわば自然な発想とも言えよう。

1.7 経営における思考決定方法の選択

1.7.1 時代的な要請

筆者は，この未来洞察の手法について2015年段階で，すでに10年あまりの研究を続けているが，研究を開始したばかりの頃，日本経済が成熟するにしたがって，このような手法の時代的な必要性が高まると考え，以下のように記述した（鷲田，2006）。

> しかし，日本の企業や生活者の視野から2015年の世界を眺めようと思えば，この「未来洞察」という能力が必要不可欠になる。2015年時点において，これまでのようにアメリカが日本のことをかばい続けてくれるとは思えないし，中国の発展と様々な意味での台頭によって，日本が今まで経験したことのない競争環境が生み出されることは想像に難くない。そんな困難な未来を乗り切るために，そして今まで以上に日本の企業や技術が，あるいはそのライフスタイルが，世界の一員として貢献し評価されるようになるために，日本企業は，未来洞察の能力を大幅に強化する必要がある。そしてそれが「追いつけ追い越せ」時代からの卒業を意味している。

2015年を迎えた今，この記述を再び読むと，過去10年あまりのこの手法に関する研究の積み重ねが非常に的確な時代的要請を想定していたように思われる。まさに現代の日本企業は，米国と中国の激しい競争の狭間で，困難な未来を切り開いて行かなければならない立場にある。ある意味でこの手法の研究への取り組み自体が，一種のメタな未来洞察になっていたと言えるかもしれない。

1.7.2 経営学の系譜の中での位置づけ

沼上（2009）は，戦後の世界の経営戦略研究を幅広い視点でマップ化し，その学派的特徴と発展の系譜を理解しながら，それぞれの長所短所を組み合わせて総合的に企業の戦略行動を考え議論してゆくことが重要と説明している。沼上によると戦後の世界の経営学はおおむね5つの系譜に分類されるが，その中

でも戦略計画学派と創発戦略学派は，その戦略策定の基本フレームワークを時間軸に置いているという点において，本書で説明するシナリオを用いた意思決定の視点と類似している。本書で説明する内容は，ミンツバーグに代表される創発戦略学派（ミンツバーグ・アルストランド・ランペル，1999）と基本的視座の多くを共有していると分析される。

　しかし，沼上の研究は，経営学の発展の視点からの研究であり，またその研究の目的を企業行動のより良い理解や，実務における理論の実践に置いている。ゆえに，本書でシナリオ発想の比較対象の例として挙げた統計分析手法やシミュレーション手法，あるいは意思決定論の発展などは，それ自体を直接的に分類対象にしていない。あるいは，経営学がこの世に誕生してくる以前の段階の経済学の系譜については言及が限定的である。

　事象をどのように理解し，どのようにデータ化し，そしてそのデータをどのようにモデル化し，どのように活用するか，という視点は，経営学あるいは社会科学というよりも，むしろ統計学や情報学，あるいは人類学や認知科学などに由来する捉え方かもしれない。このような視点を付加して沼上の研究をさらにもう一段汎化する試みは，おそらく可能であろう。そうすれば，シナリオを用いた未来洞察の手法も自然に経営学的な分析対象に含まれるようになるかもしれない。たとえばOthman（2008）は戦略計画学派の主要な成果物であるバランススコアカード手法とシナリオ手法の組み合わせ手法の検討をしており，外部性要素を経営意思決定に持ち込むという視点においてきわめて相性が良いという結論を導いている。また西村（2015）は，ポジション・ベースド・ビュー経営学の代表的存在であるマイケル・ポーターの研究成果とシナリオ手法を組み合わせた実務手法の有用性を主張している。このような新しい試みの研究は今後も増加すると思われるが，それでもなお，シナリオという道具を企業の意思決定に用いる試みは，まだまだ始まったばかりという段階というべきであろう。前述の科学技術振興機構（JST）の「J-GLOBAL foresight」の試みも，学術研究に留まることなく実務の世界にも積極的に進出すべきである。そのような過程を経る中で，未来洞察やシナリオ手法というものが，学術と実務の両面，そして文系と理系の両面において，多様な先行研究や実践経験の縦糸横糸の中に編みこまれ，一つの有用な知識開発領域として定着・理解され，広く活

用されてゆくことを願いたい。本書がそのような試みの礎になれば幸いである。

参考文献
赤松要（1956）．わが国産業発展の雁行形態：機械器具工業について　一橋論叢，**36**, 514-526.
Bradfield, R. M.（2008）. Cognitive barriers in the scenario development process. *Advances in Developing Human Resources*, **10**, 198-215.
Brown, T.（2009）. *Change by Design: How Design Thinking Transforms Organizations and Inspires Innovation*. New York: Harper Business.
Casey, M. A., Donner, J., Kirsch, S., & Maack, J. N.（2001）. Introduction to the Issues. In Krueger, R. A., Casey, M. A., Donner, J., Kirsch, S., & Maack, J. N.（Eds.）, *Social analysis: selected tools and techniques*. Social Development Department, The World Bank. pp. 1-3.
Dalkey, N. C., & Helmer, O.（1963）. An Experimental Application of the Delphi Method to the Use of Experts. *Management Science*, **9**, 458-467.
Debreu, G.（1959）. *Theory of Value: An Axiomatic Analysis of Economic Equilibrium*（Cowles Foundation Monographs Series）. Yale University Press.
de Geus, A. P.（1988）. Planning as learning. *Harvard Business Review*, **66**(2), 70-74.
Durbach, I., & Stewart, T. J.（2003）. Integrating scenario planning and goal programming. *Journal of Multi-Criteria Decision Analysis*, **12**, 261-271.
Eckstein, H.（2000）. Case study and theory in political science. In G. Roger, M. Hammersley, & P. Foster（Eds.）, *Case study method*. SAGE Publications. pp. 119-164.
Forrester, J. W.（1958）. Industrial Dynamics: A Major Breakthrough for Decision Makers. *Harvard Business Review*, **36**(4), 37-66.
Gilbert, N., & Troitzsch, K. G.（2005）. *Simulation for the social scientist*. McGraw-Hill International.
Gordon, T. J., & Helmer, O.（1964）. *Report on a Long-Range Forecasting Study*. CA: RAND Corporation.
Henrion, M., & Druzdzel, M. J.（2013）. Qualitative propagation and scenario-based explanation of probabilistic reasoning. arXiv preprint *arXiv*: 1304. 1082.
開一夫・鈴木宏昭（1998）．表象変化の動的緩和理論：洞察メカニズムの解明に向けて　認知科学，**5**, 69-79.
治部眞里（2011）．未来をとらえる科学とは：フォーサイトを俯瞰する　情報管理，**54**, 200-210.
筧裕介（2011）．地域を変えるデザイン：コミュニティが元気になる30のアイデア　英治出版．
川喜田二郎・牧島信一（1970）．問題解決学：KJ法ワークブック　講談社．
Knoblich, G., Ohlsson, S., Haider, H., & Rhenius, D.（1999）. Constraint relaxation and chunk

decomposition in insight problem solving. *Journal of Experimental Psychology: Learning, Memory, & Cognition,* **5,** 1534-1556.

香月祥太郎（監修）(2008). 技術ロードマップの設計・導入・実施と研究開発戦略への活用 技術情報協会.

紺野登 (2010). ビジネスのためのデザイン思考 東洋経済新報社.

Leung, A. K-y., Maddux, W. W., Galinsky, A. D., & Chiu, C-y. (2008). Multicultural experience enhances creativity. *American Psychologist,* **63,** 169-181.

Lupton, E., McCarty, C., McQuaid, M., & Cynthia, S. E. (2010). *Why design now?: National Design Triennial.* New York: Cooper-Hewitt, National Design Museum, Smithsonian Institution. (ラプトン, E.・マカーティ, C.・マケイド, M.・スミス, C. 北村陽子 (訳) (2010). なぜデザインが必要なのか：世界を変えるイノベーションの最前線 英治出版)

Maddux, W. W., & Galinsky, A. D. (2009). Cultural borders and mental barriers: The relationship between living abroad and creativity. *Journal of Personality and Social Psychology,* **96,** 1047-1061.

Meadows, D. H., Meadows, D. L., Randers, J., & Behrens III, W. W. (1972). *The Limits to Growth.* New York: Universe Books. (メドウズ, D. H.・メドウズ, D. L.・ラーンダズ, J.・ベアランズ3世, W. W. 大来佐武郎（監訳）(1972). 成長の限界 ダイヤモンド社)

Mietzner, D., & Reger, G. (2005). Advantages and disadvantages of scenario approaches for strategic foresight. *International Journal of Technology Intelligence and Planning,* **1,** 220-239.

Mintzberg, H., Ahlstrand, B., & Lampel, J. (1998). *Strategy safari: a guided tour through the wilds of strategic management.* New York: Free Press. (ミンツバーグ, H.・アルストランド, B.・ランペル, J. 齋藤嘉則（監訳）木村充・奥澤朋美・山口あけも（訳）(1999). 戦略サファリ 東洋経済新報社)

文部科学省科学技術政策研究所・未来工学研究所（編）(2010). 2040年の科学技術：第9回文部科学省デルファイ調査 未来工学研究所.

西村行功 (2003). シナリオ・シンキング：不確実な未来への「構え」を創る思考法 ダイヤモンド社.

西村行功 (2015). 「未来を読む」ビジネス戦略の教科書 毎日新聞出版.

沼上幹 (2009). 経営戦略の思考法 日本経済新聞社.

Ohlsson, S. (1992). Information processing explanations of insight and related phenomena. In M. T. Keane, & K. J. Gilhooly (Eds.), *Advances in the psychology of thinking,* vol. 1. Hertfordshire, UK: Harvester. pp. 1-44.

奥出直人 (2007). デザイン思考の道具箱：イノベーションを生む会社のつくり方 早川書房.

大澤幸生 (2003). チャンス発見の情報技術：ポストデータマイニング時代の意思決定支援 東京電機大学出版局.

Osterwalder, A., & Pigneur, Y. (2010). *Business model generation: a handbook for visionaries, game changers, and challengers.* Hoboken, NJ: John Wiley & Sons. (オスターワルダー,

A.・ピニョール, Y. 小山龍介（訳）(2012). ビジネスモデル・ジェネレーション：ビジョナリー, イノベーターと挑戦者のためのハンドブック　翔泳社）
Othman, R. (2008). Enhancing the effectiveness of the balanced scorecard with scenario planning. *International Journal of Productivity and Performance Management*, **57**, 259-266.
Schoemaker, P. J. H., Day, G. S., & Snyder, S. A. (2013). Integrating organizational networks, weak signals, strategic radars and scenario planning. *Technological Forecasting and Social Change*, **80**, 815-824.
Smith, C. E. (2007). *Design for the Other 90%*. New York: Cooper-Hewitt, National Design Museum, Smithsonian.（スミス, C. 槌谷詩野（監訳）北村陽子（訳）(2009). 世界を変えるデザイン：ものづくりには夢がある　英治出版）
Spangenberg, J. (2006). System complexity and scenario analysis. In ninth biennial conference of the international society for ecological economics "Ecological sustainability and human well-being", New Delhi, India.
Stake, R. E. (1978). The case study method in social inquiry. *Educational researcher*, **7**(2), 5-8.
Stewart, T. J., French, S., & Rios, J. (2013). Integrating multicriteria decision analysis and scenario planning: review and extension. *Omega: International Journal of Management Science*, **41**, 679-688.
田浦俊春 (2012). デザインの社会的動機：技術成熟化社会における Pre-Design と Post-Design の役割　日本デザイン学会誌デザイン学研究特集号, **20**, 8-11.
豊田秀樹 (1998). 共分散構造分析：構造方程式モデリング　朝倉書店.
Verganti, R. (2009). *Design-Driven Innovation: Changing the Rules of Competition by Radically Innovating What Things Mean*. Cambridge, MA: Harverd Busiess School Publishing Corporation.
Vernon, R., & Wells, L. T. (1991). *The economic environment of international business*. Prentice Hall.
Wack, P. (1985). Scenarios: unchartedwaters ahead. *Harvard Business Review*, **63**(5), 73-89.
鷲田祐一 (2006). 未来を洞察する　NTT 出版.
鷲田祐一 (2014). デザインがイノベーションを伝える：デザインの力を活かす新しい経営戦略の模索　有斐閣.
鷲田祐一・三石祥子・堀井秀之 (2009). スキャニング手法を用いた社会技術問題シナリオ作成の試み　社会技術研究論文集, **6**, 1-15.
由田徹 (2012). デザイン思考の背後に見え隠れするもの　日本デザイン学会誌デザイン学研究特集号, **20**(1), 56-57.

第2章　スキャニング手法とインパクトダイナミクス手法の概説

鷲田祐一・粟田恵吾・石野幹生・藤原まり子・Geoff Woodling

2.1　はじめに

2.1.1　本手法が生まれた経緯

　本章ではスキャニング手法およびインパクトダイナミクス手法について，読者が実際に実施することを想定して，具体的な手順の説明をする。

　スキャニング手法およびインパクトダイナミクス手法は，1970年代に米国のスタンフォード・リサーチ・インスティテュート（SRI）が開発した未来洞察の手法である。この手法の開発に関する初期の経緯の概略は以下（Loveridge, 2008）である。

　スキャニング手法の原型が最初に学術の世界に記録されたのは，ハーバードビジネススクールの戦略論の教授であったAgular（1967）が「Scanning the Business Environment」という書籍を発刊したときである。Agularは企業がどのようにして外部環境変化の情報を入手するかについて4つの「情報を見るモデル」を提示して論じ，「ETPS」分析という手法としてまとめている。これは「Economic」「Technical」「Political」「Social」の頭文字をとったものである。このような考え方は，現在では第1章で説明したPEST分析（あるいはSEPTEMBER分析）という名前で利用されている手法と同様のものと考えられ，本書で説明しているスキャニング手法よりも簡略で初歩的な手法と解釈できる。Agularの考えを元にして，1969年に米国生命保険協会のArnold Brown副会長（当時）が高騰する保険料率の算定の一助にするためにスキャニング手法を協会の判断材料として採用した。

その後，1974年になると，SRIの「Long Range Planning Service」という部署が，最新のビジネストレンドやその潜在的な可能性をディスカッションするオムニバス形式のプログラム「Corporate Associates for Environmental Monitoring (CAEM)」を開始した。翌年には経営戦略論の創始者的研究者であるアンゾフが，スキャニングが重視する「弱いシグナル（未来の芽情報）」に着目した論文（Ansoff, 1975）を発表した。その後，SRIは同組織を発展させ，「The Business Intelligence Program (BIP)」を発足させた。

いっぽうこの頃，スキャニング手法の開発自体は，未来洞察（foresight）活動を導入・促進するコンサルティング企業が中心的に担っていた。1977年に前出のArnold Brown氏が，同僚のEdith Weiner氏とHal Erich氏とともに，未来洞察コンサルティング企業WEB社をニューヨーク市に設立し，民間企業や公共団体へのサービスを開始していたのである。SRI-BIPはこのWEB社が開発を続けてきたスキャニング手法を正式に導入し，現在のスキャニング手法の基礎を確立した。SRI-BIPはスキャニング手法を中核にすえた未来洞察活動を世界の200社以上のクライアントに提供するようになった。当時は「early signs of change あるいは faint signal（weak signal：本書では「未来の芽」情報と記述）」を導きだした上で，SRI-BIPの専門メンバーによる詳細な議論や評価を加えた産業界別レポートを定期的に発刊し，コンサルティング活動に利用する，という形式であった。特に装置産業や素材産業のように，未来の不確実性に弱い企業が，SRI-BIPのプラットフォームを中心にして横断的に交流することで，手法的な発展が進んだ。

80年代になると，欧州，カナダなどにスキャニング手法は広く伝播していった。同時に本章の筆者のうちの2名を含むSRI-BIPの設立者たちが中心になって，80年代にはBusiness Futures Network社を設立（Business Futures Network, 2015），欧州やカナダでの普及啓蒙と，手法のさらなる開発を中心的に担うようになっていった。この頃，その他の未来洞察コンサルティング企業（シナリオ手法で有名なシェルグループ，BPグループ，Rand研究所のメンバーが合流して設立した米国Institute for the Future社，シェルグループから派生した米国Global Business Network社など）も次々に設立され，スキャニング手法の担い手は，学術ではなく実務の世界に移って行った。その後も，長年にわたって，

米国，英国，カナダ，北欧などの国を中心に，様々な企業や実務家によって改良され，現在に至っている。これらの企業は互いに競争をしつつも，人的・業務内容的な交流も続け，協力しながら手法開発をしてきた経緯がある。

いっぽう，この間の学術領域での取り組みはどうであっただろうか。Business Futures Network 社のアソシエイト研究員でもあるマンチェスター大学の Loveridge（2008）の言葉を借りると，「スキャニング手法は未来洞察の世界のシンデレラ（不幸なヒロイン）だ」とある。それは，スキャニング手法が未来洞察やシナリオ手法の最も基本の情報入手プロセスを担っているにも関わらず，基本であるがゆえに手法的に不安定なまま様々に普及してしまい，しかも学術面での研究や検証が後手に回ってしまったため，経営学の他の手法のように脚光を浴びることがなかった，という意味である。この手法の初期の原型にあたる手法としては，Environmental Scanning and Monitoring（Liam & King, 1977; Mueller & Smith, 1984）があり，1960年代から米国で研究開発が開始されてきたようだ。当時からの研究文献を現代の目でみると，欧米においても手法的な試行錯誤が続いている（Stoffels, 1994; Choo, 1999; Albright, 2004）ように見え，そのため後続研究の中には，概念定義が不安定なものが多く見られる。特に，戦略計画学派と創発戦略学派（沼上, 2009）の間での手法開発目標自体の揺らぎ，あるいは，第1章でも説明した未来洞察（foresight）と未来予測（forecast）の間での概念の揺れ，そしてスキャニングとモニタリングの分類の不明瞭さ（Narchal, Kittappa, & Bhattacharya, 1987）などの問題で，スキャニングの初期の目的が達成されていないと思われる研究（Prebel, Rau, & Reichel, 1988）もある。日本の経営学や情報学の学術研究者の多くがいまだにスキャニング手法の存在自体をほとんど知らないのは，このような不幸な経緯の影響もあるだろう。

たとえばフランスでのスキャニング手法の活用を調査した先行研究（Lesca, 2013）では，戦略的なスキャニング活動は「Competitive Scanning」「Technological Scanning」「Image (Branding) Scanning」「Society Scanning」「Economic Scanning」「Marketing Scanning」「Legal Scanning」「Commercial Scanning」「Geopolitics Scanning」「Climatic Scanning」「Patent Scanning」「Event Scanning」「Opinion Scanning」「Financial Scanning」など，多数に分類され，それぞれ様々な企業によって活用されているという。しかしこれらの

内容を見てみると，明らかに業界モニタリング活動であるものも含まれており，スキャニングという名前のもとで多種多様な手法が混在的に普及しているがゆえの手法的揺らぎが多発していることが図らずも浮き彫りになっている。ロレアルが実施しているスキャニング活動（Salmon & Linares, 1999）も「Societal Scanning」「Competitive Scanning」「Technological Scanning」「Geopolitics Scanning」「Geographical Scanning」「Market Scanning」「Legislative Scanning」などの細かい分類の上で情報収集をしており，業界モニタリングに近い性質のものと思われる。

　領域やテーマによって手法自体が分化しがちであるいっぽう，初期の米国での研究（Jain, 1984）では，企業全体レベルでのスキャニング活動と商品マーケティングレベルでのスキャニング活動には，本質的な違いがなく，また互いに深く関連しあうことがスキャニング活動の本質であるとも指摘されており，手法設計上のバランスが難しい点である。

　日本での実務での活用は，90年代に入ってから徐々に始まった。Business Futures Network社主催による日本で初めてのスキャニング手法による未来洞察セッションは1992年に実施され，本章の筆者のうち2名も参加した。その後，2000年代に入ると，Business Futures Network社と提携をした㈱博報堂の「イノベーション・ラボ」，およびSRIコンサルティングの関連企業などによって徐々に普及が進められ，さらに，本章の筆者らも参加する形で，日本のビジネス環境に即した手法のカスタマイズも進められた。同時に，少数の認知科学やイノベーション学の研究者らによって，その手法的特徴や効用の検証をするための研究も始まった。2010年代に入ってからは，㈱日本総合研究所など国内の大手シンクタンク企業もこの手法の導入に積極的になってきており，また日本の大学でもようやくこの手法を用いた講義（東京大学i. schoolや一橋大学HMBA，東京工業大学グローバルリーダー教育院など）が実施されるようになってきた。

　ここまで説明してきたとおり，世界には多様なスキャニング手法が存在しており，それぞれに長所短所があると思われるが，本書では，この日本でカスタマイズされてきたスキャニング手法，そしてBusiness Futures Network社が開発したインパクトダイナミクス手法を中心に説明を進める。インパクトダイ

ナミクス手法はスキャニング手法で浮き彫りになった社会の大きな変化を実際の事業計画として考案するために有用な手法であり，Business Futures Network 社は企業と長期的な事業開拓を目指して継続的に未来洞察活動を繰り返してきている。いっぽう後述する多変量解析手法を用いてシナリオを評価するプロセス等は，日本の研究者による独自開発要素である。

繰り返しになるが，世界には本書で説明している内容とは異なるプロセスを採用するスキャニング手法も数多く存在している。本書の目的は，未来洞察の基本的な考え方や進め方を共有の知識として提供することにあるので，他の手法等を否定するものではないことに留意されたい。

なお，類似する手法として，シェルグループが中心になって開発が進んだシナリオ・プランニング手法（西村，2003）がある。この両者には共通する概念も多いが，相違点もある。最大の違いは，シナリオ・プランニング手法が，現在の産業分類や既存の事業に対する不確実性のマネジメントに重きを置いているいっぽう，スキャニング手法は新規の分野や事業を開拓することも含めた可能性の拡大と探索に重きを置いている傾向があるという点である。

2.2　時間軸の設定

2.2.1　中程度の未来

未来のことを考える場合，実は5〜10年程度の未来のことを考えるのがもっともイメージしにくい。なぜならば，それよりも近い未来，たとえば2〜3年先のことであれば，現在の延長からそう大きなズレが発生しないと想定できるので，イメージが湧きやすい。いっぽう10年よりも遠い未来，たとえば20年ぐらい先になってしまうと，ほとんどの人にとってもはや現在の延長では見当もつかないものになるだろう。しかしその分だけ想像をたくましくして，現在はまだ夢の技術と言われているようなものが現実になっている社会をサイエンスフィクション小説のようにイメージすれば，実はおおむね当たることも多い。いわゆる未来学と呼ばれている領域の研究者が対象にしているのはこのような遠い未来であろう。また，発明や開発に20〜30年というような長い時間がかかると想定される大規模な技術開発に関する未来であれば，技術ロードマップ

法（第1章で紹介）などの方法を用いるほうが妥当なシナリオを作れるだろう。同様に，たとえば火山活動や地殻プレートの変動などのような，そもそも100〜1000年単位の変化に焦点を当てている問題についても，本章で取り扱う「未来」ではない。

ところが5〜10年程度の先，つまり中程度の未来というのは厄介である。現在の延長だけで考えるにはやや遠すぎるし，かといってサイエンスフィクション小説にしてしまうには近すぎて，ちょうど狭間に入ったように掴みどころがない。しかし，企業戦略や経営のあり方を考える場合には，5〜10年程度先についての予測というのは，多くの場合，非常に重要な情報になりうる。大きな技術開発の案件は，いわゆる「10年仕事」と表現されることが多い。また主要な人材が一世代入れ替わるのも，おおむね10年ぐらいの期間である。つまり，企業経営にとっての重要度が大きいにも関わらず，取り扱いが難しい距離の未来ということだ。

2.2.2 事例検証

本書で紹介するスキャニング手法が主に焦点を当てるのは，まさにこの5〜10年程度の未来である。この手法では，現在入手可能な幅広い情報から「未来の芽」になりそうな情報を収集し，そこから未来シナリオを生成する。その際に現在の延長線上にあるような情報はあえて省くように注意して情報収集をするので，2〜3年先という直近の未来を超えた未来シナリオを作ることを意図した構造を持っている。しかし一方で，それでもなお現在入手可能な情報をもとにした手法であるので，それほど遠い未来に焦点を当てることは難しい。その結果，ちょうどよく5〜10年程度の未来に焦点が当たりやすくなっている。

この手法を用いて，2003年にユビキタス情報研究会によって作成された「2008年頃の秋葉原の若者像とICT技術」を描いた映像（図2.1参照）（ユビキタス情報研究会，2003）について，2014年に開催されたアジア最大級の規模を誇る映像・情報・通信の国際展示会（Combined Exhibition of Advanced Technologies JAPAN 2014：CEATEC JAPAN 2014）の会場で上映したところ，その内容について「2008年というよりもむしろ今（2014年）に当てはまっている」とする感想が非常に多かった。映像の作成者らは当初2008年を想定して

第2章 スキャニング手法とインパクトダイナミクス手法の概説   39

図2.1 ユビキタス情報研究会によって作成された映像の一部（出典：ユビキタス情報研究会，2003）

作成したのだが，視聴者には2014年の話と感じられたということである。この事例に見られるように，スキャニング手法を用いて作成された未来シナリオは，5～10年程度の未来を描くのに適していると言える。

2.3 ワークショップ形式とメンバー選定

2.3.1 複数の人で協働

　スキャニング手法およびインパクトダイナミクス手法のもう一つの特徴は，実施者は多くのプロセスを1名ではなく複数の人が協働するワークショップ形式で実施するという点である。またその際に，ワークショップのメンバーをどう選定するかについても工夫が必要である。

　なぜ単独個人ではなく複数の人で協働するのか，の理由については，以下の2つが挙げられる。1つ目の理由は，人間の能力的限界の克服という点である。スキャニング手法では，演繹的な推論よりも帰納的な推論を重視するという特徴があるが，帰納推論は演繹推論と比較して属人的な判断の誤りが発生しやすいという問題がある。スキャニング手法を1人で実施すると，そのような判断

の誤りを修正する方法がなくなってしまう。そこで複数の人で同じ情報源と同じルールを用いて帰納推論をすることで，この問題の克服を試みるのである。2つ目の理由は，発散と収束の繰り返しを効果的に実施するためである。創造的なアイデアを作成するためには発想や議論の発散と収束が重要であることが検証されている（Guilford, 1983）が，それを効果的に実現するためには，単独個人よりも複数の人で議論をするほうが良いと判断される。単独個人では，思考法を切り替えたり，あるアイデアを別の形に捉えなおしたりする際に，様々な思考の制約（開・鈴木，1998）に陥りやすいが，他者と議論をすることによって，そのような制約を動的に緩和することが容易になると考えられる。

では，そのワークショップはどの程度の人数で実施するべきであろうか。筆者らは10年以上にわたって様々な国でのべ100回以上にわたってこの手法でのワークショップを実施してきたが，その際の構成人数は2名から約200名まで，様々であった。その経験をもとにすると，この手法でのワークショップに最適な人数は，15〜30名程度と判断される。

なお，複数の人で実施する議論には，大人数（15名）が全員で平等かつ同時に発議する「全体ディスカッション」型の会議と，少人数（3〜4名）のチームでカジュアルな会話をもとに素案を決め，その後に結果を全員（15名）で共有する「少人数ディスカッション」型の会議の2種類が考えられるが，学生を用いた実験の結果では，表2.1のように，「少人数ディスカッション」型のほうが，「最終的なシナリオの中に自分のアイデアや意見が反映された」とする点について，有意に優れていることが検証された。この「少人数ディスカッション」型の会議は，ここでいうワークショップ形式と同じであると考えられる。

2.3.2 ダイバーシティと専門性の両立

次にワークショップのメンバーはどのように決めるべきであろうか。多様な意見を効果的に議論するために，メンバー選定の際には以下の3点を重視すべきである。

1点目は，性年齢の多様性を確保することである。日本企業の組織の場合，どうしても企画系の人材には中高年男性が多く，基本的な生活価値観を共有している人が多い。しかしここで紹介する未来洞察手法ではもっと多様な意見を

表 2.1　学生を用いたディスカッション形式の比較実験

	少人数ディスカッション (N=15)	全体ディスカッション (N=15)	差分	有意差
SD（両側）			1.38	
自分の意見やアイデアを十分に発言できたと思う	5.22	5.00	0.22	-
みんなの意見を全員で共有することができたと思う	5.56	5.40	0.16	-
自分の意見やアイデアを発言するときには，ある程度，緊張感があった	4.22	4.27	−0.04	-
人と違うユニークな意見やアイデアを発言することができたと思う	4.56	4.20	0.36	-
出来上がったシナリオは，納得度が高いと思う	5.00	4.87	0.13	-
全体に，議論は楽しかった	6.33	5.73	0.60	-
自分の意見が全体議論に反映しにくくてフラストレーションを感じた	6.00	5.21	0.79	-
面白い意見と，そうではない意見のばらつきがあった	4.33	3.60	0.73	-
このような議論が苦手な人にとっても参加しやすいと思った	4.44	4.60	−0.16	-
最終的なシナリオの中に自分のアイデアや意見が反映されたと思う	5.56	4.00	1.56	5%
全体に，議論はテキパキと進んだという印象だ	5.00	5.13	−0.13	-

（数字は7点満点のリッカート法で平均得点）

議論に取り込むべきなので，まずは女性の参加者を一定割合で確保すべきである。同様に，若年層も確保すべきである。また，ワークショップでは，3～6名程度の小チームに分かれての議論をする形式が頻繁に採用されるが，その場合も，それぞれの小チーム内にも性年齢のダイバーシティが確保されるように配慮が必要である。一人ひとりの経験値は，特に帰納推論をする際にはきわめて重要な要素になる。

　2点目は，専門分野の有識者を招聘することである。特に後述する未来イシューに関しては，インパクトダイナミクス手法の実施において，ある程度の専門性が重要になる。そこで，ワークショップ構成員の30%程度は，議題になる領域の専門有識者を招聘すべきである。有識者の候補としては，第一には企業内でその領域に日常的に接していて詳しい社員が挙げられる。あるいはあえ

て外部有識者として，大学の研究者やコンサルタントなどを招聘することも有効である．

3点目は，組織横断型のメンバー構成に心掛けることである．日常的に同じ業務に携わっている同一部署内だけでメンバーを構成してしまうと，その部署での日常的な上下関係や人間関係から解放されず，新鮮な意見が言えなかったり，平等なディスカッションができなかったりする．ワークショップ時には，あえて日常的な上下関係や人間関係を意識しないで済むように，別の部署のメンバーを50％以上招聘することが効果的である．

これら3点を重視してメンバーを構成すると，ダイバーシティと専門性，つまり意見の広がりと深まりの両方が期待できるメンバーが実現される．

2.3.3 運営コアメンバーとワークショップ参加メンバー

ワークショップ実施に際しては，ワークショップの各種準備や事後のまとめ，そしてメンバー選定や諸連絡などをする運営コアメンバーと，ワークショップ実施時にだけ招聘するワークショップ参加メンバーの2段階の組織構成にすることが望ましい．運営コアメンバーは，一般的には3～5名程度で良いと思われるが，未来洞察のすべてのプロセスについて深く関与するので，手法全般に対する理解が必要である．運営コアメンバーの知識や人脈が不足する場合は，積極的に外部支援者（本手法の有識者やコンサルタント等）のサポートを仰ぐべきである．また，ワークショップ全体の実施・運営にかかる費用の捻出もまた運営メンバーの重要な役割である．したがって多くの場合，運営メンバーの中には費用決裁権者あるいはそれに準ずる人物が含まれる．未来洞察活動は，全行程を見渡すと半年から1年程度かかることもあるので，そのような期間に渡って高い関与度と緊密な連絡が維持できる組織を編成することが必須である．

いっぽうワークショップ参加メンバーは，前述した専門領域の外部有識者や他部署からの参加者が多く含まれる．人数は10～25名程度と多くなる．これらメンバーは，未来イシューの策定や一同が集っての集中会議実施時のみ参加すればよく，また未来洞察の手法全般に関する理解も必要不可欠ではない．ただし，多数の専門領域の有識者などや他部署メンバーが一堂に会して長時間のディスカッションができる日程や会議場所を調整し手配するのは容易な作業で

はない。運営メンバーは十分に時間をかけてこれらを調整する必要があるだろう。

　ワークショップを実施する会議場所としては，最近ではフューチャーセンターと呼ばれる便利な多機能会議施設が増えているので，それらを利用するのがよいだろう。また自社内にそのような施設を常設する企業も増えてきている。フューチャーセンターは，多様な意見を交わす風通しの良い組織風土を醸成するシンボルのような機能も担っている。

2.3.4　スケジュールの策定

　ワークショップのメンバーの組織化と同時に，未来洞察の全行程をスケジュール化することが重要である。経験則的には，全メンバーが一堂に会するワークショップ実施までの準備期間に1〜2か月，ワークショップ実施に2日間，ワークショップ後の結果まとめに1〜2か月が必要である。また未来洞察後に，その結果を使ってデザイン思考のワークショップやプロトタイピング活動なども実施する場合には，さらに数か月から半年程度が必要になる。それらすべてが一望できるスケジュール表を作成し，どの段階でどんなメンバーがどんな形式で参加するのかを明確化しておくことが重要であろう。

　このスケジュール表は，最初に以下の4点の必須ステップについて，日程を書き込むことから始まる。

(1) 帰納推論を発揮させるためのスキャニング・マテリアルのデータベース構築期間
(2) 演繹推論による未来イシューの作成期間とその作成者の招聘
(3) 帰納推論を実施し，両方を交差させるワークショップ開催の日時（2日間）
(4) 結果をまとめてシナリオ化するための期間

　それぞれについて，以下の各節で，順に説明してゆく。

2.4 スキャニング・マテリアルのデータベース

2.4.1 非連続な「未来の芽」情報

　帰納推論をもとにしたシナリオ作成に着手するにあたって，まずその材料を準備しなくてはならない．帰納法的な発想法とは，前章で説明したとおり，非常に多くの情報に接するうちに，なんとなく「ピンとくる」というような作用を生かした発想法とも言える．したがってその作用を引き起こすための，非常に多くの情報を準備することが必要不可欠になる．しかも，そのような情報はいわば鮮度が命である．古くても1～3年以内まで，できれば大半が1年以内の情報であるべきだろう．

　なぜ帰納推論をプロセスに盛り込むのかというと，それは線型的な発想では予測困難な，非連続な突発事象をもシナリオに反映させようという意図からである．したがって，ここで使う元情報には，できるだけ多くの突発事象の芽になる出来事が包含されていなければならない．また，参加者が日常的に業務で接している情報源とは違う情報源を多く含んでいるほうが望ましい．

　このような突発事象の芽になる情報がどんなふうに存在しているか，ということについては，第1章でも示した図2.2のような構図が考えられる．つまり，多くの人が思い描く現在の延長線上にあるような未来のシナリオを一本の線で表現するならば，あえてその線から大きく外れているような出来事こそが，突発事象に成長しうる「未来の芽」である．このような出来事は，一つ一つはまさに取るに足らないようなちっぽけなものであることがほとんどであるが，仮にそんなちっぽけな出来事がいくつも折り重なって全体として大きな力を持つような波が偶然生まれくるとすれば，未来のシナリオに大きな影響をあたえてしまうかもしれない．このような効果は，別の言葉で言い換えれば，必然的な偶然とでも表現すべきものであり，演繹的には予見しえないけれど，しかし一定の確率で起こることでもあるということだ．

　このような考え方で集められた情報を統一的な様式でまとめたものを，本手法では「スキャニング・マテリアル」と呼ぶ．あるいは，様式が学術論文の要旨部分にやや似ているので，「アブストラクト」と呼ぶ場合もある．スキャニ

第 2 章　スキャニング手法とインパクトダイナミクス手法の概説　　　45

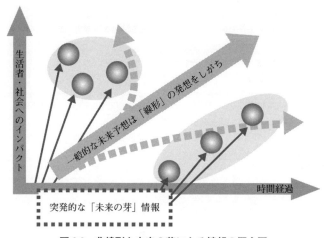

図 2.2　非線形な未来の芽になる情報の概念図

ング・マテリアルは，図 2.3 のように，新聞記事風の文章に発見した作成者のコメントがついた形でまとめる。そのまとめ方の手順は以下の 5 つのステップである。

(1) まず，図 2.3 のフォーマットの下半分の「参考資料」の部分に，様々なニュース源から見つけた記事をペーストする。多くの場合，新聞の一面記事などに書かれただ誰もが知っているような現在進行形の情報はスキャニング・マテリアルとしては全く不適当である。むしろ，各メディアの隅のほうにひっそり書かれているけどきわめて興味深い情報や，専門メディアに書かれているような情報，そして個人のブログなどに書かれている情報などのほうが「スキャニング・マテリアル」としては有用である場合が多い。その際，元の記事を短く簡潔にまとめて，おおむね日本語で 300 文字程度（英文の場合は 120 words 程度）に加工する。元の記事についていた見出し，タイトル，URL リンクなどはすべて削除する。また市販の新聞記事等に付けられている不必要なルビや補足説明なども削除する。必要に応じて画像を添付する。「参考資料」は 1 つではなく複数併記でもよい。

```
┌─────────────────────────────────┐ ┌─────────────────────────────────┐
│ 40                              │ │ 4                               │
│ 会話出来るロボットとの対話に意外な危険が潜む │ │ 落ちる砂があなたを照らします～新時代の電力供給法 │
│ 子供と会話して成長していくロボットの危険性を指摘す │ │ 砂漠のど真ん中でも昼夜を問わず、グリーンエネル │
│ る声が出始めた。アメリカでは、児童保護団体が子供 │ │ ギー発電が可能になる時代がやってきた。ブルックリン │
│ と会話が出来るバービー人形の発売に猛反対してい │ │ に拠点をおくDanielle Trofeがデザインをした LEDライト │
│ る。子供との会話内容が全て開発元の企業に筒抜け │ │ が話題を呼んでいる。電力源は、砂の落下によって発 │
│ になっている危険性があるからだ。今後、最新のロ │ │ 生する熱だ。日照条件や過酷な自然環境で太陽光発 │
│ ボットに潜む危険性を指摘する声は大きくなるだろう。 │ │ 電ができない地域にとっては朗報であろう。 │
└─────────────────────────────────┘ └─────────────────────────────────┘
```

キーワード：(バービー人形、会話が出来る、アメリカ)　　キーワード：(グリーンエネルギー、クリーンエナジー、
参考資料：　　　　　　　　　　　　　　　　　　　　　　　　　　環境問題)
　　　　　　　　　　　　　　　　　　　　　　　　　　参考資料：

米玩具大手マテルが、子どもの話しかける内容を学習　After the debut of her Live Screen hydroponic
して返事ができるバービー人形を今年秋に発売すると　garden during NY Design Week 2012, Brooklyn-based
発表した。これに対して児童保護団体などは「気味が　designer Danielle Trofe is returning this year with a new
悪い」と反発、マテルに発売中止を要求している。「ハ　series of off-the-grid LED lighting fixtures that are
ロー・バービー」は音声認識機能や無線LANに接続で　illuminated using the power of falling sand. Based on the
きる機能を備え、ベルトのボタンを押すと話しかけた内　shape of the hourglass, the new lamps need to be
容を録音してクラウドに送信、持ち主に関する情報を蓄　flipped to continue working and require the user's
積して返事の内容に反映させる。やがてその子どもの　involvement to stimulate awareness of the finite nature
好きな物や嫌いな物を学習し、会話に織り込めるように　of lighting energy sources.
なるという。これに対して子ども向けのコマーシャルに
反対している団体のスーザン・リン代表は、「子どもた
ちはバービー人形だけでなく、巨大玩具会社に向かっ
て直接話しかけることになる。子供や家族が危険にさ
らされる可能性もある。その相手は利益にしか関心が
ない」と主張する。　　　　　　　　　　　　(CNN)　　　(http://inhabitat.com/nyc/、2013.05.08)
Aug. 2015　　　　　　　　　　　　　　　　　　　　　05. 2015

図2.3　スキャニング・マテリアルの例（2種類）

(2) その「参考資料」を見つけた日付とその出典を最下部欄の左右に忘れずに記述する。

(3) 次に，フォーマットの上半分の囲みの内部に，「参考資料」部分の要旨を非常に短く（1～2文程度）説明し，さらに作成者がその「参考資料」部分をなぜ非連続な「未来の芽」情報だと思ったのかについてのコメントを書き加える。コメントは作成者の主観でよい。読み手にとって，その「参考資料」が未来を考えるキッカケになるように面白いコメントを書くほうが望ましい。

(4) 次に，最上部欄の囲み部分（要約と主観的コメント）を総合して，的確なタイトルをつける。タイトルは必ず元の「参考資料」に付けられていたタイトルとは別のものにする。

(5) 最後に囲み部分の直下にあるキーワード欄に，全体の内容を表す簡単

なキーワードを2〜3個つける。

　「参考資料」部分のニュース源は，日本，中国，韓国，米国，イギリス，フランス，ドイツ，スウェーデン，ロシア，インド，オーストラリア，ニュージーランド，香港，シンガポール，台湾，インドネシア，タイ，ドバイ，イスラエル等の有力新聞・雑誌の記事，TV番組，企業のリリース，学者の研究，インターネットからの情報，さらに作成者が自ら発見した生の情報などである。もちろんこの中には，日本人が日常的に接しているマスコミ記事からピックアップされた情報も多数入っている。本来であればもっと幅広いニュースソースを活用すべきであるが，ワークショップ参加者の多くが日本人であることを想定すると，やはり日本語か英語で読める情報にする必要があり，ある程度範囲が限定されてしまう部分がある。しかし，それでもなお，ニュースソースを日本だけに限らないで世界に幅広く設定することによって，帰納推論の効果を最大限に引き出そうと考案されている。

　スキャニングという手法の名前は，このように特定の領域をあえて持たず，幅広い情報をまるでスキャン（走査）するように集めることに由来している。スキャニングの反対語はモニタリング（監視する）である。特定領域の専門家がその領域のみの情報を大量に収集する行為のことをモニタリングと呼ぶことが多い。なお，Narchal et al.（1987）の先行研究では領域ごとのモニタリングの合成がスキャニングだと定義しているが，そのような方法ではスキャニングの本来の目的が達成しにくいと思われる。

　スキャニング・マテリアルの実物を初めて読んだ人の中には，「企業のビジネスの未来を考えるのに，なぜこんな妙な新聞記事や遠い外国の記事を読む必要があるのか？　もっとビジネスに近い情報を深く掘ったほうが良いのではないのか？」と感じる人もいる。しかし，非連続な「未来の芽」情報が，日常的なビジネスの近くにあるとは限らないことに注意をしなければならない。特に昨今のグローバル化のインパクトは大きく，同じような現象が瞬く間に世界中に伝播する傾向はいっそう強まっている。事実，我々の周辺で起こっている様々な予測不能な突発事象を詳しく調べてみると，意外にも元々は遠い外国で起こった出来事であるということが時々ある。また，ビジネスとはまったく関係が

なく見える分野で起こった動きが，やがて巨大なビジネスになってしまうこともある。たとえばユーザーイノベーション現象（小川，2013）や，フラッシュモブ現象（Rheingold, 2002）などはその典型例と考えられる。これらの現象は，いわゆるバタフライ効果のきっかけになる可能性が高い。

2.4.2 スキャニング・マテリアルの取捨選択

スキャニング・マテリアルが大量に集まったところで，取捨選択をすることが重要である。その際，以下の2つのポイントでスキャニング・マテリアルを評価することが重要である。

> (1) 本当に「線形の未来から外れた出来事」をとらえているか？　どれほど「今，重要」であっても，図2.2の中央の矢印のような「現在の延長線上」の情報をスキャニング・マテリアルに入れるべきではないので，大胆に捨てるべきである。繰り返しになるが，いわゆる一般新聞紙の一面記事は，モニタリングには適するものの，スキャニングには不適当な場合が多い。
> (2) 本当に「潜在的に大きなインパクト」がある情報と言えるか？　どれほどユニークな情報であっても，本当に取るに足らない些細な出来事である場合もある。その可能性が強い場合は捨てるべきである。

経験的には，捨てるべき情報の典型例として，以下のようなものが挙げられる。

- 単に「他国のお国自慢」の紹介になってしまっている情報
- 作成者自身が知らなかっただけで，一般的に多くの人が知っている情報
- どう見ても短期的な流行でしかない情報

十分に吟味して取捨選択をすれば，1人の作成者が1日に作成できるスキャニング・マテリアルの数は，おおむね2〜3個程度になる。この個数を情報の集約という視点でみると，以下のように非常に強力な集約プロセスであること

が解る。たとえば日本の代表的な全国紙の1つである読売新聞が2014年の1年間に掲載した記事本数は283,127本（読売新聞，2014）である。1日平均（休刊を考慮せず）では，約776本になる。いっぽう新聞には記事以外に広告などの情報も掲載されており，これらもスキャニングのニュース源になりうる。同じく日本の代表的な全国紙の1つである朝日新聞によれば，広告と記事の比率は45％：55％（朝日新聞，2015）なので，広告まで含めれば，1日の新聞に掲載される情報の本数は約1400個となる。仮に1人の作成者が1日に2～3紙の新聞をニュース源にしてスキャニング・マテリアルを作成するとすれば，情報の集約率は，低めに推計しても1000倍ということになる。朝日新聞によれば，新聞社は1日の新聞を構成するにあたり，実際に掲載された記事の8.35倍（文字数換算）の記事を出稿しているとのことなので，この事実も加味すると，新聞記者が実社会で得た情報が，厳選されてスキャニング・マテリアルになるまで，8000倍の情報集約プロセスを経ていることになる。

2.4.3　データベース構築

　このようなプロセスを経て，理想的には毎年数百個程度のスキャニング・マテリアルを蓄積して，データベースの構築を目指すのが望ましい。しかし，十分に多様性がある「未来の芽」情報を，鮮度を保ちつつ大量に準備し続けるというのは，実は容易なことではない。この手法をよく理解した研究者などが数名から十数名，時間をかけて多数の情報ソースをじっくり観察して情報収集しなければ，質が良く十分な数の「未来の芽」情報を集め続けるのは実現不可能である。

　また，スキャニング・マテリアルは，それぞれ単独で価値があると考えるよりも，大勢が持ち寄ったスキャニング・マテリアルを継続的かつ複眼的に眺めるという行為に価値があると考えるべきである。その意味では，データベース構築のための持続的な体制をいかに確立するかということこそが，最も重要な点ともいえる。

　この手法をよく理解しない身内のメンバーだけで，いわば見様見真似で多数のスキャニング・マテリアルを短時間（数日）で作ろうとしたり，あるいは別の目的で収集した既存の新聞記事スクラップ（モニタリング情報）を流用しよ

うとしたりする企業の失敗例を，筆者らは多数目撃してきた。そのような方法をとると，たとえ短時間で大量の情報を集めることができたとしても，ほとんどの場合は十分な多様性がある情報とは言えなかったり，あるいは現在の延長線上の情報ばかりが数多く集まってしまったりしてしまう。つまり本来のスキャニング・マテリアルとは全く似て非なるものになってしまうということだ。

質の良いスキャニング情報をしっかり収集する体制を構築するにはある程度の時間が必要で，多くの企業や組織にとって現実的ではない可能性がある。そこで，そのような体制が構築しにくい企業や組織がスキャニング手法を実施するにあたっては，以下のような方法をとることが望ましい。

(1) この手法をよく理解した研究者が所属する研究機関等に依頼をし，スキャニング・マテリアルの供給を受ける。
(2) この手法をよく理解する研究者を招聘し，指導を仰ぎながら，最低でも1か月程度の時間をかけて多数の情報ソースをじっくり観察して情報収集をし，取捨選択も依頼する。
(3) 組織内にスキャニング・マテリアル収集者を数名任命し，1年程度の長い時間をかけて多数の情報を収集しつつ，収集者らがこの手法を深く理解するように促す。

2.4.4 ワークショップ実施のための必要数

このように構築されたスキャニング・マテリアルのデータベースから，1回のワークショップ用に，厳選されたスキャニング・マテリアルを抽出する。抽出するスキャニング・マテリアルがあまりにも大量だと，人間の自律的な処理能力を大幅にオーバーしてしまい，せっかく準備した情報の全てを効果的に活用できなくなってしまうので，1回のワークショップについて，おおむね100〜200個程度のスキャニング・マテリアルを抽出するのが望ましい。抽出したスキャニング・マテリアルは，ランダムに並べ直して作成者をわからなくした上で，左上に通し番号を記しておくと便利である。

どのスキャニング・マテリアルを抽出するかは，運営コアチームがこの手法に熟練した研究者等と相談して決定するのが通例である。抽出に特別なルール

や留意点があるわけではないので，ワークショップの目的に合わせて議題にしてみたい情報を選ぶのがよいだろう．過去に実施された類似するテーマのワークショップがある場合は，その時に抽出したスキャニング・マテリアルの何割かを流用することも可能であろう．

　この100〜200個のスキャニング・マテリアルを利用することで，本当に十分に幅広い情報を参考にしたことになるのか？　という疑問が浮かぶかもしれない．しかし前述の説明のとおり，スキャニング・マテリアルは約8000倍程度の情報集約によって作成されたデータベースである．仮に1回のワークショップにおいて，過去1年以内の情報から作成されたスキャニング・マテリアルを100個利用したとすれば，それは80万個の社会情報を元にして議論が実施されているという試算になる．

　ビッグデータ時代において，この情報量を多いと考えるか少ないと考えるかは意見が分かれるかもしれない．しかし総務省情報通信政策研究所の研究（2011）によれば，日本人は生産され流通している情報のわずか1500分の1程度しか実際には消費しておらず，しかも過去10年間で，1年に生産される情報量は10.3倍に拡大したにもかかわらず，国民1人が消費する情報量は1.1％しか増加していないという．つまりビッグデータ研究が主に取り扱う情報生産という事実と，実際の情報消費行動の間はほとんど連関がないと言える．スキャニング・マテリアルは高度な情報消費行動と考えられるが，情報化社会の中でもほとんど変化していない人間の情報消費行動に対して，80万個の社会情報を取り扱うという行為は，決して少なくはないと筆者らは考える．

　現実問題として，100〜200個に厳選したスキャニング・マテリアルであっても，ワークショップ参加者がそれら全部を仔細に読破するのは相当に困難である．しかし不安になる必要はない．ワークショップ参加者は，それら100〜200個をあくまで軽く読み流し，だいたいの意味をつかみつつ，一つ一つを小さなイメージとして頭の中に蓄積してゆけばよいのである．そうして読み進めてゆくことで，いくつか「ピンとくる」何かが見つかってくるはずだ．それがまさに帰納的な発想法の発露と言える．「ピンとくる」ものがあった場合は，忘れないうちにそれを言葉にしてどこかにメモし，関連するスキャニング・マテリアルの通し番号も記しておくとよい．

2.5 未来イシューの策定

2.5.1 「何を議論するか」を演繹推論で設定

ここまでは未来洞察の要になる「外部性」要素を取り込むための帰納推論の準備の説明をしてきた。しかしここでいったんステップを大きく方向転換し，演繹推論のプロセスを説明する。演繹推論の結果は，「未来イシュー」という形でまとめる。

未来イシューとは，未来洞察を行なう時の，いわば主語の役割を果たすものであり，いわば「何の未来シナリオを作るのか」にあたる概念である。つまり，予測すべき大きなテーマを構成している要素を，最も効率的に分割し，それを未来洞察で行われる議論全体に対して投げかける「問いかけ」の形にまとめるということだ。経験則的には，未来イシューは5～10個程度を設定すべきであるが，もっと多くを設定した事例もある。

ただし，ディスカッションを円滑に，かつ効果的にすすめるためには，この未来イシューの設定には工夫が必要である。

鷲田（2006）によれば，未来イシューは，少なくとも日本の企業や組織においては，「世代効果」「技術開発の趨勢」「企業戦略」という比較的演繹的な思考で理解しやすい3つの要素をもとに設定するべきと説明しているが，いっぽうで，それらからどのようにして具体的な未来イシューを導き出すべきかについては「実は決まった方法がない」「活動にかかわる全員で議論して決めるのが最も良い方法」と述べている。つまり，少なくとも2006年段階では方法論として十分に確立されていなかったと言える。

いっぽう，欧米企業へのコンサルティングを中心事業にしているBusiness Futures Network社は，クライアント企業に近未来の事業モデルや市場機会を「問いかけ」ながら，最終的に「Habitat（environment）: the system context」「Livelihood（economy）: the system process」「Wellbeing（health and security）: the system condition」「Relationships（society and politics）: the system links」の4大要素にまとめるという手法を用いている。この手法のほうが，未来における潜在的な機会創造に対する企業の姿勢を浮き彫りにすることが可能である。

しかしこの手法での「問いかけ」はやや抽象度が高く，未来洞察活動に熟練した企業向きである。

筆者らは，過去10年あまりの多数の日本企業での実施例をもとにして，ここでは以下のような手法を用いて未来イシューを作成することを提案する。

(1) まず，多くの日本企業にとっては前述の3つの要素のうち「技術開発の趨勢」と「企業戦略」の2つが演繹的な思考で理解しやすい要素なので，これら2つをもとにして未来イシューを作成することとする。具体的には，当該企業の中長期戦略をもとにした技術開発をシナリオ化することを目標にする。

(2) 運営コアメンバーは未来イシューを記述する人物を指名・招聘する。基本的には当該技術開発情報に詳しい人物や有識者が適任と思われる。

(3) 5〜10年先の日本やアジア諸国を想定して，当該企業・組織がどんな「事業」を展開しているべきと考えられるかを，500〜1000字程度でシナリオ風に記述する。その際，それぞれの「事業」について，「背景」「具体的な生活者像」「ビジネス」「社会的便益」などの要素を文章化する。

(4) その際，和嶋らの先行研究（和嶋他，2013：本書の第6章に再掲）によれば，技術開発のシナリオであってもユーザー視点を反映させることで，最終的なシナリオの完成度が高まる可能性が高いので，(2)とは別のユーザ動向に詳しい有識者の監修を受けるプロセスを経るのが望ましい。

(5) 「どのような中長期戦略あるいは技術開発戦略をシナリオ化するのか？」は当該企業の未来洞察の目的に依存するが，一般論として，なるべく網羅的にテーマを選ぶほうが望ましい。実施主体が企業ではなく，研究所や行政組織の場合は，当該領域における中長期視点でみた重要テーマを網羅的に選ぶのが妥当であろう。

(6) 未来イシューの数は，経験則としては，5〜10個程度が望ましい。あまり多いとインパクトダイナミクス手法の実施時に大きな困難が発生する。しかし当該企業の意向によっては，10個より多い未来イシューを準備しなければならない場合もある。できるだけ数を絞るために，似た

ような未来イシューは組み合わせて1つにするなどの工夫が必要になる場合もある。

(7) 未来イシューの作成のためには，数多くの経営データや技術普及データなどを準備するのが望ましい。いわゆる SWOT 分析や PPM 分析，あるいはセグメンテーションやターゲティングなどのマーケティング分析なども有用である。これらの分析を未来イシュー作成のためだけに新たに作成する必要はないが，既存の分析結果をなるべく多く収集しておくのが良いだろう。

(8) 中長期戦略あるいは技術開発戦略を文章化する際に，よく問題になる点として，「どのような粒度で記述するのか？」という問題がある。たとえばある新しい電子部品の開発について，その部品の中長期的な開発目標を詳細な性能値の形で記述して，その性能ゆえに実現可能なベネフィットや市場競争の姿を描くのか，それともその電子部品が含まれる製品カテゴリや産業カテゴリ全体の中長期的な趨勢をやや抽象的に描いて，産業カテゴリ全体がその水準に向上したときの競争の姿や生活者像を描くのか，という問題である。経験則的には，後者のほうが本手法を用いたシナリオ化には適している。しかしあまり抽象的な話ばかりでは技術開発目標が曖昧になってしまう危険があるので，その場合は，最も重要な開発目標のみを記述に盛り込むなどの工夫をすることが望ましい。

(9) B to B 産業の中間財を生産する企業等にとっては，前述の (3) の「具体的な生活者像」が描きにくいという意見が頻繁に聞かれる。しかし，そのような場合でも，当該企業の製品やサービスが，最終的にどのような形で生活者の毎日に貢献しているのかは描けるはずである。中間財であってもバリューチェーン全体を見渡してシナリオ化するという視点が重要である。B to B 企業は，バリューチェーン全体を見ずに直近の需要産業だけに最適化しようとする傾向が強く，そのほうが競争優位が築けると考える人も多い。しかしそのような近視眼な競争こそが，不確実な「外部性」を増大させる最大の原因ともいえる。本手法においては，B to B 産業と B to C 産業をあえて分別する必要はない。

2025年　未来イシューX
高齢者が集う病院タウン

背景

地方都市で進む過疎化と高齢化を解決するために，政府による規制緩和と病院経営の新しい試みとして，巨大病院が，高齢者が住む巨大ニュータウンそのものを経営するモデルが出現。

具体的な生活者像

老人ホームに入居希望の高齢者や介護施設に入居希望の高齢者が，巨大病院が経営する病院タウンに集まって住むようになる。病院が高度医療を安定的に提供するかわりに，世界中から新薬臨床実験などの案件を集め，新しい形の病院経営を推進している。都市名も「○○病院市」と改名。

ビジネス

医療特区として世界中が注目するような先端医療ビジネスや創薬ビジネスが動いている。メディカルツーリズムとして諸外国から先端医療サービスを求める富裕層が長期滞在する。巨大病院の周辺には数多くの介護医療サービスに従事する若者も居住。また先端医療を研究する研究者も居住。

社会的便益

ICTを用いた遠隔医療，再生医療，センサを用いた生体情報の蓄積と分析，先端的な臨床実験，高齢者向けのサポートロボット，見守りサービスなど，多様な技術とサービスが実験的に運用される。

フラクチャーポイント

高齢者だけが集まる都市での実験的な医療サービスの提供というコンセプトが，倫理的に許容されるか。

2025年　未来イシューY
無人トラックのコストメリットによる都市間輸送のアウトソーシング化

背景

現在，物流にかかるコストの大半は，トラックの運転手に支払う労務費が占めている。また運送業界では，長距離トラック運転手の人材不足が問題となっている。一方自動車業界では，地図情報・人工知能を用いた無人運転の技術が開発されている。運送業界が抱える問題に対応するために，自動運転をする貨物輸送トラックが開発されるだろう。

具体的な生活者像

製造業では，産業ロボットの導入によって人件費の削減が進むなどの省人化の流れが，今後も持続する。この省人化の圧力が物流にもかかり，自動運転の技術を取り入れた無人運転トラックが開発される。また，電気自動車に対する非接触型充電が確立されたならば，運転手にあった睡眠時間がなくなることと相まってトラックの稼働率が向上するため，インターネット通販で注文した製品が，国内発送であれば必ず翌日に届くようになる。

ビジネス

運転手が必要なくなるため，倉庫業および一般消費者への運送業を除く，企業間の運送を請け負う運送業ビジネスはほぼ消滅する。ただし，自動車会社は運送業のノウハウを持たないため，最初は無人トラックの貸し出しによる運送業との提携といった形がとられる。最終的には，グーグルやアップルは，自動運転をするために必要なシステムを提供，自動車会社はトラックを企業にリースし，利用料やメンテナンスなどを行うというビジネスモデルになると考えられる。

社会的便益

物流コストの大半を占める人件費がなくなるので，最終製品の価格に内在する人件費分の価格が低下する。また，長時間労働による疲労などが原因でトラック運転手が起こす，高速道路での交通事故が減少する。

フラクチャーポイント

- 公道および高速道路での無人運転が許可されるかどうか
- 長距離輸送に耐えられる蓄電池が開発されるか
- トラック業界の運転手を別の形で活用する施策が進むかどうか

図2.4　未来イシューの例（2例）

具体的には，未来イシューは図2.4のようなフォーマットでまとめられたA4で1〜2枚程度の作文である。未来イシューはあくまでも演繹的な思考の結果に出てきた議論の土俵設定であるので，その議論の過程はできるだけ地に足がついた，論理重視でタテ型の発想法を心がける必要がある。別の表現をすれば，未来イシューは基本的には当該組織内や産業内，あるいはその領域内の要素だけで組み立てる未来シナリオともいえる。つまり，「外部性」要素はあえて除外して考えるということである。想像力が豊かな人はこの段階から「外部性」要素を盛り込んで突飛な発想のシナリオを書いてみたくなるかもしれないが，それはこの後のプロセスでの議論のために残しておくべきである。

ただし，内部要素だけで描くシナリオといっても，突飛さが皆無かというと，全くそうではないことに留意すべきである。その産業に従事する内部者の視点でみて，5〜10年後には論理的にこの辺までは発展するだろう，という蓋然性が見えていれば，現状の枠を超えて新しいビジネスや生活者への提案を大胆に描くことが十分に可能であろう。それらはいわば現状の技術開発の延長線上にある順当なイノベーションと捉えることができる。イノベーションには，その定義としてある程度の突飛さが内包されている。未来イシューの作成で重要な点は，その突飛さをしっかりと現状の延長線上で想定することである。逆に言えば，現状の延長線上にはない「想定外」のイノベーションを取り扱わないようにすればよい，という表現もできる。

2.5.2 フラクチャー・ポイントの抽出

未来イシューの主な要素が設定できたら，次は各々の未来イシューについての「フラクチャー・ポイント」の抽出へと移る。図2.4に掲げた各例の，それぞれ最後の項目である。フラクチャー・ポイントは未来イシューの記述プロセスの中でも非常に重要なポイントの1つである。フラクチャー・ポイントとは，日本語でいうと「変節点」となる。つまり図2.5に示したように，未来イシューで設定した内容のとおりの事業が実現すると仮定した場合に，その変化の過程で，最も決定的に結果に影響を与えると思われる「運命の分かれ道」のポイントという意味である。このようなフラクチャー・ポイントがどんな点にあるのかを明確にしておくことで，未来イシューに書かれた各々の事業の実現の姿

第2章 スキャニング手法とインパクトダイナミクス手法の概説　　　57

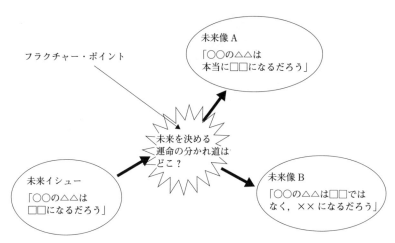

図2.5　フラクチャー・ポイントの概念

がイメージしやすくなる．漠然と未来の社会が変化することを想像するのではなく，このフラクチャー・ポイントについて集中的に想像力を働かせることで，議論を明確にできる．

　具体的には，未来イシューが掲げたシナリオに応じる形で，「それは〜がどうなるかにかかっている」というような形の問いを思い描くことが近道である．フラクチャー・ポイントの抽出にも多少の熟練が必要であり，コツを習得するまでは雲をつかむように感じるかもしれない．以下に，フラクチャー・ポイント抽出の際の「それは〜がどうなるかにかかっている」という問いの「〜」の部分の上手な見つけ方についてのヒントを列挙する．

・未来イシューに書かれた事象は演繹的な，バリューチェーンに沿ったタテ型思考をした結果に出てきたものである．したがって，まずそのバリューチェーンのタテの流れのイメージを頭に思い浮かべることが大切である．そして可能であれば，現状のバリューチェーンではなく，5〜10年先に実現していると思われるバリューチェーンを想像するようにできれば望ましい．
・次に，その一連のタテのイメージの中で，最も不確実なポイントがどこ

なのか，ビジネスプロセス上のどこの段階なのか，そしてそれは何年先頃なのか，それはシーンにたとえるとどんなものなのか，などを想像してみる。多くの場合，フラクチャー・ポイントは，技術的に克服困難な壁，制度や法律の不備，社会的理解の不足，ユーザへの普及不足，関連する周辺産業との足並みの乱れ，政治的な駆け引き，競合企業の動向，投資の不足，などの要素である。

- そしてそのポイントにおける最悪の場合と最良の場合（つまり現在のビジネス環境が変化しても企業や生活者がうまく変化に適応できた場合と，逆に混乱が生じた場合など）がどんな展開なのかもあわせて想像してみる。
- ここまでの想像ができたら，その大切なポイントのシーンを言葉にしてみる。的確な言葉を上手に見つけるヒントは，最悪の場合か最良の場合のどちらか（自分が信じやすいほうでよい）にあえて寄りかかって言葉にしてみることである。やや極端な言い回しのほうが，かえって含意がはっきりすることが多い。

フラクチャー・ポイントは，内部の視点から見た，困難な外部要素である。いわばフラクチャー・ポイントは内部要素と外部要素の接点とも言える。したがって，この部分のみは外部要素をある程度付け加えて記述することが必要である。しかし同時に，フラクチャー・ポイントの抽出も演繹推論作業の一環であるので，あまり突飛なイマジネーションを働かせていけない。つまり前述のようなバリューチェーンに沿ったタテのイメージを想像するときに，そのイメージに不必要な外部要因を付け加えてはいけないということである。あくまで未来イシューの内容をまっすぐに捉えて，その行く末についてのイメージを素直に論理的に考えることに心がけるべきだ。

フラクチャー・ポイントは数が少ないほど良い。しかし絶対に1つでなければならないというものでもない。複数が抽出された場合は，少数のフラクチャー・ポイントを列記しておく。

なお，1つの未来イシューから，2つ以上の異なった未来時点でのフラクチャー・ポイントが出てきてしまった場合は，より近未来のほうだけを生かして，遠い未来のものは断腸の思いで却下する必要がある。なぜなら，その近未来の

第2章　スキャニング手法とインパクトダイナミクス手法の概説　　　　　59

ポイントで大きな「運命の分かれ道」がある以上，その先の運命はどうしてもより手前側の結果如何に依存せざるを得ない構図だからである。イマジネーションの豊かな人は，往々にして遠い未来のフラクチャー・ポイントに気づいてしまいがちである。もちろんそういうポイントに気づく能力はすばらしいのであるが，ここではあえて，より手前のベーシックなポイントのみに焦点を当てるのが望ましい。

2.5.3　ワークショップ実施日の1週間前に準備

　未来イシューの作成は，ワークショップ実施日の1週間前程度に完了しているのが理想である。そのため，外部有識者等に作成を依頼する場合は，十分な準備期間を設けておくことが必要である。完成した未来イシューは，運営コアチーム全員で共有しておくが，ワークショップ参加者への開示は，ワークショップ当日のほうが良い。そうしないと，ワークショップ当日のスキャニングによる帰納推論に，必要以上に影響を与えてしまう危険性があるからである。

2.6　スキャニング

2.6.1　ワークショップ参加者への事前宿題

　いよいよワークショップ当日に向けてのプロセスを進める。ワークショップの1週間前になったら，ワークショップ参加者に開催日時等の再確認をすると同時に，事前宿題を送付する。事前宿題は，厳選抽出した100〜200個のスキャニング・マテリアルをざっと読んで，「ピンときた」ことを元にして，個人作業用のスキャニング・クラスター記入用紙に一人につき3〜5個の「社会変化シナリオ」案を記入してくる，というものである。

　スキャニング手法は，大量の情報を，あえて熟読ではなくざっと読む（ななめ読みする）ことを強いることで，人の意識の中に「ピンとくる」という作用が起こることを期待する手法である。この「ピンとくる」ことがまさに帰納推論である。そのため，100〜200個という大量のスキャニング・マテリアルをあえてワークショップ1週間前という直前のタイミングで参加者に送付し，短時間で目を通すことを強いるのである。短時間に多くの情報が入ってきて頭脳

がオーバーフローぎみになり，演繹的・分析的な思考が追いつかなくなる状態を意図的に作り出すことを狙ってのことである。

なお，参加者によっては，それでもなお無理して熟読しようとしたり，データマイニング手法などで大量のスキャニング・マテリアルの内容を分析しようとしたりする人が時々いる。そのような読み方は禁止であることを繰り返し参加者に伝えておくことが重要である。スキャニングは，多数の情報の最大公約数や最小公倍数を探す作業ではない，ということをしっかりと参加者に理解してもらうことが必要不可欠である。

事前宿題をする参加者それぞれは，すべてのスキャニング・マテリアルをざっと読んだ後，「ピンときた」事柄をポストイットなどにメモし，その「ピンときた」感覚の元になっているスキャニング・マテリアルの番号もすべてそのポストイットにメモしておく。このようにして，いくつかのスキャニング・マテリアルを「ピンときた」という感覚単位で塊にしたものをスキャニング・クラスターという。これは図2.2で説明した「突発的な未来の芽」の塊に当たる。このような塊こそが，未来を線型な変化からズレさせる可能性ということだ。ゆえに，スキャニング・クラスターは「社会変化シナリオ」の案だと考えられる。参加者は，「ピンときた」事柄のメモをもとに，スキャニング・クラスター記入用紙に5～10年後の「社会変化シナリオ」案を書き記して，ワークショップ当日に持参する。スキャニング・クラスター記入用紙は図2.6のようなものである。ワークショップ当日は大勢で机の上に並べて議論する材料にするので，1つ1つ紙に出力して持参するほうが望ましい。

このようなシナリオの文章を書くことに，あまり慣れていない参加者がいると思われるので，以下に簡単なコツを箇条書きしておく。

・主語，述語をできるだけ明確にして，伝えたい内容がなるべく誤解なく1つの意味で伝わるように気をつける。できれば，「20＊＊年，○○は△△になる」という形の文章でタイトルを書き，その詳細内容を簡潔に記入欄に書くようにする。

・あまり難しいことを書こうと思わず，また1つの案に多くのことを盛り込むことは止める。多くを盛り込みたくなってしまった場合（思いつい

第2章 スキャニング手法とインパクトダイナミクス手法の概説　　　　61

アイデアの作成　～記入例～

タイトル	日本的終身雇用が崩壊し、誰もが転職をする「履歴書常備」社会になる。			
山田 No.1	関連する「スキャニングマテリアル」番号とキーワード		181	家庭用ロボットの普及
	73	成果主義社会の浸透		
	108	シリコンバレーの事例		
	115	ニートの増加		
	169	高齢化社会と女性の進出		

日本の高度経済成長を支えた終身雇用制度は、たくさんの若者がいたからこそ実現できた制度。しかし、これから高齢化社会が進展し、かつサラリーマン的長期雇用を望まない女性が増加する中、シリコンバレーのような誰もが何度も転職をする社会になるだろう。2015年には、すべての社会人は、常に自分の履歴書をかばんに常備し、チャンスがあればすぐに新しい職場へと移ってゆくような習慣が定着してしまうだろう。

図2.6　スキャニング・クラスター記入用紙

てしまった場合）は、それをあえて別々の案に分けて書くように心がける。
・特定の1つのスキャニング・マテリアルにあまりこだわってしまわないように気をつけ、複数のスキャニング・マテリアルにまたがって存在しているようなポイントを探し出すように気をつける。

2.6.2　ワークショップ日程の決定

　ワークショップは2日間が必要である。できれば連続の2日間で実施するのが望ましいが、難しい場合は別々の1日を2回確保して実施することも可能である。運営コアチームは、ワークショップの日程を分単位で綿密に設計しておく必要がある。図2.7は典型的な日程の例である。集中的に会議をする時間を設けた後、適宜食事や休憩をはさむように心がける。また個人作業やチーム会議をする時間帯と、全員で会議をしたり発表をしたりする時間帯を明確にしておくことが重要である。

　ワークショップの実施会場は、50名ほどが収容できる会議室か催事場をゆったりと使うことが必要である。机は3～5個ほどのチーム（1チームの人数は

```
(1日目)
10:00            会場集合
10:05～10:30    ワークショップ全体の考え方と手順の説明
10:30～11:55    チームごとで「社会変化シナリオ」案の宿題の共有
11:55～12:55    昼食と休憩
13:00～14:00    チームごとで「社会変化仮説」の集約
14:00～15:30    各チームでの「社会変化仮説」の発表・説明・アンケート記入
15:30～17:00    ゲスト講演（その間にアンケート集計）
17:00～18:20    全員で「社会変化仮説」の集約ディスカッション
18:20～18:30    翌日の段取り説明
18:30            解散

(2日目)
10:00            会場集合
10:00～10:10    今日の段取り説明
10:10～11:30    チームで手分けしての「社会変化仮説」シナリオ文章化
11:30～12:30    「社会変化仮説」シナリオの発表・共有
12:30～13:15    昼食と休憩
13:15～14:30    「未来イシュー」の発表と新チーム分け
14:30～16:00    インパクトダイナミクスマップを元にしたアイデア開発
(チームごとに適宜休憩)
16:00～18:00    インパクトダイナミクスアイデア発表と共有
18:00～18:30    振り返りとまとめ
18:30            解散
```

図 2.7　ワークショップ日程の例

3～6名程度）がそれぞれ会議できるようなレイアウトに配置する．会場全体に投影できるプロジェクタやチーム数と同数のホワイトボード，コピー機やプリンタなどがあると便利である．最近ではこれら機器を常設したフューチャーセンターと呼ばれるワークショップ専用会議室を作る企業もある．また，時間借りできる外部の研修所などを利用するのも良い．遠方の有識者を招聘する場合は，宿泊施設も準備しておく必要があるだろう．

　その他には，自由に利用できる大量のポストイット，筆記用具，模造紙，テープ，マグネット，ネット接続できるPCなどを準備しておくほうがワークショップは盛り上がる．また，長い会議でも集中力が切れず円滑に議論が維持できるように，コーヒーや茶，菓子スナック類などを準備しておくなどの配慮と工夫も重要である．

　また，ワークショップの開催には，司会進行をするファシリテーター（堀，

2013）が必要不可欠である。ファシリテーターの最大の役割は時間管理である。議論が盛り上がれば，どうしても時間が不足してくる。また時間内にアイデアなどを所定の記入用紙に書いて提出する，などのプロセスでは，参加者に残り時間を常に意識させ，スケジュール通りに議事が進行するように管理することが重要である。チームごとに分かれて議論する場合には，メイン・ファシリテーター1名の他にサブ・ファシリテーター1～2名を準備することもある。サブ・ファシリテーターは各チームの机を巡回してチーム議論に参加したり，疑問点に丁寧に答えたりするのが役割である。通常は運営コアチームの中からファシリテーターをする人を選出するべきであるが，良いファシリテーションを実現するには熟練が必要なので，適任者が身近にいない場合は，専門のファシリテーターを招聘することも検討すべきだ。

2.6.3　スキャニング会議

　ワークショップ当日に参加者各々が「社会変化シナリオ」案を持ち寄ったら，それらを各自発表して共有しあう作業に移る。共有のプロセスは参加者全員で一斉にするのではなく，3～6人程度のチームに分かれて同時に実施する。その際，その「社会変化シナリオ」案を思いつくタネになったスキャニング・マテリアルの番号もあわせて公表するようにする。同じようなタネからお互いが全く違う未来を想像しても一向に構わない。この発表の場は拡散の作業であるから，どんな案が出てきても批判せず，皆で理解し共有しあうことに心がけることが重要である。チーム人数×3～5個が発表されるので，最終的にはかなりの数の「社会変化シナリオ」案が出揃うことになる。

　全員が一通り発表し終えたら，今度は収束の作業に進む。収束の基本ルールは第1章で説明したKJ法（川喜田・牧島，1970）を用いる。互いに似た意味を持つものや，同じことが原因になっていると思われるものを統合してゆく作業を繰り返して，全体としては5～10個程度の塊（クラスター）になるように収束させてゆく。あまり細かい差異にこだわりすぎると統合作業が効率的に進まないので，参加者はおおらかな気持ちで作業に当たるように心がけることが大切である。その際，皆でより具体的にイメージしやすい未来を表す言葉はないかを議論し表現するよう心掛ける。ここでは変化の方向や内容を的確に表す

「動詞」が必須であることに留意する。単に「～が変化する」というような言葉では不十分ということだ。なお，統合してゆく際，元の「社会変化シナリオ」案で発表された面白いキーワードなどをなるべく生かすようにしてゆくことが上手な収束のコツである。収束されるプロセスでは，往々にして平凡で曖昧な言葉づかいになりやすいが，そのせいでせっかくのユニークな発想が消失してしまう危険性がある。また，クラスターを作るときには，議論の時点が5～10年先の話であることをあらためて意識して議論するようにしなければならない。あまりにも先の未来を語ってしまっているように見える場合は，それを少し現実に引き戻すように，あるいは少し「飛びが足りない」ように見える場合は，少しだけ拡大解釈するようにして，すべてのクラスターが5～10年ぐらい先のことを語っているようにレベル合わせをしておくと，その後の作業がスムーズになる。

　各々のチームごとでクラスターを作るところまで別々に進めた後，次はチームごとで再び発表会を実施して，今度は参加者全員でKJ法を行なう。最終的には会場全体で5～10個程度にまとめるのが理想である。すべてのチームのすべてのクラスターが十分に全体結果に反映されるように（ひとつもアイデアを捨てないように）配慮するのは言うまでもない。

　このようにして，最終的にでき上がった5～10個前後のクラスターを「社会変化仮説」と呼ぶ。なるべく意味を明確に，そしてユニークなキーワードを残すように配慮しても，やはりさすがにここまでの収束プロセスを経た「社会変化仮説」は，多少，抽象度が高くなっているかもしれない。理想的には参加者ではない外部者が後にこれらを読んでも意味が正しく伝わるレベルにまでシナリオの文章の完成度を高める努力をするのが望ましい。

　「社会変化仮説」は，非連続な未来が描かれている文書，いわば人間が普通に想像しただけでは思いつかないような突発的な未来の変化が書かれた文書である。その意味では，すこし大げさに言えば，予言の短文集のようなものである。ここで，いま一度すべての「社会変化仮説」を眺めてみて，本当に未来にむけて思考のジャンプが十分にできているのかどうかを再確認しておくことが必要である。本当に予言に足るだけの驚きやインパクトを持ったものに仕上がっているか。誰でも思いつくような当たり前に平凡な未来への評論になってい

ないか．もしも全体に平凡なものが多いようにみえるようなら，スキャニングが十分に機能していないということなので，それは問題である．

そのような場合は，多くの場合は KJ 法の段階で「収束させすぎ」の現象が起こっていると推察される．「これはちょっと平凡すぎるのではないか」と思えるような「社会変化仮説」については，やや面倒ではあるが，もう一度各参加者や各チームが発表した個々の「社会変化シナリオ」案に戻って，いったんバラバラにしなおして，ユニークなキーワードを探してみたり，あるいは少し違う角度からまとめることができないか，などの議論をしてみたりを試みるのが良いだろう．そうすることで，同じ材料からでも，意外に面白いクラスターを再発見することができることもある．

2.7 未来変化のマッピング

2.7.1 アンケートを用いて社会変化シナリオを評価

ところで，各チームからの「社会変化仮説」が出そろった後に，それらを参加者全員で KJ 法によって統合・収束させるのは非常に大変な作業である．案の数がかなり多い上に，議論参加者も多く，しかも各チームとも熟議の末に臨んでいるので，微細な差にも拘る心理が強くなっているからだ．しかも無理に統合・収束させると，前述の「収束させすぎ」現象が起こりやすくなり，結果が平凡で面白くないものになりやすい．Business Futures Network 社の場合は熟練したコンサルタントが巧みなファシリテーションで議論をリードし，多数のアイデアを上手に統合・収束させるのだが，日本の環境では，そのような熟練したファシリテーターが常に利用可能なわけではない．また，学術的な利用を想定する場合は，統合・収束のプロセスに一定の再現性が求められる．本章ではこのような困難を解決するために，多変量解析手法を用いて全員の意思決定を補助するプロセスを提案する．

具体的には，全チームの「社会変化仮説」を発表し共有できたところで，ワークショップ参加者全員に対して，それら「社会化仮説」を評価するアンケート調査を実施・回収・集計し，結果をコレスポンデンス分析手法で解析する．

コレスポンデンス分析とは，Benzécri（1992）が開発した統計手法で，多次

元集計されたデータを空間にマッピングして，データ要素同士の相対的な関係性を視覚的に表現する多変量解析の1つであり，林知己夫の数量化理論III類（安田・海野，1977）と同様な考え方の分析手法である．統計処理の詳細説明はここでは省くが，一般には，2次元の行列（分割表，アンケートのクロス集計表など）の行要素（サンプル）と列要素（カテゴリ）に数量データが与えられているとき，同一のサンプルに対して類似反応したカテゴリ同士，あるいは同一のカテゴリに類似反応したサンプル同士を集め，それを空間に配置するのに適した原点（座標）を算出し，これに基づいて散布図（ポジショニング・マップ）を作成して要素を布置する，という手順で実施される．類似度・関係性の強い要素同士は近くに，弱い要素同士は遠くに布置される．ただし，あくまでも相対的な関係のみを表現した布置であることに注意が必要であり，それゆえ，それぞれの軸の数値の絶対値自体には統計的意味がない．また，軸が交差する原点付近に布置される要素は，特徴が比較的薄いと解釈できる．

　この分析手法の代表的な解釈方法としては，導出された散布図の傾向を分析者が質的に読み取り，まずそれぞれの軸の意味解釈を帰納的に加えることで，それぞれの象限の特徴を理解し，各象限に布置された各要素が，分析対象としているデータ系の中で，相対的にどのような特徴を持っているのかを理解する，というものである．視覚的にデータの傾向を把握できるのがこの分析手法の特徴であり，消費者特性分析など，いわゆるマーケティング分野で多用されている．

　ワークショップ参加者数は多くても30名程度なので，アンケート調査としての統計的な有意性を議論するにはやや少なすぎる．しかし作成されたシナリオを作りっ放しにせず自己評価することで各々の相対的な位置づけを理解することはたいへん重要である．コレスポンデンス分析は比較的小サンプルのデータであっても結果が安定的であるという特徴があるので，統計的有意性の問題とは別に，各チームから出された「社会変化仮説」案をうまく可視化して分類し，深く理解するためには十分に利用可能である．「社会変化仮説」を，互いに似た者同士を塊として上手くまとめ分類することができれば，その塊ごとに関連付けた形で拡散と収束の作業をすることができるようになる．コレスポンデンス分析ででき上がる塊はせいぜい4～8個程度と考えられる．しかも一つ

の塊の中に入った複数のシナリオに関する多くの要素を関連づけて考えることができれば，拡散と収束のプロセス自体がやりやすくなる．具体的な手順を以下に説明する．

(1) まず，全チームの「社会変化仮説」を発表し共有できたところで，図2.8のような，アンケート用紙を作成する．

(2) アンケート用紙の表頭には，全チームから提案された「社会変化仮説」案を並べる．図2.9では6個しか書かれていないが，大規模なワークショップの場合は20個以上になる．

(3) アンケート用紙の表側には，25個程度の評価項目が並んでいる．図2.8に掲げたこれらの評価項目は，筆者らが経験則的に選別した評価項目で，多くのワークショップで効果的に機能したものである．特にその「社会変化仮説」が何年ぐらい先に起こりそうか，という項目群や，どんな生活者層のどんな分野の生活と関係が深いか，などの項目，あるいはその未来は楽観的か悲観的か，などの項目は非常に効果的に「社会変化仮説」を分類できる．もちろん図2.8に例示した評価項目以外の項目を，運営コアチームで考案して追加するのも良い．

(4) アンケート用紙は，すべてYes/No式で回答できるようにする．「該当する」と感じる点に印をつけるだけの簡単なものである．このアンケートは，回答箇所が非常に多く，しかも同じ判断を何度も繰り返す内容なので，回答者への心理的負担が非常に大きい．それゆえ回答方式はなるべく簡単なものにし，あまり深く考えず感覚的に回答できるように配慮することが重要である．「社会変化仮説」数にもよるが，回答にはおおむね10〜20分を要する．

(5) すべての回答者が回答を終えたら，速やかに集計を実施する．ワークショップの次のプロセスで結果を利用したいので，集計作業を短時間で終えなければならず，非常に難しいプロセスである．そこで，アンケート自体をウェブ上で実施し回答完了と同時に自動的に集計されるなどの体制を整えるのが理想である．また，集計と分析には最低でも1〜1.5時間程度が必要なので，その間ワークショップ参加者には長めの休憩を

社会変化仮説アイデアの評価シート						
回答方法：それぞれのアイデアにつき、左の項目のうち該当するとお感じになるところに「1（半角）」を記入ください。アイデアごとに「1」を記入する数に制限はありません。当てはまると思われるところにいくつでもご記入ください。						
	1 食料需要の深刻化によって、超加工食品が増える。	2 LGBTがあこがれの対象になる。	3 バーチャルと現実との境界を利用したビジネスが現れる。	4 都市部の人々の生活が、下町風のなじみのある社会へ変わる。	5 既存産業の自動化が進み、個人レベルの創造性が高まる。	6 技術の発達が過剰な便利さを生み、思考をしなくなる人が現れる。
悲観的						
楽観的						
2〜4年で実現しそう						
5〜10年で実現しそう						
11〜20年で実現しそう						
若者に影響が大きい						
高齢者に影響が大きい						
企業に影響が大きい						
国家に影響が大きい						
日本に関係が深い						
アジアに関係が深い						
世界全体に関係が深い						
ファミリー						
個人生活						
カップル						
仲間・グループ						
衣						
食						
住						
教育・学習						
労働						
余暇・レジャー						
移動						
健康・医療						
買物・消費						

図2.8 「社会変化仮説」コレスポンデンス分析用のアンケート用紙の例

取ってもらうか，ゲスト講演者を招いて講演を実施するなどの日程にする必要がある．また，短時間での集計・分析のためのスタッフを数名準備しておくことも重要である．

(6) 集計が終了し次第，そのデータを用いてコレスポンデンス分析を実施する．多くの多変量解析ソフトのコレスポンデンス分析結果は，そのままではかなり判読しにくいものなので，結果を見やすいように適宜加工

第2章 スキャニング手法とインパクトダイナミクス手法の概説   69

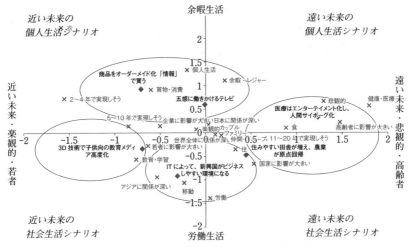

図2.9 コレスポンデンス分析結果の読み込み事例

して参加者に図示できるようにする。

(7) その際，評価項目の分布状況や「社会変化仮説」自体の分布状況を注意深く読み込み，タテヨコの軸の意味や象限の意味を読み解くことが最も重要である。多くの場合，前述のとおり，何年ぐらい先に起こりそうか，という要素がタテかヨコに表出していることが多いので，その点をうまく読み解いて，時系列変化が図上でどのように布置されているのかを理解するとよい。

(8) さらに，そのような読み解きを元にして，「社会変化仮説」をいくつかの塊（クラスター）に分類する。同じ塊に分類された「社会変化仮説」は，互いに似た内容であるか，互いに関連性が深い内容と判断されたことになる。そこで，それらの同じ塊に分類された「社会変化仮説」を次のプロセスの議論で統合・収束させることを検討する。当然，分析結果にもよるが，一般的には塊はおおむね4〜8個程度になる。図2.9はそのような読み解きをした事例である。

(9) その際，タテヨコの軸やそれぞれの象限，そしてそれぞれの塊には，解りやすい名前やキーワードを付けるとよい。ただし，この分析をする

にあたって，分析者や運営コアチームは，なるべく恣意性がない読み込みをするよう心掛ける必要がある。このような意味解釈をうまく実施するには熟練が必要なので，多変量解析の取り扱いやマーケティング分析に慣れた有識者の力を借りるのが望ましい。

2.7.2 未来年表

コレスポンデンス分析の図が作成できたら，その図の中から，何年後頃にどの「社会変化仮説」が起こりそうと思われているかを読み込み，それをもとに図 2.10 のような未来年表を作成してみるのが望ましい。このような形にまとめることで，参加者自身が作った「社会変化仮説」がどういう順番で発生するのかが明確化し，全体として自分たちがどんな未来社会を思い描いたのかが理解しやすくなる。その際，アンケート結果の内容によっては，5〜10 年よりも先の未来だと評価される「社会変化仮説」もあると思われる。その場合は未来年表をもっと先まで設定する。

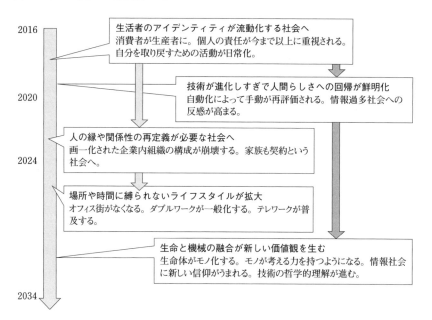

図 2.10　未来年表の例

ワークショップ会場で，短時間でアンケート集計からコレスポンデンス分析，そして未来年表までを作成するのは非常に困難である。そのため，多くの場合はコレスポンデンス分析ができた段階で参加者全員と共有し，それをもとに全チームの「社会変化仮説」の融合・収束の議論をするのが通例である。その融合・収束の議論がまとまったら，その結果をもとに，ワークショップ2日目の朝までに運営コアチームが未来年表をまとめる，という段取りが現実的である。いずれにしても次のステップであるインパクトダイナミクスまでに未来年表が完成していると，参加者のアイデア開発に有用である。

2.7.3 「社会変化仮説」のシナリオ文章化

未来年表の作成によって，それぞれの「社会変化仮説」の相対的な位置関係や，未来に向けての全体的なストーリーが理解されたら，今一度それぞれの「社会変化仮説」に戻って，それらを100～300文字程度のシナリオ文章として記してみるのが望ましい。そのようにシナリオ化した「社会変化仮説」のことを社会変化シナリオと呼ぶこともある。図2.11は，大学院生によるワークショップ実験で作成された社会変化シナリオの事例である。このように文章化す

シナリオA：20XX年，自衛隊は日本国民にとって身近な存在となり，映画化，アニメ化はもちろん，関連商品を数多く生み出す。
災害救助などによるイメージの向上に伴い，自衛隊に対する国民の認識は変化する。戦闘地域に派遣され，メディアへの露出も増え，彼らの葛藤は多くの国民に共有されるものとなる。アイドル化される隊員も数多く現れ，エンタテイメント化は進む。

シナリオB：20XX年，一部のコンビニエンスストアはエスニックなコミュニティの中心に変身する。
国内の少子高齢化に伴い，日本社会は外国人移民を受け入れざるを得なくなる。外国人移民の多い地域のコンビニは，単に商品を提供する場ではなく，人々が集い情報を交換する時間を共有するために欠かせないエスニックなコミュニティとなる。コンビニ併設の居酒屋なども出現する。

シナリオC：20XX年，一次産業を中心としたローカルなクールジャパンが普及する。
東京オリンピックを通じ，外国人が日本の一次産業に触れる機会が増える。それを機に，従来のアニメ・ドラマのような映像コンテンツなどの大規模なクールジャパンではなく，地方で伝承されてきた技術や職人芸といったローカルな事象が一次産業を中心に見直され始める。そこに通信技術のハイテク化の波が加わり，一次産業のローカルな魅力が世界に広がるクールジャパンになり始める。

図2.11　社会変化シナリオ文章化の事例（3種類）

ることで，ワークショップに参加しなかった第三者が後に文章を読んだ場合でも，ある程度ワークショップの議論の結果が具体的に理解できるようになるので，このプロセスは非常に重要である。

　社会変化シナリオの記述にも多少の熟練が必要である。いまだ発生していない現象のことを具体的に書くという作業なので，心理的抵抗を感じる人もいる。しかし，ここまでの議論で出された各チームからの「社会変化仮説」の中の主要なキーワードや，コレスポンデンス分析で近くに布置された評価項目や軸・象限の意味などを参考にして，それら言葉の断片を繋いでゆくように考えれば，それほど想像力を働かせなくても案外，簡単に文章化できることが解るだろう。むしろ議論で出た内容からあまり逸脱しないようにシナリオ文章を書くほうが重要とも言える。一見すると繋ぎにくいようなキーワードでも，あえてやや強引に文章で繋いでみると，意外にも未来を鋭く洞察した文章が書ける場合も多い。そのような場合は，恐れず繋いで文章化してみることがシナリオを上手に書くコツである。

2.8　インパクトダイナミクス

2.8.1　帰納推論と演繹推論を交差させる

　「社会変化仮説」がまとまったところで，前述の未来イシューとあわせて，図2.12のようなインパクトダイナミクス表を作成する。このインパクトダイナミクスは前述のとおりBusiness Futures Network社が開発した手法であり，これによってスキャニング手法が単なる未来の預言集ではなく，企業や組織の具体的なイノベーションを考案するための重要な初期ステップとして利用可能なものになったとも言える。

　具体的には，一種の構造化手法の形式をとる。表頭には未来イシューとそれぞれのフラクチャー・ポイントを列記し，表側には「社会変化仮説」を列記する。当然のことであるが，表頭，表側の行桁数は，ここまでの議論で作成された未来イシューと「社会変化仮説」の数だけ準備する必要がある。一般的には$4 \times 4 = 16$マスから$10 \times 10 = 100$マス程度の大きさのマトリクスになると思われる。すべてのマスには数字とアルファベットで識別記号をつけておくのが望

第2章 スキャニング手法とインパクトダイナミクス手法の概説

未来イシューとフラクチャー・ポイント

		専業主婦減少家事価値観変化（家事が外部化してキッチンのない住宅が増加する。）	家族団らん価値観の変化（単身世帯が増加し、それに合わせた住宅が増加する。）	発電技術の小型化・低廉化（再生可能な微小エネルギーで生活できる住宅が増加する。）	出社し顔を合わせる価値観の変化（テレワークがしやすいSOHO型マンションが増加する。）	自動運転の普及と法整備（自動運転のカーシェアリングが標準装備のマンションが増加する。）	身体測定・診療技術の進化（予防医療サービスが標準装備のマンションが増加する。）
社会変化仮説	**生活者のアイデンティティが流動化する社会へ** 消費者が生産者に。個人の責任が今まで以上に重視される。自分を取り戻すための活動が日常化	1A	2A	3A	4A	5A	6A
楽しいシナリオ	**技術が進化しすぎて人間らしさへの回帰が鮮明化** 自動化によって手動が再評価される。情報過多社会への反感が高まる。	1B	2B	3B	4B	5B	6B
	人の縁や関係性の再定義が必要な社会へ 画一化された企業内組織の構成が崩壊する。家族も契約という社会へ。	1C	2C	3C	4C	5C	6C
厳しいシナリオ	**場所や時間に縛られないライフスタイルが拡大** オフィス街がなくなる。ダブルワークが一般化する。テレワークが普及する。	1D	2D	3D	4D	5D	6D
	生命と機械の融合が新しい価値観を生む 生命体がモノ化する。モノが考える力を持つようになる。情報社会に新しい信仰がうまれる。技術の哲学的理解が進む。	1E	2E	3E	4E	5E	6E

図 2.12　インパクトダイナミクス表の例

ましい。

「社会変化仮説」も未来イシューもフラクチャー・ポイントも，元の文章を全て書くことは当然できないので，要点だけをごく短くまとめて箇条書き風に書くようにする。より詳細を確認したいときには元の文章にもどるようにする。

表側の「社会変化仮説」を列記する際に，図 2.10 で説明した未来年表を参考にして，事例列順，そして文脈的に関連性が深い順などに配置するようにす

るとインパクトダイナミクスの作業がスムーズになる。同様に，表頭に未来シナリオについても似ているもの同士を隣接させて配置するのが良い。

このマトリクスによって，ここまで議論してきた帰納推論の結果と演繹推論の結果を総当たり型で交差させることになる。表頭の未来イシューを考えの起点にして，そこに表側から想定外の「社会変化」が押し寄せる。そのときにそれぞれのフラクチャー・ポイントにどんな影響が及ぼされるか，を検討することで，未来イシューが想定したような未来が本当に実現するのか？　する場合はどんな形で具現化するのか？　あるいは，実現しない場合は，結果的にどんなふうに変質するのか？　なぜそう想定されうるのか？　などを，全てのマスについて仔細に検討するということだ。

経験則的には，未来イシューで想定した未来は，「社会変化仮説」の影響を受けて，当初とは少し違う形で実現する，というようなことが想定される場合が多い。

第1章で説明したとおり，本書では未来シナリオ発想のことを二段推論による意思決定と定義した。インパクトダイナミクスのマトリクス上で実施される縦軸と横軸の交差は，まさに大量の二段推論を生み出す構造になっていることが再確認できるだろう。そして，このように大量の二段推論によって数多くのシナリオを生み出すこの手法は，単に当たるか外れるかを問う単純な予測ではなく，未来時点の意思決定に対する豊富な心構えを提供しうることが理解できるだろう。

2.8.2　強制発想で多数のアイデアを生みだす

では具体的にどのようにしてそれぞれの交差点であるマスでアイデアを考案するのか。アイデアの発想法は多様に考えられるので，縦軸と横軸の前提さえ守れば，どんな方法でも自由に利用可能である。ただしここでは，筆者らが経験してきた成功例と失敗例を鑑みて，図2.13のようなアイデア記入シートの利用について説明する。

インパクトダイナミクスで最も重要な点は，縦軸と横軸の要素を，思考の中で良くバランスした状態で強制的にアイデアを考案することである。しかしこれは容易なことではない。そこで多くの場合，全員がすべてのマスについて強

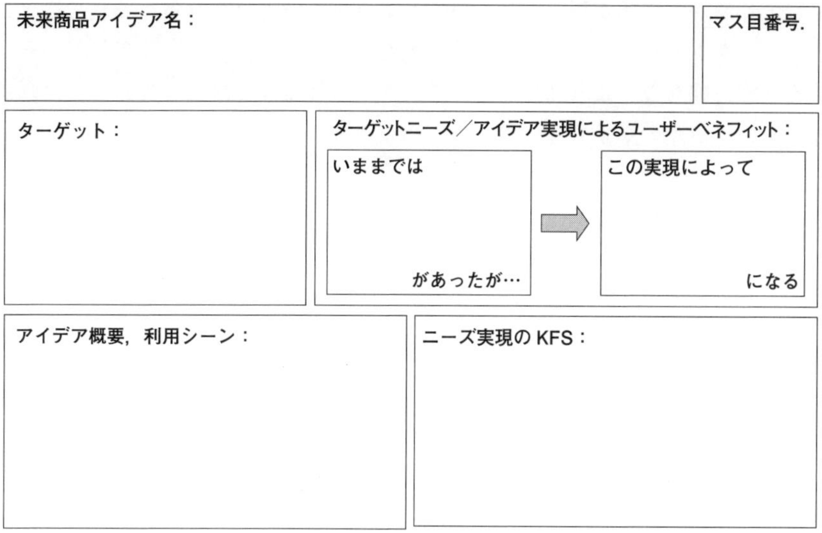

第2章　スキャニング手法とインパクトダイナミクス手法の概説

未来商品アイデア名：		マス目番号．
ターゲット：	ターゲットニーズ／アイデア実現によるユーザーベネフィット：　いままでは　があったが…　→　この実現によって　になる	
アイデア概要，利用シーン：	ニーズ実現のKFS：	

図2.13　インパクトダイナミクスのアイデア用紙例

制発想するのではなく，役割分担をして，1人がどこか1つの行か列を担当するようにするのが得策である。そうすることで，どこか1つの未来イシューから「社会変化仮説」を固定的に考えることができるようになり，マスからマスへと対象を移動させていっても縦軸と横軸の要素のバランスを維持しやすくなるのである。

ただし，この行か列の思考の固定化を過度にしてしまうと，インパクトダイナミクスの意味がなくなってしまう危険もある。特に技術的要素が強い未来イシューに固定して考える場合にこの問題が発生しやすい。あまりにも強く元の未来イシューを考えてしまうと，結果的に「社会変化仮説」の影響を無視してしまい，どんな変化が来ても未来イシューに書かれた技術が想定通りに普及するに違いないと思い込んでしまう例が時々見られる。同様に非常にインパクトの強い「社会変化仮説」を固定して考える場合も，結果的に未来イシューを無視して全ての未来がその「社会変化仮説」に押し流されてしまうようなイメージを抱いてしまう例が時々見られる。あるいは，単純に交差するというイメー

ジが全く湧かずに頭が真っ白になってしまう例も時々見られる。これらはどれもインパクトダイナミクスとしては失敗なので、ワークショップ参加者がそういう状態に陥らないようにファシリテーターは注意深く議論を運営しなければならない。実際の議論の運営は、以下のような手順で進める。

(1) まず参加者1人1人がどこの行または列を担当するかの役割分担を決める。同時に、個々の役割を決めた後に、同じ行または列を担当する参加者同士で、新たなチームも決める。1つのチームは2～5名程度でよい。運営コアチームは、全てのマスを誰かが担当するように人員をうまく配分する必要がある。

(2) 担当とチームが決まったら、まずは参加者1人1人が個人作業でアイデアを考案する時間を30分ほどとる。個人作業の間は、思いついたことをポストイットなどに書きとめるように留意する。

(3) 個人作業である程度アイデアが考案されたら、チーム員同士でアイデアを共有しあう時間を1時間ほどとる。チーム内の議論で、それぞれのマスについて最も良いアイデアを1～2個ほど決め、それを図2.12のようなアイデア用紙に清書する。

(4) 図2.12のアイデア用紙は新商品・新サービスの開発を想定したもので、想定ターゲット、想定利用シーン、今までと違う点、成功のための重要ポイント（key factor for Success: KFS）などを書き込めるようにしてある。

(5) アイデア用紙は、必ず右上のマス番号を明記し、どの未来イシューと「社会変化仮説」の交差点のアイデアなのかを明確にすることに留意する。時々、行または列の思考の固定化を過度にする状態に陥ってしまっている参加者が、マスを無視してアイデア開発をしようとすることがあるので、ファシリテーターはそれを注意深く禁止する。

(6) また時々、発想が難しいマスを容易にあきらめてしまう参加者やチームも見られる。このような場合も、ファシリテーターは粘り強く手順などを繰り返し説明し、強制発想をするように促す必要がある。

2.8.3 全アイデアのマッピング

　全チームのアイデアが出そろったら，それらをすべて壁や模造紙などに貼り，チームごとに簡単に発表して共有する．同時に，図2.12のようなインパクトダイナミクスのマトリクスの各マスにもアイデアのタイトルや要点などを細かく書き込む．それらを俯瞰することで，全体としてアイデアが少ない（あるいは出ていない）マスがないか，どれぐらい先の未来のアイデアが多いか（少ないか）などを再確認してみる．もしも有力なアイデアが1つもないマスがある場合は，全員議論やチーム議論などでなんとしても埋めるように努力するのが望ましい．強制発想は苦しい作業であるが，それを乗り越えることで新しいアイデアが創発されるので，どうしても避けて通ることはできない．

　このように全体像を全員で把握し再確認したところで，2日間のワークショップは終了を迎える．最後に，全員の議論や挙手などによる投票で，どのアイデア（あるいはどのチーム）が面白かったか，などを決めるゲームをすると，長かったワークショップの締めくくりとして達成感があるだろう．

　このアイデアのマッピング結果と個別アイデア群，および未来イシューとスキャニング会議で作られた「社会変化仮説」群，そしてコレスポンデンス分析結果と未来年表などは，すべて未来洞察ワークショップの重要な成果物になるので，大切に保存してその後の活動に活かすようにする．

　どのアイデアが本当に優れているか，については，後日もう少し精緻な方法で検証をするのが望ましい．運営コアチームや外部有識者で審査員団を組織して，全アイデア記入シートとインパクトダイナミクスのマトリクスを共有した上で，詳細な評価のアンケートを実施するなどの方法が考えられる．最終的にはそのような精緻な審査の結果をもとに，有望な未来シナリオとそのアイデア群を2～3個程度の大グループにまとめ（これを未来のベクトルと呼ぶこともある），その後のプロセスへ引き継ぐのが良いだろう．

　Business Futures Network社の場合，この全体マップを俯瞰して，その企業にとってのコンピタンスを活用したイノベーションの可能性がどこにあるのか，勝敗を決める技術は何か，技術提携や企業買収の可能性はないか，新しいビジネスモデルはどうなりうるか，新しい競合企業はどんなところが想定されるか，などを「未来ストーリー」として描き，企業へのコンサルティング活動に活か

している。

2.9 未来シナリオの活用

2.9.1 アブダクションとラピッド・プロトタイピング

　スキャニング手法に関するプロセス，およびその後に続くインパクトダイナミクス手法の説明は，これで一通り終えた。今一度，図2.7の日程を再確認すると，この手法の全体のプロセスが理解できるので，復習として活用いただきたい。

　しかし，未来洞察の活動はこれで終わりではない。スキャニング手法とインパクトダイナミクス手法が提供してくれるものは，未来を洞察するための最大の障壁である「不確実性の高い突発事象に対して，どうやって自律的な情報収集や事業構築の網をかけるか」というテーマに対する解決法だけである。その意味ではスキャニング手法とインパクトダイナミクス手法は，まったくの未知なる未来を，徐々に判断がつきやすいものへと変換するための変換装置のようなものである。したがって，ここで得られた未来へのヒントをどう使うかによって，その知識の価値はどのようにでも変化しうるということも言えるだろう。

　経験則でいえば，ワークショップ実施後に，その成果物をまとめ直し，精緻化し，具体的な企業の経営意思決定の材料に仕立てるのには，短くても1か月は必要である。運営コアチームはそのような後工程の必要時間も十分に考慮して全体計画を立てておくのが望ましい。

　未来シナリオの有効な活用方法の代表例は，第1章で紹介したデザイン思考の中でも頻繁に使われるラピッド・プロトタイピングという方法である。一般的なデザイン思考においては，観察調査などのエスノグラフィの結果をもとに新商品・新サービスのコンセプトをまとめ，それをラピッド・プロトタイピングすることが多い。しかし，未来洞察によって得られたシナリオやアイデア群なども，そのままラピッド・プロトタイピングの材料として活用できることに着目すべきである。事実，大手自動車メーカー，大手電気機器メーカー，大手印刷サービス会社などが，未来シナリオをもとにしてラピッド・プロトタイピングを実施した例がすでにある。むしろ一般的なデザイン思考だけよりも，未

来洞察によるシナリオのほうが，基礎的な研究開発やデザイン開発には整合的であるという声もある（詳しくは本書の第8章で説明）。

　ラピッド・プロトタイピングは，新商品・新サービスのアイデアを手近な材料でとりあえずの形にしてみて，それを見て触って感じることによって，その開発の困難さのハードルを引き下げるという効果がある。つまりこれも一種の動的制約緩和（開・鈴木，1998）のプロセスと理解できる。未来洞察によって作成されたシナリオ群とは概念の出自としてそもそも親和性が高い。それに加えて，未来年表などデザイン思考ではあまり取り扱わない情報とも深く結びつけることができるので，企業の意思決定においては一層有利である。しかも，第1章でも説明したとおり，一般的なデザイン思考の手法は，実務家としてのデザイナーには少なからず違和感を持たれていることが多いが，スキャニング手法とインパクトダイナミクス手法はむしろ実務家としてのデザイナーにとっても受け入れやすい部分が多い。今後は未来シナリオを用いたラピッド・プロトタイピングの研究も徐々に増えてゆくと思われる。

　ラピッド・プロトタイピングを実施する際には，一般的には3週間程度の時間が必要である。ラピッド・プロトタイピングという名前の通りであれば，本来ならばその日のうちに何かをカタチにするというような印象があるが，多くのワークショップ参加者は別の通常業務の合間に未来洞察活動に参加しているので，ラピッド・プロトタイピングはいわゆるスカンクワークに当たる。通常業務後の時間や週末の時間を使っての作業なので，やはりある程度の時間を準備しておくほうが無難である。

　ラピッド・プロトタイピングの方法自体にも様々な工夫が存在する。最近では3Dプリンタなどの普及によって，以前よりも試作品の作成は効率的になった。しかし同時に，モノではなくサービスやシステム，あるいはスマートフォンのアプリのようにカタチがない商品のラピッド・プロトタイピングも増加している。そのような場合はそのサービスやシステムを便利に利用している人をミニドラマ風に描く動画を作成する，などの工夫が必要である。またインフラ産業や建築物などのラピッド・プロトタイピングの場合は，ジオラマ風のスケールモデルで再現し，それを小型カメラで撮影して利用イメージを表現するなどの工夫も考えられる。

ラピッド・プロトタイピングを実施する際には，企画者の個人的な創意工夫や表現能力が必要である。個人の趣味活動ではなく，組織の意思決定材料の作成をしているのに，そのような主観性を用いて良いのか，ということを躊躇する参加者もいる。このように，いわば個人的動機を積極的に用いる推論は，第1章でも説明したとおり，アブダクションと呼ばれている。田浦（2012）は，実務家としてのデザイナーはこのような個人的動機を積極的に用いた創造行為に長けていることを発見した。つまり，概念をカタチにするプロセスでは，全てを客観的視点で進めることは困難であり，どこかの時点で主観的視点に切り替えることが不可欠であるということだ。したがって個人的な創意工夫や表現能力という領域に入り込むことを躊躇する必要は全くない。

2.9.2 未来シナリオの精緻化

本章の最後として，成果物として作り出されたアイデアのマッピング結果と個別アイデア群，および未来イシューとスキャニング会議で作られた「社会変化仮説」群，そしてコレスポンデンス分析結果と未来年表などを，どうすれば企業経営の意思決定の場で有効に活用できるかを考える。具体的には，以下の5点の補強について説明する。

(1) 5～10年先の市場規模推計等のデータ補足
(2) 現在のユーザ意識の調査データ添付の可能性
(3) 関連する先行研究・特許等の調査
(4) 有識者ヒアリングの実施とその内容の解釈
(5) ビジネスモデル素案と小規模先行投資への示唆

まず（1）について説明する。未来シナリオの成果物を一般的な経営意思決定の資料と比較したときに，最も違う点は，いわゆる市場規模等のデータがほとんど含まれていないことだ。マーケティング分析等に慣れすぎてしまった現代の企業人にとっては，市場規模等のデータが資料の冒頭に存在していないと不安になってしまう心理がある。そこで未来シナリオの成果物にも，最終的にはそのような市場規模等のデータを添付してストーリーを補強するのが望まし

い。しかしそのような資料はあくまでも補足程度の役割である。本書が焦点を当てている 5〜10 年後の市場規模を信憑性の高い正確さで推計しているデータは皆無，という事実もある。

(2) についても同様に，いわゆるユーザへの意識調査などのデータも，補足程度の位置づけで添付するのが望ましい。未来のニーズをアンケート調査等で探り出すのはきわめて困難なので，多くの場合，未来シナリオが指し示すような内容を直接的に支持する消費者意識データは少ない。むしろ逆の傾向を示すデータすら見つかることがあるかもしれない。しかし，これも 5〜10 年後の市場規模データが不正確であるのと同様な現象にすぎない。経験則としては，未来シナリオを説明する際に一見不都合に見える現在時点のマーケティングデータはいっそ無視してかまわないと筆者らは考える。

そのような市場関連のデータよりもむしろ重要なのは，(3) で示した関連する先行研究や特許に関する調査データである。未来シナリオで描かれた新商品・新サービスを実現するにあたって，避けて通れない競合他社の先行研究や特許などが存在するという事例は，実は多い。そのような場合は，その先行研究や特許の内容をしっかりと調査・検討し，目的や製造方法を変更することでうまく競合を回避したり，逆にその先行者と協働研究する可能性を模索したり，というプロセスが必須である。したがって，未来シナリオの成果物を精緻化する際には，法務部門等にも早めに働きかけておくことが有用と言える。

先行研究や特許の研究と並んで重要な要素として，(4) の関連領域の有識者へのヒアリングもある。特に自社にとってこれまで不得手だった新市場などへの進出を示唆する未来シナリオの場合は，その新市場の現在の概況を理解するという意味で，有識者へのヒアリングは有用である。ただしここでも，有識者の多くが，あくまでも現在時点での有識者であることに十分留意すべきである。場合によっては，未来シナリオが示唆するような新商品・新サービスが実現すれば，既得権益を失う有識者もいる。そのような場合は，必ずしも好意的ではない意見を聴くこともあるだろう。しかし，それはむしろ未来に対する大きなイノベーション機会が存在すると解釈すべきである。

市場規模データ，現在のユーザ調査データ，先行研究や関連特許の調査，そして現在の有識者ヒアリングなどを添付した上で，最終的には (5) で示した

ように，未来シナリオを収益化するためのビジネスモデルの素案を考案し添付しておくことが望ましい。5～10年後のビジネスなので，それほど精緻にフィジビリティ研究をすることは困難と思われるが，少なくとも未来時点において確実に収益機会があるということを経営陣に伝えることができれば，実現に向けての小規模な先行投資判断をするには十分な資料になるだろう。大きなイノベーションの実現も，ほとんどの場合は，最初は突発的で些細な「未来の芽」でしかない。その些細な変化を促すための先行投資は，実は小規模であることがほとんどであり，十分な心構えさえあれば困難な意思決定ではないはずである。

参考文献

Aguilar, F. J. (1967). *Scanning the business environment*. Macmillan.
Albright, K. S. (2004). Environmental scanning: radar for success. *Information Management Journal*, **38**(3), 38-45.
Ansoff, H. I. (1975). Managing strategic surprise by response to weak signals. *California Management Review*, **18**(2), 21-33.
朝日新聞 (2015). 数字で見る朝日新聞, http://www.asahi.com/shimbun/honsya/j/number.html (執筆時最終アクセス：2015年11月14日)
Benzécri, J. P. (1992). *Correspondence analysis handbook*. NY: Basel, Marcel Dekker.
Business Futures Network. Futurealities, http://businessfutures.com/home/programs-projects/ (執筆時最終アクセス：2015年11月14日)
Choo, C. W. (1999). The art of scanning the environment. *Bulletin of the American Society for information Science and Technology*, **25**(3), 21-24.
Fahey, L., & King, W. R. (1997). Environmental scanning for corporate planning. *Business horizons*, **20**(4), 61-71.
Guilford J. P. (1983). Transformation Abilities or Functions. *Journal of Creative Behavior*, **17**, 75-83.
開一夫・鈴木宏昭 (1998). 表象変化の動的緩和理論：洞察メカニズムの解明に向けて 認知科学, **5**, 69-79.
堀公俊 (2013). 実践ファシリテーション技法：組織のパワーを引き出す30の智恵 経団連出版.
Howard, R. (2002). *Smart Mobs: The Next Social Revolution*. NY: New York, Basic Books.
Institute for the Future (2011). IFTF Research Methodology: Signal Scanning, http://www.iftf.org/member/SignalsScanning
Jain, S. C. (1984). Environmental scanning in US corporations. *Long Range Planning*, **17**(2),

117-128.

川喜田二郎・牧島信一（1970）．問題解決学：KJ 法ワークブック　講談社．

Lesca, N. (Ed.) (2013). *Environmental scanning and sustainable development*. John Wiley & Sons.

Loveridge, D. (2008). *Foresight: The art and science of anticipating the future*. Routledge.

Mueller, G., & Smith, J. B. (1984). Six "Commandments" for Successful Futures Studies for Corporate Planning. *Journal of Business Strategy*, **5**(2), 88-92.

Narchal, R. M., Kittappa, K., & Bhattacharya, P. (1987). An environmental scanning system for business planning. *Long Range Planning*, **20**(6), 96-105.

西村行功（2003）．シナリオ・シンキング：不確実な未来への「構え」を創る思考法　ダイヤモンド社．

小川進（2013）．ユーザーイノベーション：ショウヒシャカラハジマルモノヅクリノミライ　東洋経済新報社．

Preble, J. F., Rau, P. A., & Reichel, A. (1988). The environmental scanning practices of US multinationals in the late 1980's. *Management International Review*, **28**(4), 4-14.

Salmon, R., & de Linares, Y. (1999). *Competitive intelligence: scanning the global environment* (Vol. 21). Economica Limited.

総務省情報通信政策研究所調査研究部（2011）．我が国の情報通信市場の実態と情報流通量の計量に関する調査研究結果（平成 21 年度）――情報流通インデックスの計量．

Stoffels, J. D. (1994). *Strategic issues management: A comprehensive guide to environmental scanning*. Pergamon.

田浦俊春（2012）．デザインの社会的動機：技術成熟化社会における Pre-Design と Post-Design の役割　日本デザイン学会誌デザイン学研究特集号，**20**, 8-11．

和嶋雄一郎・鷲田祐一・冨永直基・植田一博（2013）．ユーザ視点の導入による事業アイデアの質の向上　人工知能学会論文誌，**28**, 409-419．

鷲田祐一（2006）．未来を洞察する　NTT 出版．

安田三郎・海野道郎（1977）．社会統計学　丸善．

ユビキタス情報研究会（2003）．Small Stories in 2008, http://www.akg.t.u-tokyo.ac.jp/ubila/video/

読売新聞（2014）．数字で見る読売新聞，http://info.yomiuri.co.jp/company/data.html

第3章 10年先の社会技術問題シナリオ作成の試みと実際に10年が経過した時点でのシナリオ検証[1)]

鷲田祐一・三石祥子・堀井秀之

3.1 社会技術問題と本研究の目的

3.1.1 作成した過去の未来シナリオを検証

　本章では，2006年の11月に実施された「2015年の日本の科学技術開発についての未来洞察」のワークショップの内容と結果を紹介し，同時にその中の1つのテーマであった環境自動車技術の2015年シナリオについて，実際に2015年を迎えた段階で，どの程度的中していたのか，どこが外れていて，その理由はどんなものか，について検証し議論する。

　シナリオ手法の有用性検証の研究は，シナリオ作成のプロセスやそれを元にした戦略策定や意思決定についての検証に焦点をあてる場合がほとんどで，作成したシナリオが実際にその時を迎えたときにどの程度的中していたのかに焦点を当てる研究は少ない。しかし，シナリオ手法を科学的再現性の視点で見る場合には，やはり的中の如何についても検証する視点を持つことが重要と思われる。本章では，2006年に㈱科学技術振興機構・社会技術研究開発センターから㈱博報堂に委託された調査研究事業の結果を用いることで，実際に10年前に未来洞察手法で作成されたシナリオについての仔細な検証が可能になった。

　未来洞察の国内での事例研究の学術文献は少ない。本章の試みは，対象にし

---

1) 本章は鷲田祐一 (2015). 自動車市場の未来洞察：10年のシナリオのこれまでとこれから，自動車技術，**69**(6), 18-25. (公益社団法人自動車技術会発行) および鷲田祐一・三石祥子・堀井秀之 (2009). スキャニング手法を用いた社会技術問題シナリオ作成の試み，社会技術研究論文集，**6**, 1-15. をもとに加筆・修正を行った。

ている事案も大きく，また公共性も高い。手法利用の手続きも手堅く進められており，事例としても意義が大きいと考えられる。

3.1.2 背景としての社会技術問題

　本研究の背景課題には，社会技術問題という領域がある。科学技術が，近未来において，どのように社会と関わりを持ち，どのように社会に貢献し，あるいはどのような問題を引き起こしているのか，についての研究や調査は，わが国の科学技術研究開発を推進するうえで，非常に重要な研究テーマである。しかし，このような科学技術開発の進め方と社会との関わりについての問題を正面から捉える研究は，個別の専門領域における研究とは異質な側面を持っており，従来，必ずしも十分だったとは言えない（吉川，2008）。たとえば，研究開発領域探索の取り組みにおいては，先行する探索調査（科学技術政策研究所，2005）では，主に科学技術そのもの，あるいはその研究開発に携わる内部の視点からの問題提起に焦点が当たっており，社会と科学技術の関係を俯瞰的に捉える視点が欠けていたのではないか，との指摘がある。また，近未来に向けての科学技術の実用化・普及に関する先行研究においても，同様の構造的問題があった（文部科学省科学技術政策研究所・未来工学研究所，2005）。また，科学技術を実社会で利用する段階においても，専門領域同士の相互依存性の重要性が指摘されているが，これまでの取り組みにおいては十分な研究開発が進められてきたとは言えない（奥山・堀井・山口，2008）。さらに，科学技術の普及，特に情報技術のように領域同士の相互依存性が大きい領域においては，従来から，ネットワーク外部性の影響が大きいことが指摘されてきた（鷲田，2015）が，わが国の科学技術研究開発推進研究においては，外部性の問題は中心的な議論にはなってこなかった。

　上記のような背景と主旨を鑑み，本研究では，社会と科学技術の関係を捉えるために，2006年段階において2015年（約10年後）を想定した生活者レベルでの意識変化の把握，国際情勢や時代価値観の変化などに対応するシナリオの構築，およびその吟味を中心課題にすえ，シナリオ構築専用のワークショップ手法を用いた調査研究をした。そして，後半では，2006年時点で見た，未来における社会と科学技術の間に発生する問題を未来洞察手法によって探究した

調査結果をもとに，実際に2015年を迎えた時に，それがどの程度的中していたのか，逆に的中していなかったのか，さらに社会や生活者は2006年に想定したシナリオが示すような社会変化に対して，実際にどのような対応をしたのか，などを検証した．検証の結果は社会技術問題の視点から見て，非常に興味深いものであった．

3.2 2006年実施の未来洞察ワークショップの経緯

3.2.1 専門性のジレンマを克服するためスキャニング手法を導入

第1章でも説明したとおり，科学技術研究開発が未来にむけてどのようなシナリオを描くのかという研究においては，わが国では従来，デルファイ法などを用いた調査研究が主流であった（文部科学省科学技術政策研究所・未来工学研究所，2005）．この先行研究においては，個別領域ごとの有識者自身が，あまたある科学技術領域の中から，今後のわが国にとって「注目」するべき領域を50種類程度に絞っている．デルファイ法の弱点は，現代の科学技術研究開発の「縦割り型」「深堀り・蛸壺型」の組織体制にある．これは日本に限ったことではなく，全世界の科学技術研究において同様の問題が発生している．個別の科学技術の研究は，その専門性を高めようとすればするほど，関係性が近くない他の専門領域との交流は薄くなってゆく．そのため，高度な専門性を有する有識者を招聘すればするほど，その有識者の意図に大きく反して，俯瞰的な視点が作り出しにくいというジレンマが生ずる．

このような問題を解決するために，帰納推論を用いたスキャニング法は有用である．すでに前章までで説明してきたとおり，スキャニング手法の基本仮説は，非線形な未来変化というものである．一般的に，未来予測の手法は，暗黙知的に，未来は現在の線形な延長線上にあると仮定していることが多い．これは，ひとえに現状での技術に対するやや楽観的な将来期待を反映させてしまっている結果であり，その領域の専門家が予測すれば，その傾向はいっそう強まる．しかしスキャニング手法では，実際の未来はそのような線形延長線上からずれることを前提にして，線形の延長線上にある情報をあえて外した情報ばかりを収集・吟味するという手続きをとる．そのような特徴ゆえ，スキャニング

> 読売新聞, 朝日新聞, 日本経済新聞, 産経新聞, 毎日新聞, CNN（アメリカ）, 共同通信, 時事通信, 日経BP, 東京新聞, 京都新聞, 西日本新聞, 中国新聞, フジサンケイビジネスアイ, ヤフージャパン, ロイター通信, イタル・タス通信（ロシア）, ニューズウィーク（アメリカ）, 夕刊フジ, 中央日報（韓国）, 朝鮮日報（韓国）, チャイナネット（中国）, 新華社通信（中国）, 日刊工業新聞, 日本食糧新聞, 薬事日報, ボストングローブ（アメリカ）, NZZ（ニュージーランド）, ワシントンポスト（アメリカ）, インディペンデント（イギリス）, サン（イギリス）, ヤフーUK（イギリス）, ヤフーアメリカ（アメリカ）, 香港週報（ホンコン）, REDIFF（インド）, ZDネット（アメリカ）, ITメディア, タイムズオンライン（イギリス）

図3.1 本研究での「スキャニング」情報ソース例（2005〜2006年当時）

手法を実施するためのデータベースを構築する際には，情報ソースを幅広くとり，それを効率的に俯瞰できる体制をつくることが必要不可欠になる。

2006年時点での未来洞察ワークショップで主に用いた情報ソースを図3.1に示す。日本・アジア諸国・欧米諸国のマスメディア情報を中心に，幅広い情報ソースを用いた。時期的には，2005〜2006年の間の情報を中心にした。スキャニング手法自体は，情報ソースについて特に定義をしていないので，マスメディア情報だけではなく個人のブログ情報や企業の調査レポートなどを用いることもある。しかし，現実的な情報の正確性と迅速性，および日本語か英語で情報を取得できるという利便性を重視すると，マスメディア情報を多く利用するのが効率的である。「マスメディア情報が正しいとは限らない」という懸念もあるが，経験を積んだジャーナリストがまとめた記事は，一般的には個人のブログ情報や個別企業発の情報などよりも正確性・妥当性が高いと考えられる。

第1章および第2章で説明した「モニタリング」と「スキャニング」の違いは，ニュースの量に影響を与える。「モニタリング」においては，特定の領域の，確度の高いニュースだけを少数に絞って獲得することが重要になる。獲得する情報の質の低下を発生させない範囲で，できるだけニュース数を絞ることが，情報獲得行動全体の質を向上させる。しかし，対照的に「スキャニング」においては，ニュースの量そのものがある程度確保されることが，必要不可欠な要素となる。どんな方向に未来が非線形的に変化しうるのかを議論するためには，十分に幅広くまた多量のニュースが必要になるということだ。

2006年の未来洞察ワークショップを実施する準備段階においては，㈱博報

堂「イノベーション・ラボ」が日常業務の中で蓄積してきた約700本のスキャニング・マテリアル・データベースから，本研究で取り扱う科学技術開発領域の外部性を意識して，執筆者ら3名が196本のスキャニング・マテリアルを抽出した．

3.2.2 ワークショップで取り扱う領域の選定

未来洞察手法のワークショップでは，取り扱うテーマ（領域・分野）の数に限度がある．そこで，どの科学技術研究領域について焦点をあてるのか，そしてそれをどのような形で初期シナリオとするのか，について，以下のような4つのステップを経て，それらを決定・策定した．

(1) ステップ1：先行研究からのあらより
　科学技術政策研究所の「注目科学技術領域の発展シナリオ調査」(2005)の中で純粋な学問自体の基礎研究の要素が強いものを除いた38種類の科学技術研究開発領域を選定した．

(2) ステップ2：内容の要約・文章化
　上記で選んだ科学技術研究開発領域について，先行研究では各々数ページにわたる長文の内容（図表含む）であったものを，それぞれの特徴を理解しやすいように配慮しつつ要約して，それぞれ数百文字の仮シナリオ形式の文章にまとめた．

(3) ステップ3：生活者へのアンケート調査
　上記の仮シナリオ文章を簡単なインターネット調査（全国の20歳以上の一般男女100名）にかけて，「2015年までの実現信憑性」と「実現した場合の生活へのインパクト」の2項目を質問して評価した．2つの評価項目は互いに高く順相関したので，反応水準の高かったものから順に10領域程度にまで絞り込んだ．

(4) ステップ4：選定された領域の再分類・融合
　上記ステップで選定され分野の仮シナリオ内容をよく吟味し，互いに似ているもの，関連性の高いものを融合させて再分類した．

このようなステップを経て，最終的には8領域の科学技術研究開発領域を選定した。実際に選定したのは以下の8つの分野であった。

・省電力ユビキタス家電の発展
・食品科学と食糧政策
・環境自動車技術
・遺伝子治療・再生医療
・災害対策と建築・都市再開発
・ロボティクスと脳科学
・バイオインフォマティクス創薬
・ナノ新素材開発と計測・評価

3.2.3 ワークショップの実施

次に，ワークショップを実施した各ステップを簡単に説明する。各ステップの手法詳細については第2章を参照されたい。

ステップ1：有識者の選定と招聘

選定した8つの領域について，それぞれの領域専門の視点から見た近未来の「技術開発シナリオ」が設定できる有識者を選定し，その参加をお願いした。個人情報保護のため実名は伏せるが，参加いただいた16名の有識者の属性・専門（2006年当時）は以下のようであった。本研究では，未来洞察の目的が「わが国の科学技術研究開発の推進」という学術的色彩の強いテーマだったため，必然的に学識経験者が多数を占めたが，一部，民間研究者，マスメディア従事者，行政従事者も参加した。男女比は，男性14名，女性2名であった。年齢構成は34～67歳と幅広かった。

・横浜商科大学　農学　講師（食品科学と食糧政策）
・東京大学生産技術研究所　都市基盤安全工学　教授（災害対策と建築・都市再開発）
・マーケティング関連の民間研究所　代表（ロボティクスと脳科学）

- 環境学研究の社団法人　会長（ナノ新素材開発と計測・評価）
- 東北大学大学院工学研究科　機械知能工学　教授（ロボティクスと脳科学）
- 自動車研究の財団法人　所長（環境自動車技術）
- 東京医科歯科大学　生命情報学　教授（遺伝子治療・再生医療）
- 東京医科歯科大学　生命情報学　助教授（遺伝子治療・再生医療）
- 法政大学工学部　情報電気電子工学　教授（省電力ユビキタス家電の発展）
- 京都大学大学院　薬学　教授（バイオインフォマティクス創薬）
- 大手出版社　月刊誌　編集者（遺伝子治療・再生医療）
- 筑波大学大学院　システム情報工学　講師（省電力ユビキタス家電の発展）
- 海事関連の国際NGO　事務局長（災害対策と建築・都市再開発）
- 東京大学大学院　社会基盤工学　教授（災害対策と建築・都市再開発）
- 社会技術研究開発センター　研究員（社会技術研究全般）
- 大手広告会社　消費者行動研究員（食品科学と食糧政策）

　なお，一般に，未来洞察手法でのワークショップにおいては，対象とする技術開発領域に詳しい有識者を確実に確保すると同時に，全体としては幅広い専門領域・属性の有識者を確保することが望ましい。年齢・性別も偏りなく招聘することが望ましい。そのようにすることで，自身の専門外の問題や得意ではない話題が議論の中心になっても，安定した議論が維持され，同時に，議論に多様な視点を持ち込むことが可能になるからだ。

　また理想的には，スキャニング手法の情報収集とデータベース構築から，社会変化仮説や技術開発シナリオの構築，そして社会技術問題の解決アイデアの創造までの一連のプロセスを，すべて同一の有識者メンバーで実施することが望ましいと考えられる。そうすることで，個別専門領域での具体的な技術開発シナリオと，スキャニング手法によって多様な外部性の影響を加味した社会変化仮説の「交差点」で起こる社会技術問題を，より現実味を持って予測・洞察することが可能となり，結果的には質が高い解決アイデアや独創性の高いアイデアが創造されやすくなるからである。

　本研究においては，時間的制約ゆえに，最も熟練と情報蓄積に時間を要する

スキャニング・マテリアルの情報収集だけは前述のとおり㈱博報堂の「イノベーション・ラボ」が構築したデータベースを用いたが，他のプロセスはすべて同一の有識者メンバーで実施することができた．また，専門領域・属性・年齢構成の多様さという視点でも良好なメンバーを確保できたといえる．ただし，男女比については，男性に偏ったメンバー構成になってしまった．

ステップ2：領域専門の視点から見た未来イシューとフラクチャー・ポイントの設定
　参加が決定した有識者に，先行研究での発展シナリオと，上記の仮シナリオ文章を参考に，領域専門家からみた2015年の「技術開発シナリオ」を未来イシューとして執筆してもらった．

ステップ3：ワークショップの実施
　未来イシューとは別に，スキャニング手法でのセッションを実施して近未来の社会変化仮説を策定した．そして，それぞれの領域ごとの技術開発シナリオと，スキャニングで導き出された社会変化仮説の「交差点」でどんな社会問題が発生するのかを仔細に検討した．ワークショップには，各領域の有識者と司会者，総勢約20名が参加し，2日間集中会議した．

ステップ4：総合分析
　ワークショップで議論されたすべての「交差点」を埋めた俯瞰図をもとに，全体としてどんな社会変化の中で，どんな領域にどんな問題が発生するのかを吟味した．その結果を総合して，重要と思われる社会技術問題のシナリオを書き上げた．

3.3　2006年時点で作成した2015年の社会変化仮説

3.3.1　効果的だったスキャニング手法
　スキャニング手法を用いたワークショップにおける議論では，有識者とはいうものの，どちらかというと，普段従事している専門領域からは離れて，一人の生活者，一人の国民として，スキャニング・マテリアルを読んで，2015年

の日本社会がどんなふうになっているのかを考えるように心がけた。そうすることで，個別の専門領域に縛られない形での，全体を俯瞰した幅広い社会変化シナリオを議論することができた。スキャニング手法による多様な外部性情報への接触は非常に効果的で，すべての有識者が，合理性と意欲を保ったまま，かつ自身の専門領域にこだわらない幅広い話題について議論をすることができた。同時に，議論の中で誰かの専門領域に近い話題が出てくると，適宜その専門領域に詳しい有識者が，専門知識の一部を簡潔に説明・紹介する場面も多く見られ，結果的には個々のシナリオにバランスのよい大胆さと現実味がもたらされた。実際に作成された8つの社会変化仮説は以下の8個である。

また，それぞれの社会変化仮説が完成した後，参加者全員の合議で，どの社会変化が重要なのか，国民の生活にとってインパクトが大きいのかについて順位をつけた。以下の説明順に，インパクトが大きく重要であるとの結果になった。

社会変化仮説1：人・教育・人材問題による日本沈没（重要度順位：1位）

2015年の日本では，グローバル化が著しく進展した結果，複数の言語を日常的に使ったりするようなライフスタイルが広く浸透した。また，日本政府は，総人口の減少と少子高齢化による労働人口の減少を，移民の受け入れ緩和によって補った。いっぽう，このようなグローバル化意識の浸透によって，逆に多くの優秀な日本人が海外に流出してゆくのも当たり前の現象になった。このような変化の結果，日本の科学技術を支える人材やその教育体制の不足・不備が目立つようになってきた。移民の受け入れによって，社会の重要な役割を担う職業にも多くの外国人が進出してきた上に，大学や研究機関で勉学や研究に従事する人材も，かなりの部分が外国人によって占められるようになった。

このような状況に対応するために，有力な企業や大学は，あえて選別的に強いリーダーシップを発揮できる人材を育てるための教育・研究機関を設置するようになり，日本の教育の平等性は大きく揺らいだ。

いっぽう，高齢化の進展によって，高齢者がリタイア後に再び高度な教育を受けようとする動きは大いに活発化し，またそれら高齢者が持っていた技術や知恵を若い世代に伝えようとする新しい教育も形成され始めた。

社会変化仮説2：さまざまな二極化（重要度順位：2位）

　2015年の日本社会では，様々な形での社会の二極化が進んだ。まず所得の格差拡大が進み，国民総中流意識は完全に過去のものとなった。また，伝統的な日本の価値観を守ろうとする高齢者と，グローバル社会の中での価値観を重視する若者の間で，世代間の二極化も明確になってきた。このような二極化した生活環境の中で，質の高い生活を追及し，実際に実現できる層と，もはやそういうことにはこだわらず，効率的・合理的に生活できればよいと考える層とに，社会通念が大きく分断される状態が顕在化してきた。

社会変化仮説3：食生活に基づいたヘルスコンシャスな社会（重要度順位：3位）

　2015年の日本人にとっての大きな共通関心事は，健康の維持管理というテーマになった。特に食生活の改善や工夫によって，健康に気をつけた生活を営もうとする意識が強くなってきた。いっぽうで，ゲノム研究が進んだせいで，生活者一人ひとりが，自分の体質を容易に，かつ深いレベルで理解できるサービスが普及した。その結果，生活習慣病への対策が進み，平均寿命はさらに伸びた。このようなきわめて長い人生時間を前提にすると，これまでのように30〜40歳代で家庭を築き，60歳代でリタイアするというような人生設計が妥当性を失いはじめており，人それぞれの「流動的」な人生設計が重視されるようになってきている。

社会変化仮説4：日本のユニークネスの追求（重要度順位：4位）

　日本の自動車産業が世界一になり，日本のエレクトロニクスが世界をリードし，かつ日本の食文化や日本のエンターテイメント文化が世界で流行するようになって久しい2015年，グローバル社会における，いわゆる「日本らしさ」は，従来の「フジヤマ，サムライ，スモウ，ゲイシャ」というイメージから大きく変化し，コンパクト・超ハイテク・高性能・ミニマリズムといったキーワードで表現される価値観に代表されるようになった。

　このような背景をうけ，日本は，特にこれまで同様，科学技術においては世界をリードしたいという強い国民意識が維持され，世界を意識した日本のユニークネスを探り実現することが重要である，という価値観が強く形成されるよ

うになってきた。どんな商品やサービスに対しても，多くの生活者や技術者が，「これは日本らしいか」ということを問いただすような価値観が定着し，自然な形での，新しい愛国心が形成された。

社会変化仮説 5：想定外の高度な知能犯罪が頻発（重要度順位：同率 5 位）
　高度な IT サービスの浸透と，急激な多民族化による負の相乗効果から，2015 年の日本ではいままで想定されていなかったような高度な知能犯罪が増加してきている。同時に，複雑化する国際政治の影響，国際テロリストの日本侵入なども，このような治安悪化の一因になっている。このような新種の知能犯罪においては，科学技術の悪用が目立つ。IT サービスの悪用だけではなく，生体情報や健康情報の悪用やプライバシーの侵害なども激増している。高齢化社会の進展や，社会格差の拡大によって，知的犯罪のターゲットになりやすい層が増加しているという側面もある。

社会変化仮説 6：自律社会（重要度順位：同率 5 位）
　2015 年，日本は従来の地域行政の基本方針を捨てて，道州制への移行を視野に，地域の自主的なコミュニティそれぞれが自立（自律）してゆく社会を目指すようになった。これまでのユニバーサル・サービス原則はもはや維持不能になってしまった。そのため，行政単位は大きく，自治はコンパクトに，という考え方のもとで，各都市，各地域，あるいは各組織が，それぞれ独自の方法やルールで自分たちの権利や生活を維持してゆくという考え方が徐々に浸透しはじめている。それにあわせて，都市のインフラや福利厚生などを行政当局に全面依存せず自分たちで作り上げ，自立・自営しようとする町も出現してきた。同時に，国内に増加してきている外国人コミュニティもこのような動きに同調し，日本は民族問題も包含した多種多様なコミュニティの集合体社会へと変化する予兆をみせはじめている。

社会変化仮説 7：ネット社会における自立性の確立（重要度順位：7 位）
　いままで，インターネットの普及に代表されるデジタルネットワーク社会は，「繋がる」ことが絶対的な価値とされてきた社会であったが，2015 年現在，劇

的に発達した情報ネットワーク社会は，むしろ「あえて繋がらない」ことの必要性が叫ばれる環境を生み始めた．人間の自然な感覚を超えて通信技術が発達してしまったため，ネット社会において，意識的に自分を守ることがきわめて重要になってきている．これまでは，リアル対バーチャルという対比が多かったが，もはやバーチャル世界は当たり前の存在になっており，むしろバーチャルな世界の中での人間性への回帰と自立・自営の重要性に焦点があたるようになってきた．

社会変化仮説8：セカンドライフ重視なライフスタイルの出現（重要度順位：8位）
　医学の進歩による平均寿命のさらなる延長によって，リタイア後の生活を充実させる生活者が増加した．2015年現在，すでに70歳を迎えている団塊世代は，まったく衰える気配をみせない旺盛な消費活動と，就業時にはできなかった社会参加活動や趣味活動を花開かせ，いまや日本の活力の主人公になっている．そのような市場を狙った新しいサービス産業も活性化し，年不相応な消費を楽しむ高齢層が増加した．そのような団塊世代の人生をみて，より若い世代も人生設計を見直して，仕事人生よりもリタイア後の活躍に重心を置こうとする人も出現している．

3.4　技術開発と社会変化の再構成による未来シナリオ作成（2006年段階）

3.4.1　インパクトダイナミクスの実施

　ワークショップの後半では，個別の科学技術研究開発領域の未来イシューと，スキャニングから抽出された8つの社会変化仮説を「交差」させて，どのような社会技術問題が発生しうるのかを強制発想型の議論で抽出した．強制発想は，第2章で説明したインパクトダイナミクスの手法を用いて，各参加者に記入シートを配布し，それぞれの担当の科学技術領域について，どの社会変化シナリオとの「交差」なのかを明確にした上で，どんなことが発生しうるのかのアイデアを自由記述式で書いてもらうという方法をとった．一人の参加者が数個のアイデアを記入し終えた段階で，それぞれの結果を発表し，次ページの図3.2のような俯瞰マップに布置するという議論をした．布置する段階，あるいはア

	バイオインフォマティクス創業	遺伝子治療再生治療	食品科学 食料政策	ナノ新素材開発と計測評価	省電力ユビキタス家電の発展	ロボティクスと脳科学	災害対策建築・都市開発	環境自動車技術
人・教育・人材問題による日本沈没	生命科学と情報科学の融合を基盤とする研究者育成の重要性 人材育成戦略方針の違いによる勝ち組と負け組の発生 人材の引き抜き合戦の日常化，研究者の囲い込み	臨床環境整備，臨床人材の発掘	技術者・科学者の枯渇	人間側の知識・情報処理能力に限界	科学技術の発展のための人材育成（ナノテク・半導体）	質の高い技術者が不足し社会コストを下げるためのロボットの社会システムへの導入	人材育成の戦略性欠如 私益偏重国家メカニズムが加速した公益意識の衰退 町人国家日本の雛問 そして誰もいなくなった	
さまざまな二極化	ゲノム治療可能な医療機関とできない機関の二極化 診療所の構造改革	下流層へのカウンセリング 機関整備・情報プライバシーの法規制改革	遺伝子組み換え食品が定着しない			ロボット技術の恩恵を受けられない低所得層の出現	マルチカルチャーへの備え	自動車利用のニ極化，カーシェアリングの普及
食生活に基づいたヘルスコンシャスな社会	疾病の予測 個人遺伝情報の管理が深刻な問題へ	各自の人生設計を基にしたゲノム健康リスクマネジメントサービス 周辺環境とのインタラクション強化・細胞構造システム	予防医学的治療への適用の表示方法の改善	ヘルシー住環境への適用が進んだ際の安全性の検証	ヘルシー住環境への適用が進んだ際の安全性の検証 スマートスペース インテリジェントスペース	スマートスペース インテリジェントスペース		
日本のユニークネス	自己ゲノム解析グッズの登場に，富裕層だけしか長生きできない時代	遺伝子DNAチップが実用化しない		ナノマテリアル実用化に向けた安全性の検証 社会的受容性と専門家に対する信頼を確保するための制度の確立	決め細やかなサービスの追求，サービスを考えた統一規格の開発 ハードよりもソフト部分でのディファクトスタンダード（サービスパッケージ）	ロボット開発技術が世界平準化し，日本が差別化できなくなる		日本が新時代の環境保全型安全陸上交通をリードする
想定外の高度な知能犯罪が頻発	ゲノム情報を基点とした知能犯罪の増加	遺伝情報ストレスを悪用する人間が登場			利便性を上回るセキュリティ対策	テロ組織がロボット技術を悪用レスキューロボット	特殊な海洋国家，日本自然災害の事前チェック，データベース化 自然以外の人的要素による災害の危険性	
自立した社会	自己ゲノム情報に関する知的所有権の問題（知る権利，知らないでいる権利）		一人で住みたい人とのコンフリクト		センサーなどの情報インプットをコントロールするような技術 一人で住みたい人とのコンフリクト	ロボットを媒介にした新いタイプのコミュニティの誕生 身体障害者の自立	マルチカルチャーへの備え	
ネット社会における自立	過剰な自己ゲノム情報開示による生活不安・自殺者の増大	ゲノム情報の個人情報管理 たとえば性病みたいな他人に知られたくない電子カルテの管理	予防医学的治療方法に関する情報システムの確立と法的整備		充電不要の携帯機器を実現するインフラの整備 基地局に依存せずにPtoPに繋がる仕組み	ロボットを媒介にしたセキュリティサービスの誕生		
セカンドライフ重視	個別化医療を享受できる国・社会とそうでない国・社会との対立	各自の人生設計を基にしたゲノム健康リスクマネジメントサービス 周辺環境とのインタラクション強化 細胞構造システム			ファーストライフで経験していないものを自動的に設定するサービス			自動車利用のニ極化，カーシェアリングの普及

図 3.2 社会技術問題の俯瞰マップ

イデアを記入する段階で，それぞれ似たアイデアや組み合わせられるアイデアがある場合は，それらを融合させる作業をとった．

3.4.2 全般的傾向

図3.2に示された社会技術問題のアイデアは，それぞれの専門領域に詳しい有識者が個人作業をもとに作成したものである．このプロセスに至るまでの段階で，すべての有識者はスキャニング手法による外部性情報にも多数触れ，かつそれらをまとめた社会変化仮説についても十分な議論を経験していたため，結果的に作成された社会技術問題のアイデアも，一般的・平凡なアイデアを超えて，独創的な記述に踏み込んだものも多数作成された．スキャニング手法の利点がよく現れたと評価できるだろう．

また，図3.2を見て明らかなように，各科学技術研究開発領域の中には，互いに関連性が深いものとそうではないものがある．そこで互いに関連性が深いと思われる枠を太枠で囲ってみた．たとえば「バイオインフォマティクス創薬」と「遺伝子治療再生医療」の領域は多くの問題を共有している．また，「ナノ新素材開発と計測・評価」と「省電力ユビキタス家電の発達」が意外にも多くの関連性を持ち，同様に「省電力ユビキタス家電の発達」と「ロボティクスと脳科学」，「ロボティクスと脳科学」と「災害対策と建築都市再開発」も，それぞれ関連性を持っていることが確認された．

いっぽう，いわゆるライフサイエンスとエンジニアリングの間にある乖離も浮き彫りになっていることが確認できる．最も象徴的なのは「食生活に基づいたヘルスコンシャスな社会」という社会変化仮説に対して，ライフサイエンス的な領域では「予防」「リスクマネジメント」というような，危機回避的な側面に焦点が当たっているのに対して，エンジニアリング的な領域では「居住環境の質の向上」という側面に焦点が当たっており，技術開発研究の基本的な姿勢の違いが浮き彫りになっている．

なお，環境自動車技術については，2006年段階では，他の領域との明確な関連性は抽出されなかった．この原因としては，自動車に関する技術開発は他の領域と比較して「企業化」されている部分が多いため，現存する企業の経営戦略としての完結性が高いからだと推察された．しかし後述するが，この点が

シナリオの的中度に関して大きな影響をおよぼしてしまった。

3.4.3 どの社会変化仮説が，領域横断問題を引き起こしやすいのか

別の視点から図3.2を見てみよう。表側に並ぶ社会変化仮説のうち，どれが領域横断的な問題を引き起こすと考えられるのかという視点で眺めなおしてみると，「食生活に基づいたヘルスコンシャスな社会」「想定外の高度な知能犯罪が頻発」という2つが，太枠で囲われた共通問題を多く発生させていることが読み取れる。ヘルスケアに関する社会や生活者の意識・行動の変化と，知識犯罪の増加という問題が，いわば外部性として個別の科学技術研究開発領域に外側から圧力をかけてくるときに，隣接する領域との間で共通の問題を引き起こすという構図である。

前述のとおり，「食生活に基づいたヘルスコンシャスな社会」では，ライフサイエンスでは危機回避・リスク管理的な視点での問題の発生は予見されている。健康意識の高まりにあわせて新しい技術の導入が進む中，行き過ぎた情報利用やプライバシーに関わる問題の漏洩による問題の発生をいかに防ぐか。そのための体制やサービスの拡充がもとめられるというシナリオだ。このような問題は，生命倫理や人間の尊厳問題と隣り合わせの部分もあるように思われ，健康に生きるということの意味そのものへの新たな問いかけへと発展する可能性もあるように思われる。エンジニアリング領域では，新しい技術の導入による人間への影響の検証，本当に生活の質の向上が実現できているかの検証というテーマが浮かび上がっている。今までのエンジニアリングが追及してきた効率追及的な目標設定から，健康な生活の実現に向けた快適追求的な目標設定への転換が必要だという問題の顕在化と解釈できる。

いっぽうの「想定外の高度な知能犯罪が頻発」では，ライフサイエンスでは，ゲノム情報という新しい種類のプライバシー情報を悪用する危険性を指摘するシナリオが，いっぽうのエンジニアリングでは，ロボットという新しい道具が生活空間で犯罪に利用される危険性を指摘するシナリオが抽出された。つまり，科学技術によって生み出された新しい情報や道具を，既存の生活の中にフィットさせようとする過程の中で新しい種類の犯罪が発生するシナリオだ。この種の犯罪は，技術の進化に対して法律が追いつかないことで発生するが，逆に法

律が技術を縛ってしまっては技術そのものの進化や利用の進展が阻害されるという難しさがある。

健康な生活の追求や，犯罪の抑止といった，いわば社会のもっとも基本になるような要素においては，科学技術の領域の枠を超えた問題が発生しやすいということが確認された今回の結果をうけて，どのようにしてこれらへの対策を講じるべきなのかを真剣に議論する必要性が問題提起された。科学技術の領域の枠を超えて発生する問題に対しては，科学技術単独での解決が困難である場合が多く，やはりそれをカバーできるのは，政治・行政・経済・倫理などの要素であろうとの問題提起がなされた。

3.4.4　その他の潜在的な共通問題

人材の枯渇の問題は，それぞれの分野で，それぞれの問題として抽出されてきている。これらは，共通といえば共通だが，それぞれ違う側面に焦点が当たっているとも解釈できる。根本的な問題としての，少子高齢化やグローバル化による科学技術研究開発人材の枯渇の危険性については，まさに国家レベルでの対策が必要であることは言うまでもないが，統合的な解決の可能性が示唆される要素はあまり抽出されなかった。

社会の二極化の問題も同様である。いわゆる格差社会が進展することで，科学技術研究開発による恩恵が社会に平等に提供されないという危険性については，たしかに大きくは共通の問題だが，これも国家レベルでの富の再配分の基本政策を調整する以外には解決策がなく，広域的に取り組むべき共通のヒントは抽出されなかった。

3.5　抽出された社会技術問題例と解決への示唆（2006年段階）

3.5.1　2006年段階で問題提起された社会技術問題の詳細検討

図3.2を元にして，それぞれの領域の専門研究者によって，合計46個の社会技術問題についてさらなる詳述がなされた。ここでは特に興味深かった5つの問題を紹介する。

社会の二極化によって，遺伝子組み換え食品が定着しない危険性

　無農薬・有機農業による自然で高価な食品市場が富裕層やリーダーシップ層をターゲットに伸張するというシナリオは，二極化による優劣層の出現予測を考慮すると，必ずや非富裕層の富裕層生活への願望とシフトが生まれ，遺伝子組み換え食品の不使用という結果をもたらし，食糧事情が逼迫していないと考えられる 2015 年代では安全データが確認されても定着しない（使用しない）可能性が高い。

創薬分野での人材育成戦略方針の違いによる勝ち組と負け組の発生

　領域横断の人材育成を積極的に進める大学と，大規模データベースの構築能力で優位に立つ製薬企業との間で，グローバルな戦略的連携が加速し，勝ち組と負け組の差がはっきりと現れてくる。

遺伝情報ストレスを悪用する人間が登場

　ゲノム情報についての人々の無知，不安を悪用する者や企業が現れる。「遺伝情報ストレス不安」を悪用する人間が出てくる。専門性が高い分野かつ，人々が「気にするところ」に知的詐欺は出現する。「家系」「家族」「運命」などの要素を騙る。このような情報を悪用する宗教も出現する。

自動車利用の二極化，カーシェアリングの普及

　乗用自動車利用における二極化が起こる。郊外・長距離・高付加価値型と都市・短距離・移動重視型利用に大別されていく。すなわち，「乗用車を所有する」という行為が富裕層の楽しみとなり，走る喜びや，贅沢性，機能性等を要求する方向が一方に存在し，セカンドライフ重視の傾向と結びつく。他方，都市の公共交通手段の新展開によって，移動手段としてはもはや自動車を所有する必要がないと考える人も増え，その結果として，カーシェアリングなどの普及が進む。

マルチカルチャー社会への備えの不十分

　想定される大地震の発生においては，地震予知技術の向上，国民の意識の高

まりなど20世紀後半から綿々と注意を払ってきた事態が遂に現実のものとなるが，いざ事が起こると予期せぬ事態が待ち受けている危険性がある。災害対策シナリオに基づく指揮命令系統に則り発令した様々な具体的対策の実行段階で，現場で実際に作業に当たる人々がシナリオ通りの作業を行うことができない危険性がある。その理由は，その任務の担い手が外国からの移民である可能性があるからだ。平時の労働力補填のための人材が外国人であるため緊急事態下での矢継ぎ早やの指示を全く実行に移すことができない。

3.5.2 2006年段階での問題解決への示唆

図3.2および前述の46個の社会技術問題を執筆者が仔細に読み込み，かつ2006年時点の日本と世界の社会情勢を総合的に鑑みて，以下のような2分類4個の解決示唆が得られた。最初の2個は，「官か民か」のリ・バランシングという示唆であり，後の2個は，グローバル化の中でのサバイバル戦略の必要性という示唆であった。

多領域にまたがった問題は「官」主導で

高度経済成長以降の日本の先端科学技術の研究や開発は，「官」と「民」がばらばらで進められてきた傾向が強い。中央省庁からの助成や指導を受けた公的研究機関や大学での研究開発と，民間企業が独自の営利目的のために実施している研究開発の間の連携が，他の先進国と比較すると強くなかった。そのため，ある研究を「官」主導で進めるのか，それとも「民」主導で進めるのかという議論自体が十分になされてこなかった。中央省庁の内部でも，各省庁間での方針の不統一が目立ち，「官」主導での科学技術研究開発の戦略性は，「民」の多様性や素早さと比較して，弱かったといわざるを得ない。

しかし，2006年の未来洞察で抽出された様々な社会技術問題シナリオの中で，特に多領域にまたがって浮かび上がったものは，「民」の力による人材交流だけでは解決が困難なように考えられた。これらを解決するためには，科学技術そのものの研究開発の方向性を，それを支え監督する法律や行政施策とセットで策定してゆくことが重要であり，一般企業が市場原理に任せてそれぞれ研究開発を進めたり，個別の研究者や研究組織が興味の赴くままに研究開発を進め

たりしているだけでは，問題の発生を防ぐことができない。また逆に，このような問題をうまく処理できる法整備や行政施策の策定は，個々の科学技術研究開発がどのような状態にあり，どんな方向に進む可能性があるのかを早い段階から仔細に理解しなければ不可能でもある。

個別分散型の問題や生活者の価値観に依存する問題は「民」の力を活性化すべき

　いっぽう，個々の科学技術研究開発領域で個別分散的に発生している問題，あるいは研究開発の方向性が，生活者の価値観の趨勢に大きく依存しているような問題は，今以上に「民」の力を活性化させることが重要と考えられた。個別分散的な問題の典型例は，本研究でもっとも重要な社会変化として抽出された科学技術研究開発人材の不足の問題であろう。ある分野では人材の奪い合いのシナリオが，別の分野では知識の海外流出のシナリオが，あるいはまた別の分野では人材不足自体をロボットで補おうというシナリオが提示されており，人材不足に対する危機意識のあり方やその解決のための方策が多様に設定されうることが確認された。問題の根本にある教育体制や少子高齢化対策への取り組みは，科学技術研究開発の枠を大きく超えて，国全体の問題として存在しているものの，そのような社会環境を所与のものと考えた上で，どのように対処してゆくのかについては，国や「官」が統合的に指導・監督すべき状態ではないと考えられた。

　むしろ，このような問題の解決には，いままで以上に大胆に「民」の力を活性化させるという方向に動くべきであろうとの指摘がなされた。たとえば，ライフサイエンスにおける人材の問題の一つは，主には臨床医学，基礎生命科学，情報科学，そして食品科学などの人材交流を深めることだと指摘されているが，これを「官」で推進することには大きな限界がある。むしろアメリカのように民間企業ベースの研究所が互いに激しく競争する環境を日本にも育てる，あるいは国際的な競争の中に日本企業がしっかりと参入できる体制を支援する，という形での解決を目指すほうが現実的であると指摘された。

　二極化の問題も同様で，「官」が主導で，いわゆる下流な層に向けての科学技術研究開発を考案しても，結局はフィジビリティが確保できず，補助金依存の脆弱産業を増加させるだけである。むしろ一般企業が持つ高度なマーケティ

ング手法などを導入して、そのような層にでも浸透させやすい科学技術の付加価値付けの方法を模索すべきだとの指摘がなされた。

　また、生活者の価値観の趨勢によって、発展の方向性が大きく左右される問題も、「民」に任せるべきものであると指摘された。たとえば、生活空間の情報化について、個人主義的な生活様式が良いか、それとも集団主義的な生活様式が良いか、という問題に直面するというシナリオが抽出されたが、これは論理的な一つの解が導き出せる問題ではなく、まさにマーケティングの中で社会の流行や価値観が醸成されてゆく問題と解釈された。

グローバル化の中でのサバイバル戦略が必要

　3つめの示唆は、グローバル競争の中での日本の科学技術研究開発自体のサバイバル戦略を構築する必要性についてであった。2006年のワークショップにおいて、もっとも重要な社会変化仮説として抽出されたのは、科学技術研究開発人材の枯渇の危険性であった。いかにして人材の育成と確保を安定させ回復させるか、という問題は、すべての領域に関係する基本テーマである。日本の科学技術研究開発の推進と振興は、欧米などと比較すると資金的にも人数的にも、十分とはいえない状態であり、しかも少子高齢化が深刻なレベルに達してきている。このような問題を解決する一つの方策は、留学生など、海外からの科学技術研究開発人材の積極的な誘致であると指摘された。事実、欧米の科学技術研究開発は海外（特に中国とインド）からの優れた人材の大量流入によって支えられている。このような海外人材の誘致に関してのわが国での一般的な懸念は、流入の後に大量流出をするのは必至で、その際に知識やノウハウも海外流出してしまうのではないか、という懸念である。たしかにそのような流出はある程度はやむをえない部分があるだろう。しかし、このまま単に人口減少による負の効果に対して無策なままでいるよりは、積極的に海外人材の誘致を進め、国際的な存在感を強化するほうが有利なサバイバル戦略が構築できると指摘された。いわば国益を守るために、あえて国際的な知識の供給者になることを目指す、という戦略である。

次世代有望領域を再発見する必要性

　また，サバイバル戦略のためには，得意な領域を定め育てるという視点も必要だという指摘がなされた．本ワークショップが対象にしたような研究開発領域は，どれも日本の得意領域になりうる可能性の高いものばかりであったが，外部要因との「交差」による社会技術問題の探索を，より幅広い領域で実施することによって，日本の科学技術研究開発として，新しい得意領域が発見される可能性があると指摘された．

　本調査研究の中では，たとえば食品科学に関する研究開発や，災害予防やそのデータベース化などの研究開発は，中国との共存共栄を考えるときに，きわめて強い競争力になる領域ではないか，という指摘がなされた．また，当然のことではあるが，環境自動車の技術を通じたエネルギー問題への技術開発なども，世界の中で日本がリードできる有力な分野であるとの議論がなされた．

3.6　2006年に作成された環境自動車関連シナリオの再検討（2015年段階）

3.6.1　2006年段階の未来イシューの確認

　以上が2006年の未来洞察ワークショップでの結果概要であったが，その後約10年が経過して，シナリオ作成時に想定した2015年になった時期を見て，その内容の検証を実施した．本章ではその中から，環境自動車に関する検証結果を説明する．

　まず，2006年段階で，環境自動車というテーマについて，どのような技術開発課題が掲げられていたのかから確認をする必要がある．そこで，以下に2006年のワークショップの詳細な記録に掲載されていた環境自動車に関する未来イシューの詳細を掲載する．

2006年時点での，2015年を想定した自動車技術についての未来イシュー

　2015年の日本の自動車メーカーは，排ガスの完全無公害化，ハイブリッド車や電気自動車などによるエネルギー高効率化，さらなる安全走行などを実現する．渋滞もかなり緩和され，自動運転の技術も，2015年段階で，実用化一歩手前まで進む．事故時の責任問題があるが，技術的にはかなりのことができ

る状況にある。地球温暖化や化石燃料消費の抑制のため，ハイブリッド電気自動車の普及，燃料電池車の開発が進む。また，エネルギー密度の高い自動車用バッテリの研究開発が進む。燃料電池については，家電や住宅機器などへの利用も進む。

一方で，移動手段としてはもはや自動車を所有する必要がないと考える人も増え，その結果として，カーシェアリングなどの普及が進み，結果として「自動車を所有する」という行為は富裕層の楽しみという側面が強調されるようになる。そのため，走る喜びや，贅沢性など，環境とは相反するような側面を強調した車種が人気になってしまうのではないか。

この未来イシューが現実するためのフラクチャー・ポイント
- 石油の枯渇。あるいは戦争による生産量の減少（戦争の原因や形態は様々，南北間格差，宗教問題，人種問題など）。
- 途上国でのエネルギー消費量の急増と先進国でのエネルギー抑制との間に生ずる摩擦。
- OPECによる石油生産統制（生産量の減少）。
- バイオ燃料や水素燃料の製造技術の劇的な進歩，高性能バッテリの低コスト化。
- 移動することそのものが何らかの形で環境に対し影響するという意識の流布。
- 中国など，後発工業国の追い上げと，欧米の自動車会社の経営悪化。
- 自動車以外の公共交通のさらなる発展。

上記のような初期シナリオを約10年が経過した現在に読み直すと，技術的な視点においてはかなり正確に2015年を予測していたといえよう。ハイブリッド電気自動車や燃料電池車の技術開発に関する描写は，驚くほど正確に2015年の現状を言い当てている。しかし，「カーシェアリングの普及」や「自動車所有は富裕層の楽しみになる」など，市場動向が関係する部分については，やや現実よりも極端なシナリオを立てていたことが伺われる。

また，それらシナリオが現実化するかどうかのフラクチャー・ポイント（つ

まりシナリオ成立の前提条件要素）については，現実に起こったことよりもかなり悲観的な想定をしていたことが確認できる．マクロな視点で俯瞰すれば，過去約10年において，日本の自動車産業は石油資源に対する悲観的な予測のもとで，環境技術の開発を着実に推進してきたのだが，現実には石油価格が低下し，日米欧の自動車会社の経営環境は想定よりもかなり良かったとまとめられるだろう．

3.6.2　2006年のインパクトダイナミクスの成果物確認

次に，これらをもとにワークショップで実施されたインパクトダイナミクスの集中的議論によってまとめられた2015年の環境自動車シナリオを見てみよう．それら成果物も2006年のワークショップの詳細記録に掲載されていた．具体的には，前出の図3.2の最右列に書かれた3個のアイデアであるが，このうち2個は同一内容であったので，結果的には成果物は以下の2つのシナリオである．

2015年の環境自動車シナリオその1：日本が新時代の環境保全型安全陸上交通をリードする

　日本の自動車に関わる技術は，排ガスの完全無公害化，ハイブリッド車や電気自動車などによるエネルギー高効率化，先進安全技術の導入による安全走行など，自動車基盤技術のほとんどの分野で世界のトップランナーとなっている．これらは課題追求型研究開発に対する日本の能力の高さに因っている．狭い国土に高い人口密度をもつ日本の課題が次世代自動車社会にも独特の課題をもたらすが，それらに対応する技術として，たとえばバイオ燃料開発と適用，高性能バッテリの低コスト化，小型軽量車の安全走行システム，車々間あるいは路車間通信を含めての先進安全装置・設備の装備，自動車用途区分化等による交通行政の新展開によって，新時代の環境保全型安全陸上交通をリードする．

2015年の環境自動車シナリオその2：自動車利用の二極化・カーシェアリングの普及

　乗用自動車利用における二極化が起こる．郊外・長距離・高付加価値型と都

市・短距離・移動重視型利用に大別されていく。すなわち,「乗用車を所有する」という行為が富裕層の楽しみとなり,走る喜びや,贅沢性,機能性等を要求する方向が一方に存在し,セカンドライフ重視の傾向と結びつく。他方,都市の公共交通手段の新展開によって,移動手段としてはもはや自動車を所有する必要がないと考える人も増え,その結果として,カーシェアリングなどの普及が進む。

3.6.3 的中の検証と,現実とのズレの吟味

残念ながら,これら2つのシナリオは,ともに2015年の現実とはやや違っている。まずシナリオ2についてであるが,図3.3はこの期間の国内でのカーシェアリングの普及を示す資料である。一見すると順調に普及が進んでいるように見えるが,契約者数が約30万人という規模は,国内の自動車ユーザー全

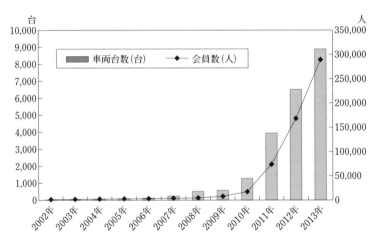

	2002年	2003年	2004年	2005年	2006年	2007年	2008年	2009年	2010年	2011年	2012年	2013年
車両台数(台)	21	42	68	86	118	237	510	563	1,265	3,915	6,477	8,831
会員数(人)	50	515	924	1,483	1,712	2,512	3,245	6,396	15,894	73,224	167,745	289,497

公益財団法人交通エコロジー・モビリティ財団調べ。
2002年から2005年までは4〜6月調べ。2006年以降は1月調べ。

図3.3 わが国のカーシェアリングの普及推移

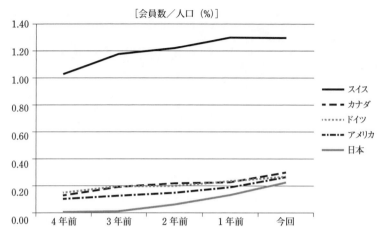

	開始年	CS 組織数	車両数	会員数	人口	会員数/人口(%)	調査年月
アメリカ	1998	26	12,634	806,332	308,750,000	0.26	2012.7
カナダ	1994	19	3,143	101,502	34,760,000	0.29	2012.7
スイス	1987	1	2,600	102,100	7,870,000	1.30	2011.12
ドイツ	1988	約130	5,600	220,000	81,750,000	0.27	2012.1
日本	2002	32	8,831	289,497	128,057,000	0.23	2013.1
5ヵ国計			32,808	1,519,431	561,187,000	0.27	

(出所)
・アメリカ：CarSharing.net ホームページ（Susan Shaheen 調査データ）
・カナダ：CarSharing.net ホームページ（Susan Shaheen 調査データ）
・スイス：Mobility CarSharing Switzerland ホームページ
・ドイツ：Bundesverbands CarSharing e.V. ホームページ
・日本：公益財団法人交通エコロジー・モビリティ財団調べ

図 3.4　カーシェアリングの普及推移の国際比較

体に比べればわずか1％にも満たないレベルである．また図3.4を見ると，国際比較の視点でみても日本がカーシェアリングの分野で世界をリードしているとは言い難い状況であることがわかる．

　同様にシナリオ1についても，確かに日本は環境保全型安全陸上交通の技術的側面については世界のトップランナーの1つになりえているが，その普及や実用化については，世界をリードしているとまではいえないだろう．また，過

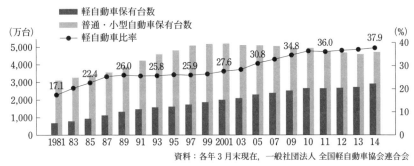

図 3.5　国内自動車市場での軽自動車の普及推移

去 9 年において交通行政にここまでの新展開が見られたとはいい難い。
　つまり，ここでも初期仮説と同じく，技術的な側面についてはかなり正確な予測が実現できたものの，市場動向が関係する部分については，ズレが生じていると解釈できる。
　これらのシナリオに対して，実際に約 10 年間で起こったことはどんなことだったであろうか。ここでは特に以下の 2 点に焦点を当てたい。

2015 年の現実その 1：軽自動車などコンパクトカーの想定外の台頭
　確かに自動車利用の二極化は現実化したが，そこで高い市場性を得たのはカーシェアリングのサービスではなく，軽自動車であったといえる。図 3.5 が示すように，この約 10 年間に国内の自動車全体に占める軽自動車の比率は実に 7％も上昇している。それ以前の 10 年あまりはほとんど横ばいであったことからも，軽自動車の台頭はまさに想定外であったと分析できる。軽自動車規格以外のいわゆるコンパクトカー全体までを視野に入れれば，この傾向は世界的な広がりを見せているものであり，まさにこの 10 年における最大の変化であったというべきだろう。

2015 年の現実その 2：情報技術と自動車技術の融合による新しい競争
　もう 1 つの大きな変化は，Google Earth などの全地球的な地図情報の精緻化，交通情報ビッグデータの活用，そして高度な画像認識技術の実用化など，自動

車メーカー以外の企業が陸上交通の産業に参入してくる可能性が大幅に高まってきたことである。これまで自動車産業は鉄道産業や航空機産業などの他の交通産業との競争はしてきたが，この約10年間，それらの産業との競争は実はそれほどの変化がなかった。いっぽう情報産業は自動車を高度化する要素技術を供給する協働者としてしか捉えてこなかったわけであるが，2015年の現実は，もちろん協働もするが，むしろ潜在的な競合相手になる存在として台頭してきている。

3.6.4　なぜシナリオはズレたのか？：背景の社会変化仮説の再検討

では，なぜこのようなシナリオのズレが発生したのであろうか。図3.2を検証しなおすことでそのズレの原因を考えてみたい。図3.2の表頭には前述の8つのテーマが並べられており，表側にはスキャニング手法によって得られた8つの社会変化仮説が並べられている。前述した2つの「2015年の環境自動車に関するシナリオ」は，以下の3つの社会変化仮説との「交差」によって考案されたものであることが解る。それぞれの社会変化仮説の詳細は前述を参照されたい。

- 社会変化仮説2：さまざまな二極化
- 社会変化仮説4：日本のユニークネスの追求
- 社会変化仮説8：セカンドライフ重視なライフスタイルの出現

これら3つの社会変化仮説自体が正しく2015年を表現できているかどうかの検証をしてみることが重要であろう。まず社会変化仮説2であるが，図3.6にあるとおり，たしかにマクロ指標でみると日本社会の所得の格差拡大は徐々に進んでいる。しかし同時に図3.7をみるとわかるように，それによってむしろ「中流」意識はやや増加しているのである。つまり日本の格差拡大は二極化というよりも一部富裕層の顕在化・突出化による相対的なものであるということだ。また昨今の「若者の内向き化・草食化」に見られるように，高齢層のほうがむしろグローバル意識が強く若者層のほうが保守的になってしまったというズレも確認できる。このように，同じく二極化といっても細かな点での微妙

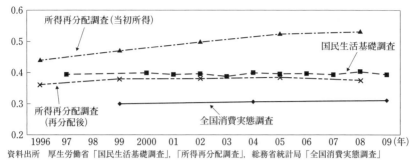

資料出所　厚生労働省「国民生活基礎調査」,「所得再分配調査」, 総務省統計局「全国消費実態調査」
(注)　1) 国民生活基礎調査においては，年間所得金額（稼働所得（雇用者所得，事業所得，農耕・畜産所得，家内労働所得），公的年金・恩給，財産所得，雇用保険，児童手当等，その他の社会保障給付金，仕送り，企業年金・個人年金等，その他の所得の合計額）を用いている。税・社会保険料を含む課税前ベース。
　　　2) 所得再配分調査における当初所得は，雇用者所得，事業所得，農耕・畜産所得，財産所得，家内労働所得及び雑収入並びに私的給付（仕送り，企業年金，生命保険金等の合計額）の合計額。再配分所得は当初所得から税金，社会保険料を控除し，社会保障給付（現金，現物）を加えたもの。
　　　3) 全国消費実態調査は勤め先収入や事業収入内職収入財産収入社会保障給付など実質的に資産の増加となる収入を集めた「実収入」により算出されている。
　　　　公的年金・恩給の給付を含んだ税込みの所得。税・社会保険料を含む課税前ベース。

図3.6　わが国の所得格差の推移

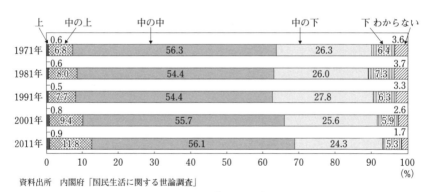

資料出所　内閣府「国民生活に関する世論調査」

図3.7　わが国の「中流意識」の推移

	日本人の自己評価	欧米人の評価	アジア人の評価
高品質な	84%	40%	77%
定評のある	71%	37%	63%
価格に見合う価値がある	68%	31%	40%
カッコイイ／センスが良い	24%	29%	53%
明確な個性や特徴のある	21%	20%	50%
楽しい	20%	23%	35%
活気や勢いを感じる	19%	31%	35%

出典：博報堂 グローバルHABIT調査 2006～2009年

図 3.8　各国生活者の日本製品に対するイメージ評価

なズレが発生したことが，自動車の嗜好性の先読みにも影響したといえそうだ。

次に社会変化仮説4も見てみよう。ここでも全体としては日本のユニークネスは強く意識されるようになり，自然な形での新しい愛国心は確かに形成されているので，全体としてこのシナリオは的中している。しかし図3.8を見てほしい。これは「日本のユニークネス」が日本人自身と諸外国の視点では，かなり違うということを示す興味深い調査結果である。日本人は，日本のユニークネスを高い品質や洗練された技術に裏付けられた信頼性に置きたいと願ってきているのだが，諸外国の視点ではむしろカッコ良さや強い個性であると評価されている。このような内外での意識の差は，昨今のいわゆる「クールジャパン」の動きに対する内外の意識差にも顕著に出ている。

最後に社会変化仮説8はどうであろうか。このシナリオ自体はかなり正確に2015年の高齢化社会を表現しており，よく的中しているといえる。しかし問題は，このシナリオは前述の「社会変化仮説2」で描かれている高齢者像と矛盾する部分があるように見えることである。つまり「社会変化仮説2」と「社会変化仮説8」はいわばオルタナティブとして存在していたということであったわけだが，2006年時点では，日本の高齢化社会がどちらの道に進むのかという先読みが不十分であったといえそうだ。

このように 3 つの社会変化シナリオの微妙なズレや読み違えによって，日本の社会がカーシェアリングではなく軽自動車の普及を選択したことを読み切ることができなかったと考えられる。

いっぽうの情報技術との融合による新しい競争の問題はどう考えればよいだろうか。ここで，2006 年のワークショップで導出されたにもかかわらず環境自動車技術のシナリオ構築に利用されなかった以下の「社会変化仮説 7」の重要性を指摘したい。内容の詳細は前述を参照されたい。

社会変化仮説 7：ネット社会における自立性の確立

この社会変化仮説は，2015 年の今になって読み返すと大変興味深い示唆に富んでいる。自動車産業の現在に引き寄せて解釈すれば，中央制御型の自動安全運転システムではなく，自立判断型の自動安全運転システムを示唆していることを見逃してはならないだろう。そして昨今の情報産業の潜在競合化は，まさにこの自立判断技術（人口知能技術やビッグデータ技術）における情報産業側の大きな優位性によるものであることが確認できる。図 3.2 をよく確認してみると，2006 年のワークショップでは，この「社会変仮説 7」を環境自動車技術の未来イシューと「交差」させて推論することがなされなかったことが確認できる。今になって言及しても負け惜しみになるかもしれないが，もし 2006 年当時，あと少しの洞察力を働かせてこの枠の「交差」をよく検討していれば，現在起こっている数多くの動きをかなり正確に予測できていたのではないかと考えられる。

3.6.5 環境自動車関連シナリオ検証結果のまとめ

このように，シナリオ手法を用いて自動車技術やその産業の行く末を先読みする試みの的中度を検証してみて，あらためて確認されることは，スキャニング手法などの外部性要素の取り扱いの重要性である。2006 年時点での未来イシューがあまりにも技術革新のロードマップに偏ったものであり，しかもそれ自体がきわめて高い正確性・蓋然性を持っていたがゆえに，スキャニング手法による社会変化仮説との「交差」を経てもなお，カーシェアリングや低燃費技術などへの視点の偏向を脱しきれず，結果的に未来イシューと大差ないシナリ

オになってしまった．つまり帰納推論による社会変化仮説によって，技術革新をもとにした演繹推論の理想論を路線変更できなかったのが敗因であったということだ．

　社会の二極化と高齢者社会の到来という2つのオルタナティブをもう一段冷静に洞察できれば，元気な高齢者が簡単に自動車のある生活を手放すはずがないことは先読みできたはずであろうし，情報産業という，まさに自動車産業にとっての外部要因の動きをもう一段深く洞察できれば，昨今の新しい競争軸の顕在化もきっと先読みできたはずであろう．また，世界に類をみない独自規格である日本の軽自動車がこんなにも花開いたという事実も，グローバルな視点で見た日本のユニークネスという視点をもっと強く意識できていれば，早期から肯定的な評価をすることが可能だったかもしれない．未来を洞察することは容易な作業ではない．

　いっぽう元の未来イシューがあまりにも悲観的な前提を持っていたために，「交差」の結果にも悲観的な解釈を反映させてしまったという側面もあったように思われる．フラクチャー・ポイントを見ると明確に確認できるが，2006年当時，多くの有識者が日本の自動車企業の経営環境や世界のエネルギー供給体制を過剰に悲観的に見積もっていた．そのため，2015年にはもはや自動車の社会の中での有用性が大幅に下がってしまっているのではないかという悲観的な予感が支配的になってしまったため，個々の社会変化仮説との「交差」を考える際にも，強力な技術革新によって自動車市場が何か別の産業へと根本的に変化する，というような方向にアイデアが偏ってしまったと言えそうだ．その後の約10年で現実に起こったことは，リーマンショックなどが発生したにもかかわらず，世界の自動車産業の経営環境は好転し，自動車の社会的価値は2006年段階の想定ほどには低下しなかった．

　しかし，残念な結果ばかりではなく，今回の検証によって得られた発見もある．少し引いた視点で見てみれば，スキャニング手法によって，約10年前の段階で2015年を考えるための材料の大部分は「机上」に準備されるところまでは達していたわけであり，手法としての有用性は高いことが検証されたといえそうだ．

3.7 結論と今後の課題

3.7.1 本章のサマリ

　本章では，2006年に㈱科学技術振興機構・社会技術研究開発センターから㈱博報堂に委託された調査研究事業の結果を用いて，約10年の時間経過を経た後の，未来洞察手法で作成されたシナリオの実際の的中度を検証した。テーマとしては環境自動車に関するシナリオに着目した。検証の結果，2006年に作成された社会変化仮説のうち，環境自動車の未来シナリオ作成に深く関連したものは主に4個（社会変化仮説2：さまざまな二極化，社会変化仮説4：日本のユニークネスの追求，社会変化仮説8：セカンドライフ重視なライフスタイルの出現，社会変化仮説7：ネット社会における自立性の確立）あったが，そのうちの2個（社会変化仮説2：さまざまな二極化，社会変化仮説4：日本のユニークネスの追求）は現実よりもややズレた未来を描いてしまっており，また3個目（社会変化仮説8：セカンドライフ重視なライフスタイルの出現）は，1個目（社会変化仮説2：さまざまな二極化）のオルタナティブであったため十分に検討されなかった。さらに4個目（社会変化仮説7：ネット社会における自立性の確立）はワークショップで「机上」に掲げられていたにもかかわらず当時十分に検討されなかった。これらのことが原因になって，元々の未来イシューが持っていた技術革新に偏った演繹推論の視点を軌道修正しきれず，結果的に，軽自動車の想定外の普及や情報技術と自動車技術の融合による新しい競争という2015年の環境自動車市場で注目されている現実を的中させることができなかったと分析された。

　このように，シナリオ自体は微妙に的中しなかったという残念な結果であったものの，全体としては，約10年前段階で，2015年の自動車産業に影響を与えている外部環境の大半を「机上」に並べることには成功していたことも同時に確認され，スキャニング手法の有用性は検証されたといえる。しかしそれら情報を組み合わせて実際のシナリオを作成する段階で，深い洞察をしなければ本当にシナリオを高い精度で的中させるには至らないこと，また，想定された社会変化仮説による未来イシューの軌道修正をしっかりと実施しなければ，アイデアが特定方向に偏ってしまう危険性があること，などが課題として浮き彫

りになった。

3.7.2 今後にこそ注目が高まる社会技術問題の示唆

全体に，2006年に作成された社会変化仮説の多くが，2015年よりもさらにもう少し先に発生しそうな現象を表現しているように感じられる。つまり，2015年段階ではたしかに社会変化仮説の方向に社会が進んでいるものの，いまだに過渡期であり，実際にそれが具現化するにはあと5～10年ほどかかりそうな印象のものが多いのである。したがって，2006年において，2015年を想定して作成された社会変化仮説はこれで賞味期限切れになったのではなく，今後にこそ，その的中に注目が高まるとも言えそうだ。そうであれば，図3.2で数多く作成された社会技術問題のシナリオもまた，今後に重要度が増すと考えられるものが多いと言える。

実際問題，このようにシナリオの具現化が当初想定時期よりやや後ろ倒しになる現象はよく見られる。第1章で説明したICT技術の動画作成の例も，想定した時点よりも数年遅れて現実味が出てきた典型例である。その意味では，さらに10年ほどの時間が経過した後に，再び本章と同様の検証作業をしてみることも必要かもしれない。

3.7.3 今後の課題

本章では，8個あった未来イシューのうち，環境自動車の未来イシューしか検証対象にできなかった。今後その他の7個の未来イシューについても，同様な検証作業を実施し，未来洞察手法やスキャニング手法のさらなる高度化に資する研究を進めることが望まれる。また，検証の方法自体も，現状のアネクドータルな方法を脱して，より統計的な手法の導入を検討できる余地が大きい。

また，2006年以降に実際に起こった社会的事象と，各シナリオと実際の乖離との因果関係を分析することが必要である。リーマンショック，東日本大震災，中国の経済的成長と国際的な存在感の拡大，シェールガス革命，アベノミクス等が2006年以降の社会変化にどのような影響を与えたのかを検証した上で，そのような社会変化について，2006年段階のスキャニングでどの程度まで予見可能であったのかをなんらかの量的方法で検証し，未来洞察手法の改善

の方向性を議論・検討することが望ましいだろう。

いずれにしても，このようなシナリオ手法の的中度に関する研究は，世界的にもほとんど先行類似例がない。それゆえ，このような知見を蓄積してゆくことで，シナリオ手法や未来洞察手法研究の領域を日本が牽引してゆける可能性があると言えそうだ。

参考文献
科学技術政策研究所（2005）．平成 15 年度 16 年度科学技術振興調整費調査研究報告書　科学技術の中長期発展に係る俯瞰的予測調査　デルファイ調査報告書 NISTEP Report, 97.
文部科学省科学技術政策研究所・未来工学研究所（編）（2005）．2035 年の科学技術：文部科学省デルファイ調査　未来工学研究所.
奥山恭英・堀井秀之・山口健太郎（2008）．相互依存性解析：研究開発動向と課題　社会技術研究論文集, **5**, 197-205.
鷲田祐一（2015）．イノベーションの誤解　日本経済新聞出版社.
吉川弘之（2008）．第 2 種基礎研究の原著論文誌　*Synthesiology*, **1**, 11-6.

第4章 シナリオ作成とその評価

鷲田祐一・本田秀仁・引谷幹彦

4.1 シナリオ作成行為と，研究の動機

4.1.1 因果関係の飛び越えを強いる思考

　本書において，シナリオを作成するという行為の定義は，第1章で説明したとおり，目の前の不確実性に対して何らかの仮定をまず自ら置き，その上でそれによって起こる結果も合わせて想定する，という二段推論をする思考過程である。言い換えれば，未来に起こる因果関係を設定し，その原因と結果の両方をセットであらかじめ想起し意思決定するという思考過程と定義される。解りやすいように，第1章で用いた図を再掲しておく（図4.1）。

　このような二段推論による定義は，第1章でも説明したが，多基準意思決定法で頻繁に用いられる信念ネットワークの図とやや似た構造を持っている。しかし，信念ネットワークには因果関係だけはあるものの時系列概念がないのに対して，シナリオの二段推論には明確な時系列概念が設定されている点が最も違う。そしてそれゆえ，信念ネットワークが表現している現象は，未来なのか現在なのか過去なのか，についての前提が何もないのに対して，シナリオの二段推論では，全てが未来のことを表現しているという前提がある。そして手前の不確実性が未来に起こる原因要素で，さらに後方の可能性が未来に起こる結果要素である，という前提が明確に存在している。

　このような定義的特徴は，本書で扱うシナリオが，もっぱら未来洞察のための手法であるという点に起因している。言い換えれば，従来の意思決定論の中で議論されているシナリオというものは，要素間の繋がりにシナリオという呼

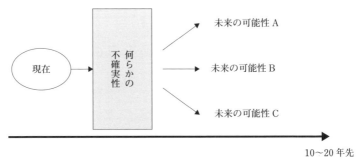

図 4.1 「シナリオ」という概念

び名を付けることで，因果関係が想起しやすいように思考を補助しているのに対して，本書で議論しているシナリオは，未来に起こることをイメージする行為そのものを指している，ということだ．

それゆえ，本書で定義しているシナリオを実際に作成する立場に立つと，多くの人が少なからず違和感を覚える．つまり，原因がはっきりしていないのに，それを仮説的に設定した上で，先にその結論まで考えなければならず，一般的な因果関係の概念を飛び越える思考を強いられるからだ．

4.1.2 ヤマ勘の構造解明

しかし，このような思考が人の日常生活では発生しないのかといえば，そうではない．実はむしろ，かなり頻繁に発生しているというべきだろう．たとえば荒天で遅れている交通機関を乗り継いで待ち合わせ場所に行くとか，ICT 機器の調子が突然悪くなって修理を依頼するとか，鞄に入っていると思っていたスマートフォンが見つからず，どこに置いてきたか思い出せないまま 1 日を過ごすなどの，毎日の生活で起こる小さいけれども厄介な出来事などを詳しく見つめてみると，本書で説明している二段推論のシナリオが存在していることがわかる．そして人はそのような厄介な事態にうまく対処するために，二段推論問題に対してシナリオ手法と同様な行動をとっているものである．つまり，遅れている交通機関の詳細が分からない状況でもなんとなくターミナル駅に向かい，なぜかうまく目的地に到着できたり，ICT 機器の故障の詳細が分からなくてもだいたいの症状を修理屋に伝えることで意外に簡単に修理ができたり，落

とした記憶はないけれど，なんとなく駅の落し物センターに問い合わせをし，見事にスマートフォンを取り戻したり，ということである。このようなヤマ勘は，日常生活を円滑に進める上で欠かせない行為である。

しかし，いつもそのように上手くいくわけではないのも事実であろう。時にはヤマ勘も外れる。遅刻もするし，壊れた ICT 機器は修理不能で結局買い替えになることもある。紛失したスマートフォンが遂に最後まで見つからないこともある。

ここで素朴な疑問が浮かぶ。はたしてこのようなヤマ勘は，どんな意思決定行動で構成されているのだろうか。そして厄介な出来事がうまく処理できた時にだけ人はヤマ勘が当たったと感じるのだろうか。ヤマ勘に自信を持てる時と持てない時は，どう違うのだろうか。

このような素朴な疑問は，一見するとビジネスの現場で利用される未来洞察手法とは関係がないように感じられるかもしれない。しかし企業組織も人で構成されており，ビジネスの意思決定でもヤマ勘は数多く存在している。すべての企業がすべての意思決定をデータに基づき綿密に決めているというような考えは幻想に過ぎない。人が日常の中で使うヤマ勘の構造が理解できれば，本書が焦点を当てているシナリオ手法の評価に対しても，かなり有用な示唆が得られるのではないか。むしろ日常生活のヤマ勘のようなシンプルで具体的で個人的なトピックのことをしっかり理解するほうが，ビジネス現場で起こる複雑で抽象的で組織的な未来洞察の解明に直接挑戦するよりも，実証的な検証の可能性が高まるのではないか。本章の研究はこのような素朴な直観から出発した。

4.2　先行研究

4.2.1　リスク，曖昧さ，因果関係，自信

いかに日常的でシンプルなヤマ勘を対象にするといっても，人の意思決定であることに変わりはない。素朴な疑問の中にも，意思決定論で頻繁に議論される重要な要素が溢れている。二段推論によるシナリオ作成について，特に重要と思われる要素は，リスク，曖昧さ，因果関係の3つである。そこで，シナリオ手法とこれら3要素の関係について，先行研究を検証してみた。

まず，もっとも中心的な要素である因果関係について先行研究を説明する。Luque らの研究（2008）によれば，人間は予測性が低い状況下でわずかな手掛かり情報を元に物事の結果を予測しようとする場合，それら手がかり情報を因果関係で繋ごうとするという。その手がかり情報を繋ぐ行為こそが初期的なシナリオであるとの解釈である。特に，Luque らが実施した 134 名の学生に対する心理実験の結果によれば，異なる手がかり情報から同じ結果が導出された場合に，それら手がかり情報の間に明確に因果関係のシナリオを想定する傾向が高まるという。

この研究結果が正しいとすれば，まさにヤマ勘は人間心理に自然発生する因果関係のシナリオであると言える。筆者らの素朴な疑問を解明すれば，未来洞察の手法的理解に繋がるのではないかという直観は支持されたと言えそうだ。

次に，リスクと曖昧さについても興味深い先行研究がある。Ghosh と Ray のシナリオ手法を用いた心理実験（1997）によれば，個人のリスクへの態度と曖昧さへの忍耐度，意思決定（選択）の間には，有意な関係があることが検証されている。実験結果は，リスク回避的で曖昧さへの忍耐度が高い個人のほうが自分の意思決定に対して強い自信を持つという順当なものであったが，むしろこの研究の特筆点は，リスクと曖昧さをうまく峻別して定義している点である。Ghosh と Ray によれば，リスクとは，事実が確定する以前の段階で発生する問題であるのに対して，曖昧さとは，事実の確定時点に関わらずあらゆる時点で発生する（むしろそのせいで事実確定時点すら不明確になる）問題と定義されている。リスクと曖昧さは，ともに不確実性や予測性低下の主たる原因と考えられるが，往々にして混同して取り扱われやすい。それをうまく峻別して定義している点が非常に参考になる。

この研究結果が正しいとすれば，時系列的因果関係を前提にする本書のシナリオの定義においては，特に手前部分にそびえ立っている原因要素の不確実性に対する主な心理的困難の正体はリスクであるということが確認されたと解釈できる。もちろん曖昧さも関係はしていると思われるが，主ではないということだ。そしてそのリスクを回避することで，シナリオ作成行為全体に対して自信度が高まるということだ。

4.2.2 認知バイアス，多様性，柔軟性

　第1章でも説明したが，意思決定研究における中心的な手法は，多基準意思決定法である。Stewartらは，この多基準意思決定法とシナリオ手法を組み合わせることの有効性を検討している（Stewart, French, & Rios, 2013）。その結果シナリオ手法は，特に複雑系の問題を取り扱う際に有用であることが検証されたが，同時に，この考え方をさらに進めると結果的には，従来から存在するルールベースのエキスパート意思決定システムにおける信念ネットワークの設定（あるいはベイジアンネットワーク・システム）とほぼ同様の手法になるとも結論している。

　K. Wrightらの研究（Wright, Stokes, & Dyer, 1994; Wright & Hicks, 2011）によれば，ルールベースのエキスパート意思決定システムにおける適切な信念ネットワークの算出には膨大な時間と手間がかかり，実用上の問題になっているという。その計算を早める研究が進められてはいるものの，なぜ多基準意思決定法がこのような問題を内包するのか，という根本問題について検討が必要ともいえる。どのような状況の時に，特に信念ネットワークやベイジアンネットワークの計算が困難になるのか。それは，そもそもの因果関係グラフの構築が複雑すぎたり誤りがあったりする場合であろう。つまり，関係のない現象の間に因果関係があると思い込んでしまったり，本来なら循環構造がある現象に非循環なグラフを適用してしまったりして，真実とはかけ離れた関係性を無理矢理に計算しなければいけない状況ということだ。しかし，そのような状況が発生していても，システム自体はその問題の存在を教えてはくれず，膨大な手間の末に，役に立たない計算結果を出すだけである。

　このような問題は，いわば分析者の初期の誤った思い込みが最大の原因と言える。どのようにすれば，そのような誤った思い込みを是正することができるだろうか。意思決定のシステム自体が人間の誤りを是正できればよいのだが，現状の多基準意思決定法にはそのような機能をほとんど期待できない。

　シナリオ手法を組み合わせることで，意思決定システムにそのような機能を付加することができるのか，という問題を検討した先行研究がある。G. WrightとGoodwin（2009）は，シナリオ手法は予測性が非常に低い問題に対して，誤った認知と動機のバイアス，誤ったフレーミング，誤った因果関係の

想定，などを抑制する効果が期待できると主張し，これらの効果によって，意思決定の柔軟性，多様性，保証性の増加を補助する，と指摘している。この研究結果が正しければ，シナリオ手法の評価においては，認知バイアスを抑制するための柔軟性や多様性の増加という視点が重要ということになる。

　いっぽう，個人の意思決定ではなく，企業経営におけるシナリオ手法適用の領域でも興味深い先行研究がある。近年，シナリオ手法を用いたビジネスワークショップの効果についての大規模な研究が立て続けに公表されてきている。MeissnerとWulf（2013）は，様々な設定での大規模なビジネスワークショップ実験を実施し，従来的な戦略立案とシナリオ手法の比較をした結果，シナリオ手法は戦略立案においても様々なフレーミングによる認知バイアスを低減し，意思決定の自信度を高め，戦略立案の質を向上させることを検証した。ところが，その後Phadnisら（2014）の研究によると，同様に大規模なビジネスワークショップ実験をした結果，シナリオ手法を用いても参加者の意思決定の自信度が高まるという結果は得られなかったと報告されている。ただしPhadnisらも戦略立案の柔軟性は高まったことを検証しており，評価結果がやや揺れている。

　このように評価が揺れる原因として，Phadnisらは，(1) シナリオ手法は事例によってパーソナライズされている要素が強く，事例の比較がしにくいこと，(2) 民間企業が実施したワークショップ等の結果が公表されないので検証しにくいこと，および (3) シナリオ作成時には学術研究者が作用できないような外部要因が数多くあること，の3要素によって，アネクドータルな研究と実証的な研究の間の溝が埋まらないことだと指摘している。

　Phadnisらはさらに，大規模な文献検索による先行研究検証も実施し，シナリオ手法が人間の意思決定に明確な効用をもたらすかどうかの実験研究は上記のMeissnerとWulf（2013）を含めてもわずか3例しかなく（Kuhn & Sniezek, 1996; Schoemaker, 1993），その効用の検証もいまだに厳密な意味では進んでいないと結論している。

　これらの個人，および企業での意思決定研究におけるシナリオ手法の評価の研究をもとにすると，以下のような論点が浮かび上がる。まず，重要な評価指標として，意思決定者の思考の柔軟性や多様性という要素が挙げられる。そし

てその対極としてフレーミングなどによる認知バイアスの存在が指摘できる。これらは本章での研究テーマにおいても深い関連性が推察される。二段推論でシナリオを作成する際にも，作成者の思考に柔軟性や多様性が十分な場合とそうではない場合で，結果がどのように違うのかを検証することには意義がある。次に，シナリオ作成行為に対する自信という要素も重要度が高いと言える。自信については，互いに相反する先行研究が最近出ているので特に注目される。どのようなシナリオ作成の時に自信度が高まるのかの検証が期待される。

なお，個人属性の違いによるシナリオ手法の効果の違いという点も興味深い。特に個人のリスク選好度や曖昧さへの忍耐度については検証の意義がありそうである。ただし，このような個人属性に関する問題は，企業による組織的なシナリオ手法利用とは関連づけにくいので，本章の焦点から外すことにした。

4.3 中心課題と仮説

4.3.1 自信の構造理解

先行研究で浮き彫りになった諸問題を構成して，本章の研究における中心課題と仮説をまとめてみよう。シナリオは近未来を扱うものなので，当然のことながら「それが当たるのか」どうかということはきわめて重要な動機である。言い換えれば，作成したシナリオが「当たる」かどうか，という問題こそが，そのシナリオ作成行為の自信度の正体ということである。作成者が当たりそうだと思えるシナリオは「自信があるシナリオ」ということだ。この定義のもとで，シナリオの自信度の構造を解明するのが，本章の研究の中心課題である。

ただしその際，シナリオを作成した後に事実がどうであったのかがまだ決定されていない時点での「当たるかどうか」という意識と，事態が進行して事実が1つに決定された時点での「当たったかどうか」という意識の2種類があることに留意する必要がある。つまりシナリオの自信度には，事前的中自信度と，事後的中自信度があるということだ。このうち，事前的中自信度は一般的な予測の感覚に近いものなので理解しやすいだろう。それに対して事後的中自信度は少し理解しにくい部分があるかもしれないので説明する。たとえば，IT機器が作動しなくなったので故障したと思い修理屋に持ち込んで事なきを得たと

する。しかし，修理屋いわく，故障ではなく電池が切れただけだった，とのことだったとする。この場合，シナリオ作成者は故障したという原因仮説をもとにして修理屋に持ち込むというシナリオを（ヤマ勘で）作成してその通りに行動し，結果的には事なきを得たと解釈できる。しかし事実は故障ではなく電池切れだったと事後に判明したので，原因に関するシナリオは外れていたということだ。この場合，はたして作成者はこのシナリオが全体として当たっていたと思うのか，あるいは結果は良好であったがシナリオは外れたと思うのか，ということが問題になる。事後的中自信度とはこのような事態のことを指している。

このように考えると，シナリオ的中の自信度を細分化して捉えることの必要性が理解できる。つまり原因要素が的中している場合と，結果要素が的中している場合（あるいは両方が的中している場合）で，自信度が違う可能性があるということだ。一般的な予測の概念や従来の意思決定手法の概念に従えば，結果が的中していることだけが的中自信度を測る対象ということになってしまうが，二段推論によるシナリオ手法では，そうではないということだ。そして，このように原因要素と結果要素を別々に取り扱うことで，前述のような自信度に対する研究結果の揺らぎについても合理的な説明が可能ではないかと考えられる。

このような前提に立ち，以下のような3つの仮説を立てた。

4.3.2 仮説 H1：シナリオ的中自信度の仮説

未来への因果関係をシナリオ化する際に，原因要素よりも結果要素が「当たった」ほうが，そのシナリオが「当たった」と感じる，つまり事後的中自信度が高いのではないか？

言い換えれば，「終わりよければすべてよし（All's Well That Ends Well: 1603 年に書かれたシェイクスピアの戯曲が由来という）」の諺のとおりの効果が存在しているのではないか，という仮説である。予測ではなくシナリオ手法であるとはいえ，未来のことを考える行為に変わりはないので，やはり結果要素に対しては予測と同様に「当たる」ことを期待する心理は存在しているのではないかと推察される。そしてもし原因要素が「外れた」としても結果要素が「当たった」場合には，一種の逆行抑制効果が働いてしまい，事後的中自信度が高まる

可能性がある。

4.3.3 仮説 H2：シナリオ作成仮説その 1

未来への因果関係をシナリオ化する際に，原因要素に対する親近性が高いほど，シナリオ作成行為に対して，自信度が高まるのではないか？

先行研究によれば，原因要素に対するリスクが低いと感じられる場合のほうが，自信度は高まる可能性が示唆されている。そこで，原因要素と結果要素の間で，親近性と自信度に対する影響度に違いがあるのではないか，という仮説が立てられる。

4.3.4 仮説 H3：シナリオ作成仮説その 2

未来への因果関係をシナリオ化する際に，結果要素の選択肢を減らすことで，原因要素への難易度を減少させることができるのではないか？

これは，原因要素と結果要素の相対的な選択肢数の関係が，そのシナリオ作成行為の難易度に影響を与えるのではないか，という仮説である。特に，もし前述の仮説 H1 が真である場合には，結果要素の選択肢が少なく絞り込まれていれば，原因要素についての判断がどうであれ同じような結果になるのであるから，原因要素の判断をする際のリスクが低減される可能性が考えられる。もしこの仮説 H3 が真であれば，シナリオ全体の中での原因要素の重要度を，それ以外の要素の選択肢数でコントロールできるということを意味するので，因果関係グラフの設計について新しい示唆を与えることができることになる。

4.4 実験設定

4.4.1 個人に対する意思決定ゲーム型の実験

このような3つの仮説を検証するためには，多数の被験者に様々なトピックに関する二段推論問題について，ヤマ勘で意思決定をしてもらうことが必要である。そこで日本人の一般生活者に対して，日常的な課題（たとえば健康福祉，職探し，交通機関利用，ICT 利用など）における近未来の不確実性（インフルエンザの予防接種を受けるか？　就職先が見つかるか？　悪天候で交通機関が運航さ

れるか？ ICT機器が故障したのか？ など）に対して，まず原因要素を推論して選択し，それを前提にした結果要素を選択することでシナリオを立てるという実験を実施した。なお，今回は個人を対象にした検証に焦点を当てるので複数人が協働して意思決定をする設定は採用しなかった。

具体的には，以下の4ジャンルの各2トピック（合計8トピック）について，それぞれ「原因要素の選択肢数×結果要素の選択肢数」を2つ，あるいは4つ設定した課題を作成し，各被験者にランダムにそのどれかを回答させるという意思決定ゲームを設定した。

なお，この8トピックをどのようにして選んだのか，については後述する。

- 「職探しの際の企業規模」課題：
 「大企業とベンチャー企業の両方から内定をもらい，どこに就職するかを決心しなければいけない」という原因要素に対して「その後に出世したり，幸せな人生を歩んだりする」という結果要素。
- 「職探しの際の面接結果」課題：
 「就職面接を受けたが，連絡がこない」という原因要素に対して，「その後の就職活動をどうするか」という結果要素。
- 「インフルエンザについての健康福祉」課題：
 「今年，インフルエンザが流行するかどうか」という原因要素に対して，「予防接種を受けるかどうか」という結果要素。
- 「年金についての健康福祉」課題：
 「今後，日本にいて自分は年金を受給できるのかどうか」という原因要素に対して，「その備えのためにどういう行動をとるか」という結果要素。
- 「交通における台風の影響」課題：
 「大きな台風の接近で交通機関が乱れそうだ」という原因要素に対して，「東京—福岡間の出張移動をどうするか」という結果要素。
- 「交通における落し物捜索」課題：
 「東京駅のどこかで自分の携帯電話を紛失したようだ」という原因要素に対して，「落し物センターに行くか，警察に届けるかの判断をする」

という結果要素。
- 「ICT生活におけるフェイスブック」課題：
「自分のFacebookに見知らぬ人から承認申請がきた」という原因要素に対して，「その相手にどう対応するか」という結果要素。
- 「ICT生活におけるショッピング」課題：
「インターネットのショッピングサイトで購入しようとしたが，パスワードを入力してもアクセスできない」という原因要素に対して，「どのようにしてショッピングを実施するか」という結果要素。

具体的な手順は以下のとおりである。
(1) まず後述する予備実験で実験参加の意思が確認できた個人に対して，図4.2にあるような意思決定ゲームのルール説明を提示する。ここで注意すべき点は，図4.2の(3)にあるように，被験者にはこの意思決定ゲームはビッグデータを実装する一種のエキスパートシステムであるという架空の設定の教示がなされる。なぜこのような手続きを採用したのかというと，この意思決定ゲーム内で，被験者にとっての「事実」を創造（実際には架空）する必要があったからである。そうすることで，その「事実」とシナリオを比較するときに発生する的中自信度（事前，事後の2種があるのは前述のとおり）を測定することが可能になる。その際，提示された「事実」が本当に事実であるかのように被験者に信用してもらえなければ意味がないので，このような架空エキスパートシステムの設定を置いた。
(2) このような教示をした後，被験者は，まず全員が統一の練習課題（1トピック）を回答する。その後，予備実験で判明している自分自身の得意領域2ジャンル（合計4トピック）が自動的に順に提示され，回答する。
(3) それぞれの課題について，まず被験者はそのトピックの設定の教示を受けた上で，図4.3のように，それぞれの原因要素，結果要素の選択肢をすべて提示される。選択肢の数は，4×4, 4×2, 2×4, 2×2の4種類が，被験者ごとにランダムに提示される。被験者は，選択肢の中から原因要素，結果要素をそれぞれ1つ選ぶ。

> これから，あなた自身が様々な状況に置かれたときに，近未来にむけて，どのように意思決定し行動するかのシナリオを立てていただくゲームをします。このゲームは，あなたの近未来への意思決定力や行動力を測るものです。ゲームは以下のようなルールです。
>
> (1) それぞれの設問の説明をよく読んで，語群 A および語群 B から1つずつを選んで，あなた自身にあてはまるシナリオを考えてみてください。
>
> (2) そのシナリオを立てた際のあなたの気持ちについて，回答欄にしたがって，的中するかの「自信」および語群 A および語群 B の選択の「難しさ」「身近さ」などをお答えください。（それぞれ7段階評価）
>
> (3) それぞれの設問に対するシナリオに回答していただいた後，その設問の「答え」が表示されます。この「答え」は，各種ビッグデータから分析されたあなたと同じようなプロフィールの人に「もっとも起り得る答え」です。あなたのシナリオがその「答え」と照らし合わせてどの程度「的中した」と思うのかをあなたご自身でご判定ください。（7段階評価）。

図4.2　被験者への最初のルール説明

(4) 被験者がそれぞれの課題の原因要素，結果要素を選択し回答し終えたら，原因要素，結果要素それぞれについて，「身近さ」「選択の難しさ」の2項目を7段階評価で回答する。この場合の「身近さ」とは，その選択肢全体の内容に対する親近性を測る指標であり，「選択の難しさ」は言葉の通り回答の困難さを測る指標である。一般に，親近性はその要素内容に対してリスクを低く感じる度合いに結びついていると解釈できる。また親近性が高いほうが，その要素内容について思考の柔軟性や多様性も高いとみなすことが自然であろう。いっぽう，「選択の難しさ」は，その要素内容に対してリスクを高く感じる度合いに結びついていると推察される。

(5) さらにその後，被験者は自分が回答した選択内容（つまり被験者が作成したシナリオ）が，意思決定ゲームがこの後に出す「答え」に対して，どの程度「当たる」と思うかを7段階評価で回答する。これは事前的中自信度を測る質問である。

(6) 意思決定ゲームが被験者に対して「答え」を返す。この「答え」は，必

第 4 章 シナリオ作成とその評価　　131

あなたが置かれている状況

あなたは明日，飛行機で東京から福岡に移動しなければいけませんが，台風が近づいてきています。

この状況に対して，以下の語群 A と語群 B から 1 つずつ選択肢を選んで，あなたの明日の「シナリオ」を立ててみてください。（よく考えて，現実的な「シナリオ」を立ててください。）

語群 A

1　台風が日本列島を直撃し暴風雨になるだろう。
2　台風が日本付近を通過し大雨になるだろう。
3　台風は日本には接近せず小雨に終わるだろう。
4　台風は夜中にあっという間に通過し晴天になるだろう。

↓
なので（なのだが，）
↓

語群 B

1　飛行機で東京から福岡に移動するだろう。
2　飛行機で福岡に向かったが広島に緊急着陸し，そこから新幹線で福岡に移動するだろう。
3　新幹線で東京から福岡に移動するだろう。
4　天候を考慮し，福岡への移動の予定は中止になるだろう。

あなたのシナリオ：それぞれの語群から 1 つずつ番号を選んで，入力してください。

図 4.3　意思決定ゲームの画面イメージ

ず原因要素か結果要素のどちらかだけが「当たっている」ような「答え」になっている。どちらが「当たる」かはランダムに決定される。ただし，すべての被験者に最初に出される統一の練習課題だけは原因要素，結果要素の両方とも「当たっている」ような「答え」が返される。つまり，「答え」は，被験者の視点で見れば，いわば必ず部分的に（言い換えれば中途半端に）「当たっている」状態が生じるのである。

(7) この状態で，被験者は再び自分が回答した選択内容（被験者が作成したシナリオ）が，この「答え」に対して，どの程度「当たっていた」と思うかを 7 段階評価で回答する。これは事後的中自信度を測る質問である。このような手続きを合計 4 トピック繰り返す。

(8) 実験全体でみると，全ての被験者は最初の練習課題で，原因要素，結果

要素ともに「当たった」経験をし，その後の実験本体部分の課題では全て部分的（中途半端）に「当たった」経験を4回繰り返すことになる。つまり，最初に最も成功裏な経験をさせることで，実験全体の主旨の理解を促しているということである。

実験の実施，回収，集計は㈱日本リサーチセンターと協働で進めた。実験の全ての手続きと回答はインターネット画面上でできるように準備した。対象者サンプリングは同社が保有するインターネット消費者パネルを用いて18〜75歳の日本人一般生活者から被験者を抽出し，予備実験と本実験の二段階で実施した。

まず予備実験では，消費者パネルの中から性年齢の条件が合う候補者41,307人に参加以来を送付した。返答数は26,826人（返答率64.9%）であった。予備実験では，それぞれの候補者が，前述の4ジャンル（就職，健康福祉，交通，ICT生活）の中でどれが得意領域かを自己申告型で確認した。また，本章では説明しないが，将来の分析のために，個人的な性格やリスク嗜好性を測る質問を実施した。

本実験では，予備実験の回答者を母集団にして，参加意思が確認できた1,422人に配信し，1,118名の返答があった（返答率78.6%）。すべての返答者には㈱日本リサーチセンターの基準に従って謝礼金が渡された。この返答サンプルのうち，「回答時間が3分未満（早すぎる）」「実験手続きの合間にいれた2つのダミー質問（不正回答者を検知するための質問）に正解しない」という排除条件に適合した101サンプルを不良サンプルと判断して分析対象除外とした。最終的には1017サンプルを有効回答とした。慎重な手続きをとることで十分な量の有効回答を得ることができた。

4.4.2　トピックの設定

ところで，本実験で用いた8トピックをどのようにして選んだのか，という問題がある。当然のことであるが，それぞれの被験者は違う経験や知識を持っており，それによって得意なトピックとそうでないものが存在する。不得意なトピックに対しては，前述の「身近さ」「選択の難しさ」を正しく評価できないので，全ての被験者に不得意なトピックの回答を強いないようにすべきであ

第4章 シナリオ作成とその評価

る。

　そこで筆者らは，インターネット上の掲示板，SNSなどの中で一般的に議論されているトピックの中から，多くの人が共通に困っていることや悩み事のトピックがどういうものかを観察調査で探り出した。その結果，就職，健康福祉，交通，ICT生活という4つのジャンルのトピックが有力であろうと考えた。それ以外の項目（教育，買い物，お金，政治など）もいくつか検討されたが，なるべく幅広い人にとってあまりブレが大きくない回答が期待できるかどうか（逆に言えば，個人の価値観や置かれている生活環境で回答がブレすぎてしまうことが少ない）という視点で選択をした。

　次に就職，健康福祉，交通，ICT生活という4つのジャンルについて，インターネット上で展開されているQ＆Aコーナーをそれぞれ複数サイト検索し，就職で14個（従業員数，連絡がない，魅力ない会社の内定，資格取得，ビジネスマナー，最低給与，転職理由，昇進ポスト，面接の身だしなみ，私服面接の可否，意欲の表現，給与交渉，履歴書の虚偽記載，応募の多寡），健康福祉で13個（定期健診，新感染症，ジェネリック医薬品の使用，花粉症，インフルエンザの流行，年金不安，高齢者の所在，遺伝子組み換え食品，子供の予防接種，医薬品個人輸入，副作用，ノロウィルス，障害者福祉），交通で6個（病人の航空機利用，天候による遅延，忘れ物，空席照会，エコノミ症候群，運行情報），ICT生活で8個（スマートフォンの破損，家電の故障，知らない人からの友人申請，パスワード忘れ，写真の管理，ハッキング，PCの故障，スマートフォンの電池切れ）の，具体的なトピックを選び出した。これらを元に，4ジャンルそれぞれに4～8個のトピック（合計20トピック）について実際に図4.3のような原因要素，結果要素の選択肢を作って，学生10名と企業従事者6名（合計16名）に試験的に回答してもらった。それを集計した結果，4ジャンルそれぞれについて回答の分散が小さい上位2トピック（合計8トピック）を選び出すことができた。この8トピックについて，原因要素，結果要素を4×4，4×2，2×4，2×2の4種類で作成したのが本実験で使用した課題である。なお，これらとは別にICT生活ジャンルでこれらと同様に分散が小さかった1個の課題を全員が最初に回答する練習課題とした。このように，トピックの設定についても慎重な手続きを経て選定した。これによってすべての被験者に安定的に回答しやすいトピックが提

示される設定が実現できたと考える。

　また，選択肢数の設定についても，慎重な検討をした。最もシンプルな選択意思決定は，選択肢が 2 個の場合と考えられるので，ここから検討を開始した。そこから選択肢を増やすほどに意思決定の複雑さは増加すると考えられるので，実験の実効性を鑑みて，本研究では選択肢 3～4 個の場合までを検討した。試験的に回答してもらう課題を作成する段階では，4×4，4×3，4×2，3×3，2×2，2×3，2×4，3×4 の 8 種類を作成したが，最終的に 4×3，2×3，3×3 は過渡的な結果しか出ないと判断したので本実験では削除した。

4.5　実験結果と仮説検証

　予備実験は 2014 年 1 月 30 日～2 月 6 日，本実験は 2014 年 2 月 13 日～23 日に実施された。以下に，実験結果の主要な部分を掲げながら 3 つの仮説の検証結果を説明する。

4.5.1　仮説 H1 の検証

　シナリオ全体の的中自信度を左右するのは，原因要素の的中か，それとも結果要素の的中か，というのが仮説 H1 であるが，これを判断するための実験結果を示す（数字は全て 1～7 点の 7 段階評価の得点）。まず，8 個のトピックの二段推論課題における「答え」を知る前の事前的中自信度の平均は，4.94 点であった。それに対して，同じく 8 個のトピックの二段推論課題における「答え」を知った後の事後的中自信度の平均は 4.09 であった。すべての被験者にとって「答え」は常に原因要素か結果要素のどちらかだけが「当たっている」ので，もしも被験者が機械的な合理性を元に評価すれば事後的中自信度は 1～7 点の中央値である 4.00 になると推察されたのだが，実際にはやや高めに出た。ちなみに練習課題では事前的中自信度は 5.00，事後的中自信度は 5.70 であった。やはり原因要素も結果要素も必ず「当たる」ようになっている事前課題では事後的中自信度が極めて高く出た。

　次にいよいよ仮説検証であるが，8 個の二段推論課題における，原因要素が「当たって」いた被験者の事後的中自信度と結果要素が「当たって」いた被験

表 4.1 原因要素的中者と結果要素的中者の事後的中自信度の平均比較

的中結果	事後的中感		課題
	平均値	標準誤差	
原因	3.992	0.092	企業規模
結果	3.466	0.097	企業規模
原因	3.961	0.095	面接結果
結果	3.844	0.094	面接結果
原因	3.610	0.092	インフルエンザ
結果	4.418	0.101	インフルエンザ
原因	3.965	0.091	年金
結果	4.609	0.093	年金
原因	3.826	0.087	台風
結果	4.309	0.083	台風
原因	3.831	0.091	落し物
結果	4.034	0.091	落し物
原因	4.339	0.087	フェイスブック
結果	4.516	0.084	フェイスブック
原因	3.913	0.096	ショッピング
結果	4.921	0.089	ショッピング

表 4.2 仮説 H1 の検証結果

	n	SD	事後的中自信度
練習課題	1017	1.30	5.70
8 課題全体平均	4068	2.15	4.09
原因要素的中者平均	1984	2.08	3.93 ⎤
結果要素的中者平均	2084	2.15	4.25 ⎦ *

$*p<.01$

者の事後的中自信度を比較することで検証が可能である。結果は，表4.1のとおりであった。原因要素が「当たって」いた被験者の事後的中自信度の平均は3.93，結果要素が「当たって」いた被験者の事後的中自信度の平均は4.25であった。

表4.1の結果をもとに，原因要素が「当たった」人と結果要素が「当たった」人のそれぞれの事後的中自信度の平均の差にt検定を実施したところ，表4.2のように，$p < 0.01$となった。つまり，8つの二段推論課題における事後的中自信度は，原因要素よりも結果要素が的中していた人のほうが，有意に高いと言え，仮説H1は支持されたといえる。

しかし，注意が必要な点もある。表4.1の8個のトピックごとの平均値の絶対値の比較を見ると，「職探し」ジャンルの2トピックでは仮説H1が不支持になっている。つまり，全体としては，仮説H1は支持されるものの，課題のジャンルに依存する傾向があるといえそうだ。

4.5.2　仮説H2の検証

原因要素に対する親近性が高いほど，シナリオ作成行為に対して自信度が高まるのではないか，というのが仮説H2である。この仮説の検証のためには，原因要素に対する「身近さ」，結果要素に対する「身近さ」，事前的中自信度，事後的中自信度の4要素それぞれの相関を確かめることが必要である。表4.3がその結果である。

この4要素はそもそも独立性が低く，互いに高い相関をしている項目なので，単相関係数の絶対値の吟味だけでは有意な特徴を見出しにくい。そこでこの結果に対して母相関係数の無相関の検定を実施した。その結果，まず原因要素の「身近さ」と結果要素の「身近さ」がともに，事前的中自信度と1％水準で有意，そして原因要素の「身近さ」と結果要素の「身近さ」同士も1％水準で有意であった。これらは，要するにそのトピックに対してそもそも全体的に「身近」かどうかを表している結果と解釈できるので，仮説H2とはあまり関係がない。

そこで，事後的中自信度との相関をみてみると，原因要素の「身近さ」だけが5％水準で有意であった。結果要素の「身近さ」と事前的中自信度は有意ではないことが判明した。ちなみに，同じ要素間の偏相関行列も算出してみたの

表 4.3 仮説 H2 の検証結果（単相関行列）

	事前的中感	原因の身近さ	結果の身近さ	事後的中感
事前的中感	1.0000	0.8814	0.8765	0.6425
原因の身近さ	**0.8814	1.0000	0.8860	0.8126
結果の身近さ	**0.8765	**0.8860	1.0000	0.6844
事後的中感	0.6425	*0.8126	0.6844	1.0000

** = 1%有意, * = 5%有意

表 4.4 仮説 H2 の検証（偏相関行列）

	事前的中感	原因の身近さ	結果の身近さ	事後的中感
事前的中感	1.0000	0.5028	0.4199	− 0.2360
原因の身近さ	0.5028	1.0000	0.3979	0.6311
結果の身近さ	0.4199	0.3979	1.0000	− 0.0172
事後的中感	− 0.2360	*0.6311	− 0.0172	1.0000

* = 5%有意

が表4.4である．ここでも事後的中自信度に対して正の偏相関係数を示すのは原因要素の「身近さ」だけであることが確認できる．

これらの結果から，以下のような解釈ができる．まず，原因要素であれ，結果要素であれ，親近性が高いほど事前的中自信度が高まる．これは繰り返しになるが，そのトピック自体にそもそも「身近」であるという意味だと解釈できるので仮説 H2 とは関係が薄い．しかし，事故的中自信度には，原因要素への親近性だけが有意に正の影響を与えている．つまり，原因要素への「身近さ」が高いほど，事後的中自信度が高くなるということだ．したがって仮説 H2 も支持されたと言えそうだ．

逆に言えば，結果要素に対して親近性が高くても，事後的中自信度は有意には高まらないということはつまり，因果関係を無視して結果要素だけをルーレットのように答えるような人はそれほど自信度が高くないということだ．仮説 H1 が支持された事実と合わせて解釈すれば，原因要素に対して親近性が高く，その上で結果要素が「当たった」場合に，事後的中自信度が最も高まるといえる．このことから，因果関係を前提にしたシナリオ手法は，因果関係を前提に

しない単時点での予測よりも，予測の質が高いということが示唆されたと言えそうだ。

4.5.3 仮説 H3 の検証

最後に仮説 H3 の検証結果について説明する。結果要素の選択肢を減らすことで，原因要素への難易度を減少させることができるのではないか，というのが仮説 H3 である。前述の繰り返しになるが，もしこの仮説 H3 が真であれば，結果要素の選択肢を少なく絞り込んでしまうことで，原因要素のリスクが低減される可能性が示唆されることになるので，因果関係グラフの設計について新しい視座を与えることになる。この仮説を検証するためには，原因要素への難易度と，各選択肢数（特に結果要素の選択肢数）を変化させた場合の結果をクロス集計してみることが必要である。表4.5がそれである。ここでは参考比較のために結果要素への難易度も掲出してある。

残念ながら結果要素の選択肢数の変化と原因要素への難易度の間には，有意な関係が何も見いだせなかった。ちなみに結果要素の難易度についても有意な関係は見いだせなかった。また，選択肢数の変化と，事後的中自信度の関係もクロス集計してみたところ表4.6のようになった。ここでも有意な関係は何も

表 4.5 仮説 H3 の検証結果（選択肢数と難易度の関係）

	結果難易度	原因難易度
4 × 4	3.38	3.46
2 × 4	3.23	3.29
2 × 2	3.33	3.39
4 × 2	3.33	3.46
平均	3.31	3.40

数字は全て1〜7点の7段階評価の得点

表 4.6 仮説 H3 の検証結果（選択肢数と難易度の関係）

事後的中感 4 × 4	事後的中感 4 × 2	事後的中感 2 × 4	事後的中感 2 × 2
4.09	4.05	4.13	4.11

数字は全て1〜7点の7段階評価の得点

見いだせなかった。

　これらの結果を総合すると，選択肢数と難易度の間，あるいは事後的中自信度との間には有意な関係性はなく，仮説H3は支持されなかったと言える。

4.6　ディスカッションと未来洞察への示唆

4.6.1　仮説検証の総括

　3つの仮説のうち，仮説H1と仮説H2は支持されたが，仮説H3は支持されなかった。このことから以下のようなことが総括できる。まず仮説H1については，シナリオ作成といえども未来への予測行為であることに変わりはない以上，人の自然な欲求として理解しやすい。やはり，結果要素が「当たった」という表面的な事実を目の当たりにすれば，一種の逆行抑制現象が発生して，原因要素がどうであれ，素直に歓迎するという意識の現れであろう。まさに「終わりよければすべてよし（All's Well That Ends Well）」の諺のとおりであるが，この現象はまた，peak-end rule（Kahneman, 1999）の発現によるものとも解釈できる。人間は過去の経験を，そのピーク（絶頂）時にどうだったか（嬉しかったか悲しかったか），そしてそれがどう終わったかだけで判定する，という法則である。

　科学的思考や論理的思考の視点でみれば，この結果はさらに興味深い。科学的思考や論理的思考に従うなら，原因要素と結果要素は等しく的中の期待が懸けられるべきである。むしろ原因要素のほうが時系列的に手前に位置づけられているのであるから，原因要素が「外れ」たにもかかわらず結果要素が「当たった」という現象は，初期に設定した因果関係を飛び越えた偶然の結果かもしれないのだ。それにも関わらず，8トピック中6トピックで，そのような場合のほうが，原因要素だけが「当たった」場合よりも，シナリオ全体での事後的中自信度が高いという結果が出たのである。これは，多くの被験者がシナリオ作成時からすでに因果関係を諦めていたと解釈すべきなのであろうか。確かに前述のとおり，この意思決定ゲームは，いわゆるヤマ勘を働かせて因果関係を飛び越える意思決定を強いる部分があるので，そう解釈すべき部分があるのかもしれない。もしそうであれば，人は根拠なく因果関係を飛び越えて意思決定

表 4.7 原因要素への親近性と，結果要素のみ的中者の事後的中自信度

	原因要素への親近性が平均以上			原因要素への親近性が平均未満		
	M	SD	n	M	SD	n
職探し企業規模	3.57	0.12	170	3.27	0.15	92
職探し面接結果	4.01	0.14	145	3.63	0.12	117
健康福祉インフルエンザ	4.95	0.16	110	4.03	0.12	151
健康福祉年金	4.93	0.14	137	4.25	0.11	124
交通台風	4.50	0.12	153	4.04	0.11	112
交通落し物	4.05	0.13	167	4.01	0.11	98
ITフェイスブック	4.86	0.11	162	3.91	0.11	92
ITショッピング	5.38	0.13	117	4.53	0.11	137
8トピックの平均	4.53	0.13	1161	3.96	0.12	923

$p<.01$

をしなければならないシナリオ発想に遭遇したときに，多くの場合は因果関係を諦めて単にルーレット的に結果の的中だけを狙おうとする傾向がある，ということになる。

しかし仮説H2の結果も合わせて考えることで，これとは違う解釈も可能になる。なぜ原因要素に対する親近性が高いほうが，事後的中自信度が高くなる傾向があるのか。この理由の理解を試みることにヒントがあると筆者らは考える。原因要素が「外れ」たにもかかわらず結果要素が「当たった」という現象は，科学的思考や論理的思考を重視する立場からは最も認めたくない現象のはずである。しかし表4.7に示すように，原因要素に対する親近性が高い被験者のほうが，そのような状況でも事後的中自信度が有意差を持って高いのである。つまり，原因要素に対する豊富な知識が，それが「外れる」かもしれないというリスクを克服するのに役立っているのではないかと解釈できる結果である。

このような解釈を図示すると図4.4のようになる。原因要素が「外れた」にも関わらず結果要素が「当たった」という現象に遭遇したとき，原因要素への親近度が高い人は，すぐさま原因要素に関する代替的解釈を柔軟に展開することができるので，自分のゲームの成績を客観視できる（つまり，今回は外れた

第 4 章 シナリオ作成とその評価　　　　　　　　　　141

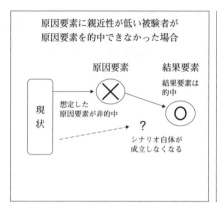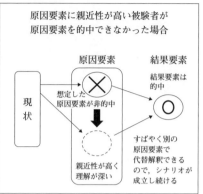

図 4.4　原因要素に関する柔軟な代替的解釈のイメージ図

けれど，なぜ外れたのかが容易に理解・推測できるので，自分の判断についての根本的な揺らぎに陥りにくい）ということだ。そのため，事後的中自信度があまり下がらないという解釈である。

このような解釈が正しいとすると，以下の 2 つのことが結論できる。

(1) 原因要素は「全体的に理解」をすべき要素であり，そこを的中させることは，シナリオ手法が成功裏に進むための必須要素ではない。
(2) いっぽう結果要素は，「全体的な理解」だけでは済まされず，やはり「的中」することが望まれる。

このうち，特に (1) の結論は，人の意思決定の研究にとって意義があると考える。一般的な科学的思考では，いわば未検証の仮説の上に仮説を積み重ねるような二段推論は避けるべきものと考えられがちであるが，前述のとおり，実際の日常生活において多くの人はこのような二段推論を頻繁に利用している。このギャップを，単に一般人が非科学的・非論理的な意思決定をしているだけだ，と考えることもできるが，今回の研究結果から別の考えも可能である。つまり，人間が二段推論を用いる場合に，一段目の推論に対しては，明確な検証や確信が得られない状態であっても，その推論対象に対して十分に親近性が確

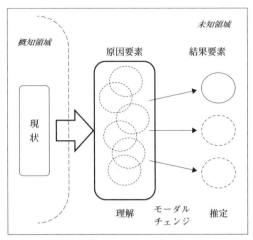

図 4.5 「理解」から「推定」へのモーダルチェンジの図

保され、いわば問題自体を深く「理解」できている状況であれば、ある程度の自信を持って二段目の推論に進むことができる、という考えである。つまり、二段推論は図 4.5 のように一段目と二段目で思考や意思決定が、「理解」から「推定」へとモーダルチェンジしているという理解である。

図 4.5 はさらに興味深い示唆を与える。それは、「理解」という「状態」は、既知領域において確定した事実を元にしなければ成立しない「状態」であると考えられがちであるが、シナリオ手法においては、それを確定した事実を元にすることができない未知領域においても成立しうる、ということである。そしてさらに、そのような未知領域での「理解状態」を踏み台にすることで二段目の推論が成立するわけであるが、その際に図 4.4 のように、一段目の推論に「誤り」があったり「事実」が得られない状況であったりしても、二段目の推論で「事実」が得られれば既知領域を一気に拡大できる可能性がある、ということも示唆している。このことがシナリオ手法の最大の利点であると筆者らは考える。

このように、一段目の推論を飛び越えて二段目の推論のほうで先に「事実」が得られてしまうような事例は日常生活の中にも、科学的探究の中でも、ある

いは企業の経営判断の中にも頻繁に発生する。シナリオ手法はそのような事例から得られる情報（従来であれば利用できずに捨ててしまっていた情報）を効率的に知識に変換してゆくための道具だと言えよう。

4.6.2 未来洞察への示唆

これらの示唆をもとに，未来洞察を目的としたシナリオ手法のワークショップ会議への示唆を考えてみよう。第2章で説明したとおり，本書で解説している未来洞察手法の二段推論において，原因要素の部分に適用されているのはスキャニング手法による社会変化仮説の構築である。スキャニング手法では，ワークショップ参加者は非常に多くの断片情報を短時間に読み込み，帰納推論の思考法を用いて多様な社会変化の可能性を論ずる。これは，本章で論じてきた原因要素の「全体的な理解」を促進するためにきわめて有効な手段であることが確認できる。特に図4.5における未知領域での「理解状態」の構築という表現は，まさにスキャニングが参加者にもたらす「状態」を正確に表していると言えよう。スキャニング手法で多様に原因要素を議論し，社会変化仮説を立てることによって，その後に続く二段目の推論（インパクトダイナミクス手法）への土台を形成し，シナリオ作成活動全体への自信度を高めているということである。

いっぽう結果要素の部分にはインパクトダイナミクス手法によるアイデアの作成，およびそれに基づくラピッド・プロトタイピングのプロセスが適用されている。この段階では，元の社会変化仮説の的中如何にかかわらず，より多数のアイデアを作成し，どれか1つでも実際に「当たる」ことが重要になる。

そして未来洞察によるシナリオ手法の全体像を俯瞰してみると，当初の未来イシュー（既知領域）からの視点だけでは予見しにくい5～10年後の社会におけるイノベーションを，二段推論によって先見しようとする試みとして有効に機能することが改めて確認できる。未来イシューで表現された内容は，フラクチャー・ポイントに端的に記述されるような不確実性があるために，その先の議論が滞りがちになる。一般的な因果関係の枠内の議論では，フラクチャー・ポイントがどうなるかの「事実」が決定されなければ，その先を議論することは無意味だからである。しかし，シナリオ手法を用いることで，そのフラクチ

ャー・ポイントに作用するであろう外部環境要因が豊富にインプットされることで，たとえフラクチャー・ポイントに対する見立てが的中しなくても，その先に何が起こりうるのかの推論が論理的に可能になるということだ。そしてさらに興味深いのは，このようなシナリオ手法の導入によって，未来に対する「心構え」ができる，という「状態」の実質的な内容が今回の研究で明確化したことであろう。未来に対する「心構え」とは，未知領域に作られた「理解状態」を構築できた，ということと同値だと言えそうだ。つまり，原因要素が「外れ」てしまったにもかかわらず結果要素が「当たった」場合に，未知領域に作られた「理解状態」を活かして，原因要素について即座にかつ柔軟に代替的解釈を実施することが可能なので，自信が揺らがないということだ。この揺らぎの少ない未来への自信こそが「心構え」の正体であろう。

4.7 結論と今後の課題

4.7.1 結論のサマリ

　本章では，一般生活者1017名への大規模な意思決定ゲーム実験によって，シナリオ手法の意思決定過程における効用，特に，不確実性へのリスク，思考の多様性や柔軟性の問題，自信度の問題，そして因果関係構造への働きかけの諸問題などを検討した。その結果，トピック依存性があるものの，多くの人が原因要素よりも結果要素が的中するほうが高い自信度を示すこと，しかし同時に原因要素への親近性の高さが自信度に正の相関を持つことの2点が発見された。

　この結果から，シナリオ手法を用いることで，人は未知領域の中にも「理解状態」を設定することで，その先に推論の手を長く伸ばすことができること，そしてこの二段目の推論の的中如何から，その「事実」を生んだ原因要素を柔軟に解釈する，という過程を通じて，従来の因果関係型の予測よりも効率的に既知領域を拡大できること，の2点が論じられた。そしてスキャニング手法とインパクトダイナミクス手法を用いた未来洞察は，このような二段推論によるシナリオ手法の有効性によく整合していることが確認された。このような新たな知見とシナリオ手法の効用の検証，特にビジネスワークショップ形式におけ

る有効性の検証の議論は，先行研究で評価が揺らいでいた諸問題や，断片的に重要性だけが主張されていた諸問題に対して構造的な理解の可能性を示唆することができ，大きな意義があると筆者らは考えている．

4.7.2 今後の課題

しかしながら，本章での研究にはいまだに多数の課題が残っている．以下に，主な課題を4つ記しておく．

1つ目には，今回は個人の性格やリスク選好度などについて吟味していない点である．先行研究でもそれらがシナリオ手法の効用に影響を与えていることは示唆されている．本実験でもそのヒントになるデータを聴取だけはしてあるのだが，まだ十分な分析や議論が実現できていない．今後その視点での分析や議論を進め，より総合的にシナリオ手法の効用の理解を試みる必要がある．

2つ目に，課題の設定の仕方が万全ではなかったという点が挙げられる．本実験でもかなり慎重な手続きを踏みつつ広範な情報から課題のジャンルやトピックを選定し，かつそれに正確に回答できる被験者を選定するように努力したのであるが，それでもなお仮説H1の検証結果にあるように，実験結果に若干のジャンル依存性が見られた．課題のジャンルやトピックは，日常的な話題をもとにしたものであるがゆえに，その実験を実施する社会や文化の文脈的影響を免れえないと思われる．また性別や年齢による反応の違いも皆無とは言えない．そのような点について，現段階の実験設定，分析，議論は十分ではない．今後このような社会心理的な側面での吟味や，国籍，性年齢などの吟味をした上での課題選定方法の精緻化も必要であろう．

3つ目に，要素への親近性と理解の間の関係が必ずしも明確ではなかったという問題が指摘できる．課題のトピックとも関連するので，理解度を定量的に計るのが難しかったのがこの問題発生の理由であるが，今回の実験結果をもとにして，今後はもう少し質問方法を工夫することが可能と思われる．

4つ目に，今回の実験では組織的な意思決定を想定しなかったという点が挙げられる．第2章で説明したように，実務でのビジネスワークショップでは個人によるシナリオ作成作業と組織によるシナリオ作成が複雑に組み合わせられた手法が使われている．今回の実験の結果が組織的な意思決定でも同様に検証

されるのかどうかは，現段階では不明である。今後のさらなる研究によって，組織的意思決定を中心課題にした実験の実施が望まれる。

以上のような，数多くの課題が残されてはいるものの，先行研究が指摘するように，シナリオ手法に関する実証的な研究はきわめて少ないという現状に対して，今回の研究が一定の貢献をすることを期待する。

参考文献

Cobos, P. L., López, F. J., & Luque, D. (2007). Interference between cues of the same outcome depends on the causal interpretation of the events. *Quarterly Journal of Experimental Psychology*, **60**, 369-386.

Ghosh, D., & Ray, M. R. (1997). Risk, Ambiguity, and Decision Choice: Some Additional Evidence. *Decision Sciences*, **28**, 81-104.

Kahneman, D. (1999). Objective Happiness. In D. Kahneman, E. Diener, & N. Schwarz (Eds.), *Well-Being: Foundations of Hedonic Psychology*. Russell Sage Foundation. pp. 3-25.

Luque, D., Cobos, P. L., & López, F. J. (2008). Interference between cues requires a causal scenario: Favorable evidence for causal reasoning models in learning processes. *Learning and Motivation*, **39**, 196-208.

Meissner, P., & Wulf, T. (2013). Cognitive benefits of scenario planning: its impact on biases and decision quality. *Technological Forecasting and Social Change*, **80**, 801-814.

Phadnis, S., Caplice, C., Sheffi, Y., & Singh, M. (2014). Effect of scenario planning on field experts' judgment of long-range investment decisions. *Strategic Management Journal*, **36**, 1401-1411.

Stewart, T. J., French, S., & Rios, J. (2013). Integrating multicriteria decision analysis and scenario planning: review and extension. *Omega: International Journal of Management Science*, **41**, 679-688.

Wright, G., & Goodwin, P. (2009). Decision making and planning under low levels of predictability: Enhancing the scenario method. *International Journal of Forecasting*, **25**, 813-825.

Wright, K., & Hicks, R. C. (2011). A New Uncertainty Calculus For Rule-Based Expert Systems. *Review of Business Information Systems (RBIS)*, **11**(4), 37-46.

Wright, M. K., Stokes, L., & Dyer, J. S. (1994). Reliability and coherence of causal, diagnostic, and joint subjective probabilities. *Decision Sciences*, **25**, 691-709.

第5章 未来に関するアイデア生成のエキスパートとノンエキスパートは何が違うのか？：認知プロセスの分析

本田秀仁・鷲田祐一・須藤明人・粟田恵吾・植田一博

5.1 はじめに

　ビジネスにおいて，プロジェクトをどのように進めるべきか，また顧客に対してどのようなサービスを提供すべきかなどのアイデアを考える中で，未来を考えることは必須である。未来について洞察することはプロジェクトの成功や提供するサービスのクオリティにも深く関わると考えられる。しかしながら，未来に関する洞察力に富んだアイデアを考えることは決して容易ではない。

　本研究では，近未来（5～10年後）の社会変化について考えていく未来洞察手法を用いて，未来に関する洞察力に富んだアイデアを生み出す人と，そうではない人の間に存在する認知プロセスの差異について，心理実験を遂行し検討を行った。

5.1.1 未来洞察手法

　未来洞察手法とは，5～10年後の近未来の社会変化に関するアイデア生成の手法である（鷲田，2007）。この手法では，以下の手続きを踏み，近未来のアイデアを生成する。まず，最新の流行や技術を掲載している100から200の新聞，雑誌，web上の記事の流し読みを行い（スキャニング手法），現在の生活者の行動や習慣，文化的流行等を俯瞰する。そしてこれらの記事に基づいて，5～10年後の近未来の社会像についてアイデアを考えていく。

　この手法を用いた実務の発想支援ワークショップにおいて，生成されるアイデアが向上されることが示されている（鷲田・三石・堀井，2009）。またアメリ

カ国防兵站局においても未来洞察手法を活用した社会変化システムが運用されている（Schoemaker, Day, & Snyder, 2013）。このように，未来洞察手法は未来についてのアイデアを考える上で，有用な手法であることが示されている（スキャニング手法の詳細については第2章を参照）。

5.1.2 未来に関するアイデア生成の個人差

　心理学，また認知科学分野において人間の創造性に関する研究は非常に盛んなトピックである。中でも，創造性の高いアイデアを出すことが得意な人と，そうではない人の違いは頻繁に議論されており（e.g., Simonton, 2000, 2003），創造性に関する個人差は関心を集めている。

　未来洞察手法を用いたアイデア生成においても同様に個人差が存在すると考えられる。つまり，洞察力に富んだアイデアを生成する人と，そうではない人が存在する。この差異はどこから生まれるのであろうか。本研究では，この点について，未来洞察手法を用いて実験的に検討を行う。特に本研究では，以下に記す2つの仮説を検証する。

仮説1：未来につながるような"芽"に気付きやすいか否か

　まず1つ目の仮説が，洞察力に富むアイデアを生む人は，そうではない人に比べ，未来につながるような"未来の芽"の重要性に気付きやすい，ということである。アイデア生成に関する心理学的研究において，どのような情報を利用できるのか，という点がアイデア生成時に重要な要因になることが指摘されている（e.g., Brown, Tumeo, Larey, & Paulus, 1998; Nijstad & Stroebe, 2006）。この点を踏まえると，たとえば新たに開発された技術について，洞察力に富むアイデアを生む人は多くの人が気づかない有用な点等にいち早く気づき，その流行や普及を予測し，結果として未来に関して洞察力に富むアイデアを生成しているという可能性が考えられる。

仮説2：アイデアをまとめる際に多様な視点を持つか否か

　2つ目の仮説は，洞察力に富むアイデアを生む人は，アイデアをまとめる際に多様な視点を持って考えるということである。アイデア生成の心理学研究に

おいて，視点の多様性を操作することによって，より多様なアイデア生成につながることが示されている（Nijstad, Stroebe, & Lodewijkx, 2002）。また，清河・鷲田・植田・Peng（2010）は未来洞察手法を用いたアイデア生成に関する心理実験において，アイデア生成時に利用される情報の多様性が生成されるアイデアの質に影響を与える可能性を議論している。これらの知見を踏まえると，洞察力に富むアイデアを生成できる人は，そうではない人に比べ，アイデア生成時に多様な視点を持っている可能性が考えられる。

5.1.3 本研究の目的

本研究では，未来に関するアイデア生成の際に見られる個人差について，上で述べた2つの仮説の検討を行う。具体的には，未来洞察手法を用いた上で，未来に関するアイデア生成の心理実験を行った。本研究では上述の2つの仮説を検証するにあたり，以下のような実験を行った。まず，実験参加者として，洞察力に富んだアイデアを生み出す人としてエキスパート，そうではない人としてノンエキスパートを設定した。この2者の違いは，普段の業務において未来洞察手法を用いる会社員をエキスパート群，未来洞察手法を初めて行う会社員をノンエキスパート群とした。つまり，本研究では，エキスパートとノンエキスパートのアイデア生成における認知プロセスの違いを検討することにより，洞察力に富むアイデア生成に関わる要因について検討を行う。また，認知プロセスを検証するにあたり，本研究ではスキャニングの際に記事に対する印象について尋ね（詳細については方法で述べる），記事に対する評価，またこれがアイデア生成に与える影響について分析する。

5.2 方 法

5.2.1 実験参加者

エキスパート6名（男性5名，女性1名，$M\text{age}=44.2$, $SD\text{age}=7.91$），ノンエキスパート6名（男性4名，女性2名，$M\text{age}=42.5$, $SD\text{age}=5.50$）が実験に参加した。いずれも会社員であり，また年齢に有意な差が存在しないために（$t=0.423$, $df=10$, $p=.68$），未来洞察手法の経験の有無を除いては，2者間で業務経

表5.1 記事の印象評価の6項目

評価項目		評点					
A	ネガティブ	-2	-1	0	+1	+2	ポジティブ
B	げんなりする	-2	-1	0	+1	+2	わくわくする
C	使えない	-2	-1	0	+1	+2	使える
D	聞いたことがない	-2	-1	0	+1	+2	聞いたことがある
E	クールでない	-2	-1	0	+1	+2	クールである
F	気にならない	-2	-1	0	+1	+2	気になる

験や知識量に大きな差異はないと考えられる。

5.2.2 課題

実施した課題は前述の未来洞察手法を用いて，2025年ごろの日本の社会像に関するアイデアを生成することである．本研究では151記事のスキャニングを求めた．そして記事1つ1つのスキャニングの際，実験参加者は記事を読んだ印象として，表5.1に示す6項目について，3または5件法で回答を求められた．151記事のスキャニング後，実験参加者は記事を参考に，2025年ごろの日本の社会像について3つのアイデア（社会変化仮説）を生成することが求められた．具体的には，タイトル，その詳細，また参考にした記事内容について回答することが求められた（社会変化仮説の詳細については第2章を参照）．

5.2.3 手続き

実験者と実験参加者が1対1で実験は行われ，実験者の進行の下で課題は遂行された．スキャニング時は，B5用紙に記載された記事を実験者が実験参加者に渡し，参加者はスキャニングをして，記事の印象を口頭で回答した（e.g., すごくポジティブで使える内容だと思ったら，「A+2, C+2」と回答する）．151記事のスキャニング後，実験参加者は3つのアイデアを回答用紙（図2.12を参照のこと）に記述した．

スキャニング，アイデア生成を合わせた実験時間は約3時間であった．

5.3 結果・考察

5.3.1 生成されたアイデアの第三者評定

まず，エキスパートとノンエキスパートが生成したアイデアを第三者である有識者3名が評定を行い，生成されたアイデアにエキスパートとノンエキスパートで差異が存在しているかを検討した。アイデアの評定項目は，先行研究に基づき（Amabile, Barsade, Mueller, & Staw, 2005; Franke, von Hippel, & Schreier, 2006; Kristensson, Gustafsson, & Archer, 2004; Moreau & Dahl, 2005; 和嶋・鷲田・冨永・植田，2013），独自性（内容がどのくらい独自で面白いか），有用性（内容が未来の社会にとってどのくらい有用か），実現可能性（内容がどのくらい実現可能か）の3項目について5段階（5のほうが高い評価）で評定してもらった。各項目に対して3名の評価の一貫性を検討するために，ケンドールの一致係数を算出したところ，いずれの項目においても評価者間で評定が一貫していないという統計的証拠は存在しなかった。この点を踏まえ，以下では3名の評定値の平均値をアイデアの評価値として用いる。

図5.1にアイデアの評定の平均値を記す。独自性はエキスパートのほうが有

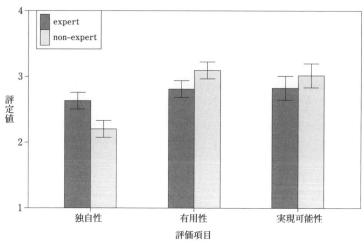

図5.1　各アイデアの評定の平均値（エラーバーは標準誤差）

意に高かった（$t=2.53, df=34, p<.05$）。一方で，有用性と実現可能性については ノンエキスパートのほうが高かったがいずれも有意差はなかった（有用性，$t=1.50, df=34, p=.14$; 実現可能性，$t=0.72, df=34, p=.48$）。この結果は，エキスパートは独自性の高いアイデアを生成する一方で，その有用性と実現可能性についても有意に低いわけではないことを意味する。よって，本研究で定義したエキスパートは，事前に仮定した通り，未来洞察手法を用いて洞察力に富むアイデアを生成していたと考えることができる。

5.3.2 仮説1の検証：記事に対する評価の分析

仮説1では洞察力に富むアイデアを生み出す人は，未来につながる"芽"に気づくことを予測する。たとえば，ノンエキスパートが"気にならない"という印象を持った記事に対して，エキスパートは"気になる"という印象を持つといったようなことが考えられる。つまり，エキスパートとノンエキスパートは記事に対して異なる印象を持ち，それが異なるアイデア生成に繋がっている可能性が考えられる。そこでエキスパートとノンエキスパートの記事評価の特徴について分析を行った。

記事に対して，個人間で大きく異なる印象を持つ可能性も考えられることから，まずエキスパート・ノンエキスパート内での印象評価の一貫性について分析を行った。ここでは，各記事における印象評価6項目それぞれの評価の方向が一致するか否か，という視点で分析を行った。たとえば，ある記事の項目Aに関して，全員が0以上（i.e., 全員がポジティブ，あるいはどちらでもないという評価），または0以下（i.e., 全員がネガティブ，あるいはどちらでもない）の評価を行っていた場合，評価は一致していると見なした。すなわち，評価の方向性にズレがない場合，評価は一致していると見なした（なお，項目Fについては，評価を0，または1・2の2カテゴリーと見なし，同じカテゴリーが4名以上いた場合，一致していると見なした）。

評価6項目について，151記事中の一致した割合を図5.2に記す。項目DとFについては，ノンエキスパートのほうが一致率は高かったが（$p<.001$, Fisher's Exact test），一致率自体は高い値を示しているので，記事評価に関してはエキスパート内，ノンエキスパート内それぞれにおいて大きな個人差は存在

第5章 未来に関するアイデア生成のエキスパートとノンエキスパートは何が違うのか？：認知プロセスの分析　　153

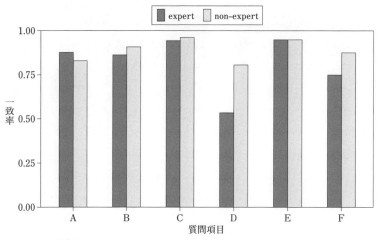

図5.2　6質問項目における，エキスパート・ノンエキスパート内の評価の一致率

していないことが明らかになった。

　この結果を踏まえ，次にエキスパートとノンエキスパート間の記事評価の一致性を分析する。ここでも，上で述べた一致性の基準を用いて分析を行った。具体的には，エキスパート6名，ノンエキスパート6名それぞれで評価が一致した記事を分析対象とした上で，その評価の方向性が一致しているか否かを分析した。たとえば，ある記事の評価項目Aに関してエキスパート6名はポジティブ方向での評価をしており，同様にノンエキスパート6名がポジティブ方向で評価していたら一致と見なすということである。評価6項目のエキスパート・ノンエキスパート間の評価の一致率を図5.3に記す。図から明らかなように，全体的に一致率は非常に高く，エキスパート・ノンエキスパート間で記事評価に大きなズレはなかった。

　以上，記事に対して持つ印象に関しては，エキスパートとノンエキスパート内で個人差はあまりなく，また同様にエキスパートとノンエキスパート間でも大きな差異は存在しないことが明らかになった。このことから，エキスパートとノンエキスパートでは記事に対して異なる印象を持つことを予測する仮説1は支持されなかった。

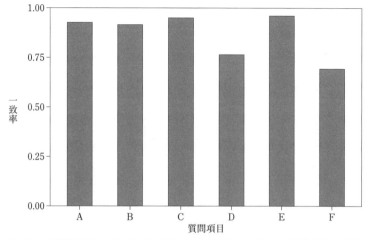

図 5.3　6 質問項目におけるエキスパート・ノンエキスパート間の評価の一致率

5.3.3　仮説 2 の検証：アイデアをまとめる際の視点の多様性の分析

　仮説 2 では，洞察力に富むアイデアを生み出す人は，多様な視点を持ってアイデアを生成していることを予測する。そこでエキスパートとノンエキスパートのそれぞれで，アイデアを生成する際に参考した記事間の多様性について分析を行った。

　まず，参考にした記事間の多様性を以下のように定義した。たとえば，参考にした記事 1 への 6 項目の評定値が $[2, 0, -1, 1, 0, 0]$，記事 2 の評定値が $[2, 1, 0, 1, 0, 0]$ であった場合，距離を

$$\sqrt{(2-2)^2+(0-1)^2+(-1-0)^2+(1-1)^2+(0-0)^2+(0-0)^2} = 1.41$$

とした。すなわち，評定値が似ていると値は小さくなり，異なると値は大きくなる。そして，参考にした記事間の距離の平均値を算出し，それをアイデア生成時の多様性の操作的定義とした。たとえば，3 つの記事，A，B，C を用いてアイデアを生成し，A-B，A-C，B-C 間の距離がそれぞれ 1.5，2，2 であった場合，その平均値 1.83 をアイデア生成時の多様性の指標と見なす。記事への評定値は記事に対する印象を意味することを踏まえると，印象の異なる記事

表5.2 参考にした記事数と記事間の多様性の関係についての分析で用いたデータ内容（表内の数値は架空の数値）

データ	実験参加者	参考にした記事数 （独立変数）	記事間の多様性 （従属変数）
1	エキスパート1	6	3.46
2	エキスパート1	4	2.66
3	エキスパート1	3	1.98
...	...	...	...
34	ノンエキスパート6	3	1.68
35	ノンエキスパート6	5	3.22
36	ノンエキスパート6	7	2.35

を参考にしてアイデアを生成している場合を多様な視点を持ってアイデア生成を行っているとここでは考える。

　記事間の多様性は用いた記事数によって変化する可能性が考えられるので，生成されたアイデアの多様性を従属変数，その際に参考にした記事数を独立変数とした回帰分析を実施した（分析に用いたデータの概要は表5.2を参照のこと）。なおこの分析の際，エキスパートとノンエキスパートで独立変数と従属変数の関係性の違いを分析するために，エキスパートとノンエキスパート間で切片と傾きが異なるマルチレベルモデルを仮定した。回帰分析の結果を図5.4に記す。エキスパートは参考にした記事数に関係なく，記事間の多様性は一定であった一方で，ノンエキスパートは参考にした記事数が増えると記事間の多様性が増すという関係が存在した。この結果は，エキスパートはアイデア生成時に，一定の多様な視点を持ってアイデアを生成している一方で，ノンエキスパートは参考にする記事数に依存して視点の多様性が変化していることを意味する。よってこの結果は，アイデア生成時の視点の多様性が洞察力に富んだアイデアを生み出す上で重要な要素になっていることを予測する仮説2と整合的な結果である。

　それでは，視点の多様性は生成されたアイデアの質とどのような関係があるのであろうか。もし仮説2が予測するように，視点の多様性が洞察力に富んだアイデアを生み出す上で重要な要素になっているのであれば，多様性が増すと

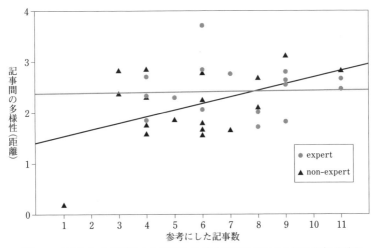

図 5.4　参考にした記事数と記事間の多様性を変数に用いた回帰分析の結果

アイデア評価が高まるという関係性が存在すると考えられる。そこで，参考にした記事間の多様性とアイデアの評定値の関係について分析を行った。具体的には記事間の多様性を独立変数，アイデアの評定値（独自性，有用性，または実現可能性のいずれか）を従属変数とする回帰分析を実施した（分析に用いたデータの概要は表 5.3 を参照のこと）。なお上の分析と同じように，エキスパートとノンエキスパート間で切片と傾きが異なるマルチレベルモデルを仮定した。回帰分析の結果を図 5.5 に記す。図からも分かるように，独自性については記事間の多様性が増えると評定値が高くなるという関係性が存在していた。つまり，仮説 2 が予測するように，洞察力に富んだアイデアを生成する上で，多様な視点が重要な要因として影響を与えていた。一方で有用性と実現可能性については，記事間の多様性との有意な関係性は存在しなかった。

　以上，エキスパートはアイデア生成の際に参考にする記事の間に一定の多様性が存在しノンエキスパートにはこのような傾向が見られなかったこと，また参考にする記事間の多様性が増えるとアイデアの独自性に関する評定値が高くなることが示された。これらは，洞察力に富んだアイデアを生成する上で，多様な視点を持つことが重要な要因になっていることを示しており，仮説 2 の予

表 5.3　記事間の多様性とアイデアの質の関係についての分析で用いたデータ内容（表内の数値は架空の数値）

データ	実験参加者	記事間の多様性 （独立変数）	アイデアの評定値 （従属変数）
1	エキスパート1	3.46	2.53
2	エキスパート1	2.66	1.5
3	エキスパート1	1.98	3.56
...	...	...	...
34	ノンエキスパート6	1.68	2.78
35	ノンエキスパート6	3.22	1.59
36	ノンエキスパート6	2.35	2.02

アイデアの評定値は，独自性，有用性，または実現可能性のいずれかである。

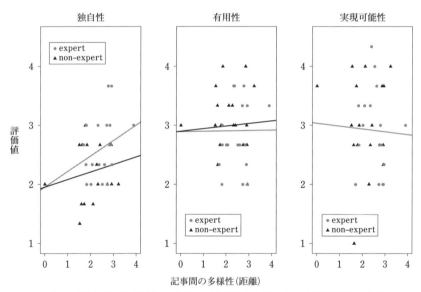

図 5.5　記事間の多様性とアイデアの評定値を変数に用いた回帰分析の結果
実現可能性については，切片・傾きの推定値がエキスパート・ノンエキスパート間で差異は無し。

測と整合的である．

5.4 結論

　本研究では，未来洞察手法を用いた上で，この手法のエキスパートとノンエキスパートの違いを分析し，未来に関する洞察力に富んだアイデア生成に関わる認知的要因の分析を行った．結果として，アイデアをまとめる際に多様な視点を持つか否かという点がエキスパートとノンエキスパート間の最も顕著な違いであり，また多様な視点を持って生成されたアイデアは独自性が高くなることが明らかになった．以上の結果から，洞察力に富んだアイデアを生み出す上で，多様な視点を持つことが重要な認知的要因として影響を与えている可能性が示された．

　本研究の知見は以下に記す3点において貢献があると考えられる．1点目として，未来洞察におけるエキスパートの認知的特徴を解明した点である．本研究の2つの仮説の検証結果からは，エキスパートの特徴として以下の点が挙げられる．まず，記事に対する評価の違いを予測する仮説1は支持されなかったことから，エキスパートは現在の生活者の行動や習慣，文化的流行に関して，特別な視点を持つ，あるいは評価を行っているわけでは必ずしもないということである．生成されたアイデアにはエキスパートとノンエキスパート間で差異があったことから，現在の生活者の行動や習慣，文化的流行の情報に対して特別な視点を持ち，評価を行うことでよいアイデアが生み出されるということではないと考えられる．もっとも，本研究におけるノンエキスパートは製品の開発等に関わる会社員で，本研究の参加者は全般的にこのような情報に敏感であった可能性がある．仮説1が支持されなかったのは，このことが理由の一つであると考えられる．一方で，アイデアをまとめる際の視点の多様性を持つか否かを予測する仮説2は支持されたことから，エキスパートがエキスパートたる所以は，表面上類似性が少ない記事，あるいは印象が異なる記事間に，ノンエキスパートが気づきにくい共通点を見出し，それに基づいてアイデアを生成しているという点にあると考えられる．

　2点目が創造的思考の認知・心理プロセスに関する研究への貢献である．本

研究では近未来に関するアイデア生成の際，エキスパートとノンエキスパートの違いは視点の多様性にあり，アイデアの質の違いはこの点から説明できる可能性が示された。先行研究では，創造的思考における重要な心理的要因として，拡散的思考の重要性が指摘されている（Guilford, 1982）。この点を踏まえると，本研究が明らかにした多様な視点を持つことが拡散的な思考に繋がり，結果として質の高いアイデアが生成されていた可能性が考えられる。つまり，エキスパートとノンエキスパートの違いの本質は拡散的思考ができるのか否か，という点にあると言えるのかも知れない。このように考えた時に，未来洞察においてより質の高いアイデアを生成に関わる心理的要因は，この課題独特のものではなく，他の創造的思考が求められる課題と同様のプロセスから説明できる可能性が考えられる。

　最後に3点目として，発想支援の方法に対する提案への貢献がある。未来洞察において，多様な視点を持つことで，より質の高いアイデアを生成できる可能性が考えられるために，ノンエキスパートにはこの点を中心にインストラクションを行うことが有効であることを本研究の知見は示唆する。ここでは，具体的な方法としては，直接的な介入法と間接的な介入法，2つの可能性について議論する。まず，直接的な介入法として，多様な視点を持つことを意識的に促進するような教示を行う，という方法が考えられる。たとえば，「アイデアを生成する際に，表面的に類似した記事は用いすぎない」，「一見すると関係がなさそうな記事でも類似している点が存在することもあるので，そのような記事を用いてアイデアを生成する」，また「印象が異なる記事を，アイデアを生成する際に用いるようにする」といったことを意識的に遂行してもらうことが一つの方法として考えられる。このような一見すると単純なインストラクションであっても，推論プロセスが変化する可能性が心理学の研究で指摘されていることから（e.g., Herzog & Hertwig, 2009），有効なインストラクションの方法をマニュアル化することで，エキスパートが持つような多様な視点をノンエキスパートに持たせることができる可能性がある。次に間接的な介入としては，スキャニングマテリアルの構成を工夫することである。たとえば，類似度が低い記事しかない場合，その中の記事を参考にしてアイデアを生成しなくてはならない。このような状況では多様な視点をもってアイデアを生成することが

"強制"されるとも考えられ，結果として多様な視点を持つことが促進される可能性がある。今後具体的に検証していく必要があるものの，発想支援の具体的な方法として本研究からはこれらの直接的，また間接的介入法が有効な手法であると考えられる。

謝　辞

本実験は，日立ソリューションズとの共同研究として実施された。また本研究の一部は，科学研究費補助金 No.25280049 の助成を受けている。ここに謝意を記す。

参考文献

Amabile, T. M., Barsade, S. G., Mueller, J. S., & Staw, B. M. (2005). Affect and creativity at work. *Administrative Science Quarterly*, **50**, 367-403.

Brown, V., Tumeo, M., Larey, T. S., & Paulus, P. B. (1998). Modeling cognitive interactions during group brainstorming. *Small Group Research*, **29**, 495-526.

Franke, N., von Hippel, E., & Schreier, M. (2006). Finding commercially attractive user innovations: A test of lead-user theory. *Journal of Product Innovation Management*, **23**, 301-315.

Guilford, J. P. (1982). Cognitive psychology's ambiguities: Some suggested remedies. *Psychological Review*, **89**, 48-59.

Herzog, S. M., & Hertwig, R. (2009). The wisdom of many in one mind: Improving individual judgments with dialectical bootstrapping. *Psychological Science*, **20**, 231-237.

清河幸子・鷲田祐一・植田一博・Peng, E. (2010). 情報の多様性がアイデア生成に及ぼす影響の検討　認知科学, **17**, 635-649.

Moreau, C. P., & Dahl, D. W. (2005). Designing the solution: The impact of constraints on consumers' creativity. *Journal of Consumer Research*, **32**, 13-22.

Nijstad, B. A., & Stroebe, W. (2006). How the group affects the mind: A cognitive model of idea generation in groups. *Personality and Social Psychology Review*, **10**, 186-213.

Nijstad, B. A., Stroebe, W., & Lodewijkx, H. F. M. (2002). Cognitive stimulation and interference in groups: Exposure effects in an idea generation task. *Journal of Experimental Social Psychology*, **38**, 535-544.

Schoemaker, P. J. H., Day, G. S., & Snyder, S. A. (2013). Integrating organizational networks, weak signals, strategic radars and scenario planning. *Technological Forecasting and Social Change*, **80**, 815-824.

Simonton, D. K. (2000) . Creativity: Cognitive, personal, developmental, and social aspects. *American Psychologist*, **55**, 151-158.

Simonton, D. K. (2003). Scientific creativity as constrained stochastic behavior: The integration of product, person, and process perspectives. *Psychological Bulletin*, **129**, 475-494.
和嶋雄一郎・鷲田祐一・冨永直基・植田一博（2013）．ユーザ視点の導入による事業アイデアの質の向上　人工知能学会論文誌，**28**, 409-419.
鷲田祐一（2006）．未来を洞察する　NTT 出版.
鷲田祐一・三石祥子・堀井秀之（2009）．スキャニング手法を用いた社会技術問題シナリオ作成の試み　社会技術研究論文集，**6**, 1-15.

第6章　ユーザー視点の導入による事業アイデアの質の向上[1)]

和嶋雄一郎・鷲田祐一・冨永直基・植田一博

6.1　はじめに

6.1.1　ユーザー視点とイノベーション

　企業が製品開発やサービスの開発を行う際には，それまでに展開されてきているものとは異なった，新しい価値を有した製品やサービスに結びつくアイデアを生成することが求められる．すなわち，いかにイノベーションを起こし，従来とは違う新たな製品やサービスを開発していくかということは，企業にとって大変重要な課題となっている（丹羽，2006）．

　これまでの研究では，イノベーションは企業の内部の人材（専門家や技術者），いわゆる供給側によってもたらされるとされてきた．しかし，供給側からではなく，ユーザー側からも新しく斬新なアイデアが生成されることが明らかになってきている．このようなユーザーイノベーションの有名な事例として，サランラップに関するエピソードがあげられる（旭化成webページより）．「ポリ塩化ビニリデンのフィルム」（のちのサランラップ）は元々軍用として，銃や弾丸を湿気から守るための包装フィルムに利用されていたが，戦後は，特に用途が見つからない技術であった．ある日，フィルム製造メーカの職長2名の妻がフィルムに包んだレタスをピクニックに持っていったところ，新鮮さが保たれていたため大変な評判になり，そこから食品用フィルムとしてのサランラップが

---

1) 本章は，和嶋雄一郎・鷲田祐一・冨永直基・植田一博（2013），ユーザー視点の導入による事業アイデアの質の向上，人工知能学会論文誌，**28**(5), 409-419. をもとに加筆・修正を行った．

作られた（それらの職長の妻の名前が，サラとアンであったため，「サランラップ」と名付けられた）。

　イノベーションとユーザーの関係性について Allen (1977) は，技術者と市場（ユーザー）間の情報伝達者（ゲートキーパー）の重要性を指摘している。Allen (1977) は，新しい技術や製品をユーザーに提供するだけではなく，ユーザーの要求などを技術者に伝えることのできる，技術の知識とユーザー視点を持ったゲートキーパーという存在がイノベーションをもたらすことを主張している。また，von Hippel (1988) は，技術的に斬新で，かつ商業的に成功した理化学機器の最初の開発と重要な改良のアイデアのほとんどは，それらの機器を実際に使用していたユーザーによって生み出されていることを突き止めた。von Hippel (1988) は，こういったゲートキーパーの様な役割を果たす先進的なユーザーをリードユーザー（lead user）と呼び，アイデアの源泉が，製品開発者・研究者に代表される供給側ではなくユーザー側にある可能性を示した。加えて，鷲田（Washida, 2005; 鷲田, 2008）は，携帯電話やスポーツ用多目的車などにおいて，商品・技術の新しい使い方・新しい価値についてのアイデアを生活者であるユーザーが意識的・無意識的に創造していることを明らかにしている。

　実際にユーザーの視点を取り入れて新製品の開発を行っている例も見られる。Lilien (2002) では，3M 社の協力の下，同社のアイデア創造プロジェクトから生まれた製品コンセプトについて事例調査が実施された。その結果，3M 社の従来の商品開発プロジェクトにおいて技術者のアイデアから生まれた商品コンセプトよりも，リードユーザーのアイデアによる製品コンセプトの方が独自性があり，高い売り上げに結びつくと予想されており，さらに，追加的な製品改良に留まらない，新しい製品ラインを構成するものと評価されていることが示された。また，Dell では，Idea Storm と呼ばれるサイトが運営されており，ネットを利用してユーザーが製品の改良や新しい製品のアイデアを提案できるようになっている。同様に，無印良品では，ソファーやポータブルランプなど一部の新しい製品が，ユーザーによって提案されたアイデアをベースに開発されており，そのデザイン性や性能が高く評価されている。そのほかにも，adidas, BBC, BMW, Boeing, Ducati などが同じようにユーザーのアイデア

を商品開発に利用している (Sawhney, 2005; Ogawa, 2006; Piller, 2006; Berthon, 2007; Fuchs, 2011)。これらの企業におけるユーザーを製品開発に参加させる取り組みは，特定の製品に対して高い興味を持つユーザーや積極的に製品の開発に関わろうとしているユーザー，いわゆるリードユーザーを対象にして行われている。すなわち，リードユーザーに企業側からアプローチし，技術に関する情報の提供を行って，リードユーザーを様々な形でサポートしながらアイデア生成を行わせている。つまり，リードユーザーに技術的なサポートをすることで，ゲートキーパーのような存在にし，アイデア生成を行わせる手法だと解釈できる。

このように，ユーザー視点が新しく独自性のあるアイデアをもたらすことを報告した研究は上記にあげた例以外にも数多く存在する。一方，専門家や技術者のアイデアは，ユーザーのアイデアに比べて，独自性が低くなることが知られており (Kristensson, 2004)，多くの技術者が関わる企業内での製品アイデア生成では，独自性が低いアイデアが生成される傾向にある。したがって，企業において独自性の高いアイデアを生成するには，アイデア生成時にユーザー視点をいかにして反映させるかが重要になってくる。

6.1.2 アイデア生成方法の工夫

しかし，企業における製品開発のためのアイデアを生成する際に，常にユーザーを直接参加させるというのは現実的ではない。そこで生成されたアイデアは，その企業の今後の方向性を決定づけるような重要なアイデアとなる可能性があり，機密性の高い情報となり得る。このようなアイデアが社外に流出するようなことが起これば，企業は大きな損害を受けることになる。ユーザーをアイデア生成に直接参加させるということは，ユーザー視点を導入できるという利点の裏に，情報漏洩というリスクを抱えていると言える。

それでは，ユーザーをアイデア生成に直接参加させることなく，ユーザー視点を反映したアイデアを生成する方法は存在しないのであろうか。その可能性を検討するため，本研究ではアイデアの生成手法の一つとして本書で焦点を当てている未来洞察手法に着目した (鷲田, 2007)。この方法は，生活者像が反映された近未来予兆のステートメントである社会変化仮説を複数作成すると同時

に，現在の産業・技術視点から考えられる発展の可能性を記した未来イシューを複数作成する。そして，この社会変化仮説と未来イシューをそれぞれ掛け合わせて，未来の社会変化を想定した新しい事業を強制発想させる（社会変化仮説と未来イシューを掛け合わせ，そこから強制発想してアイデアを生成させる方法は，インパクトダイナミクスと呼ばれる）。

鷲田ら（2009）は，未来洞察手法を用いた実務の発想支援ワークショップにおいて，科学技術の発展と社会変化の関係性を考慮に入れたアイデア生成を行わせた。その結果，専門領域同士の相互依存性やその外部性要素がうまく取り込まれたアイデアの生成が行われたことを報告している。また，アメリカ国防兵站局では，この未来洞察手法を使用した社会変化予測システムが運用され，物資の調達や配送の方針を考える際に利用されている（Schoemaker, 2013）。

本研究では，ユーザーをアイデア生成に直接参加させることなく，ユーザー視点を取り入れたアイデア生成を可能にするために，この未来洞察手法における未来イシューの作成方法に特に着目した。未来洞察手法においては，社会変化仮説と未来イシューを用いたインパクトダイナミクスによって事業アイデアを生成する。その際に用いられる未来イシューは，文字通り「技術の発展」のシナリオであるため，技術情報を正しく理解している（理解できる）技術者にその作成が依頼されることが多かった。そのため，従来の未来洞察手法では，未来イシューは技術者視点で作成されたものが利用されていた。それに対して本研究では，従来の技術者視点の未来イシューではなく，ユーザー視点の未来イシューを与えることを考えた。技術情報を正しく理解でき，かつユーザーの視点を持つゲートキーパーやリードユーザーが未来イシューを作成すれば，ユーザー視点の未来イシューをワークショップ参加者に提供することが可能になる。未来イシューにユーザー視点が反映されていれば，インパクトダイナミクスによって生成されるアイデアにもユーザー視点が反映され，独自性の高いアイデアが生成される可能性があると考えられる。また，ワークショップ実施者側がまとめる未来イシューはワークショップ開催前にワークショップ参加者以外によって作成される。この未来イシューを作成するにあたり利用される情報は，すべてが公開されている情報であるため，その情報には機密事項は存在しない。加えて，未来イシュー作成者は，ワークショップに参加することがない

第6章 ユーザー視点の導入による事業アイデアの質の向上　　　167

ため，ワークショップにおいて生成されたアイデアに触れることはない。つまり，未来イシュー作成者はアイデア生成に関わる機密事項に一切触れることはない。したがって，この未来イシューの作成にユーザーを参加させることに関しては，情報漏洩というリスクは存在しないことになる。

つまり，未来洞察手法でのインパクトダイナミクスに使用する未来イシューをユーザー視点で作成することによって，「情報漏洩リスクの回避」と「ユーザー視点の導入」を同時に行うことが可能になり，その結果，企業におけるアイデア生成においても，独自性の高いアイデアが生成されることが期待できる。そこで本研究では，未来洞察手法において，ユーザー視点を含む未来イシューと含まない未来イシューとで，生成される事業アイデアの質に差が生じるのかどうかを分析し，事業アイデア生成におけるユーザー視点の効果を示す。

6.2　ユーザー視点を導入したアイデア生成

6.2.1　未来洞察手法を用いたワークショップ

本章では，まず本研究で用いられたワークショップの手続きについて述べる。次に，ユーザー視点・技術者視点での未来イシューの作成方法について述べ，続いて，ワークショップで生成されたアイデアの第三者評定の方法と，ワークショップ参加者に対して実施した事後アンケートについて述べる。なお，本ワークショップは，実際の企業での新規事業ビジョン策定が目的のため，関係者全員に対し守秘義務契約を結んだ上で実施された。そのため，ワークショップで生成されたアイデアの内容は公表できない。したがって本章では，公表が許されたアイデアの評定値を用いて分析，検討を行った。

本研究では，未来洞察手法を利用してワークショップを行い事業アイデアの生成を行わせた。ワークショップには企業から22名が参加し，「2020年アジア向けスマートシティ研究開発ビジョニング」というタイトルで開催された。ワークショップでは，2020年にスマートシティによって実現される社会像（ビジョン），ビジネスモデル，その実現に向けた課題を考え，2020年のアジアにおけるスマートシティの新規事業アイデアを作成した。参加者は，3～4名からなるチームに分けられ（合計6チーム），チームを単位として事業アイデアを

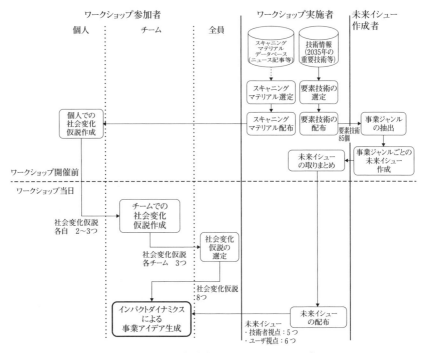

図 6.1　未来洞察手法によるワークショップ

生成した．未来洞察手法では，社会変化仮説と未来イシューを用意し，それらを利用したインパクトダイナミクスによって事業アイデアを生成する．具体的には，以下の手順で事業アイデアの生成を行わせた（図 6.1）．

　　作業 1　個人での社会変化仮説の作成（個人作業）
　　作業 2　チームでの社会変化仮説の作成（チーム作業）
　　作業 3　社会変化仮説の共有と，利用する社会変化仮説の選定（全体作業）
　　作業 4　インパクトダイナミクスによる事業アイデア生成（チーム作業）

　はじめに，ワークショップ参加者それぞれに社会変化仮説を作成してもらった．

第6章 ユーザー視点の導入による事業アイデアの質の向上　　　169

スキャニング・マテリアルとして，ワークショップ実施者側であらかじめ選定したものを参加者に配布する．本ワークショップでは，参加者には事前に実施者側で選定した143個のスキャニング・マテリアルを配布した．参加者は，すべてのスキャニング・マテリアルに目を通し，いくつかのスキャニング・マテリアルを組み合わせて，個人ごとに2～3個の社会変化仮説を考えた．さらに，個人で作成した社会変化仮説をワークショップ時に持ち寄って議論を行い，チームごとに3つにまとめてもらった．

次に，ワークショップ参加者全員で，チームごとに作成した社会変化仮説を共有した．その社会変化仮説の中から，ワークショップ参加者全員で，インパクトダイナミクスで使用する社会変化仮説を8つ選んだ．

最後に，選ばれた社会変化仮説とワークショップ主催側で用意した未来イシュー（詳細は後述）を用いたインパクトダイナミクスによって，2020年のスマートシティの新規事業ビジョン策定，ならびにそのような新事業が未来社会に及ぼす影響についての事業アイデアを生成してもらった．

ワークショップ終了時に，ワークショップ参加者に対して，今回のワークショップについての事後アンケートを実施した．

6.2.2　ユーザー視点・技術者視点の未来イシュー

未来イシューの作成手順

未来イシューは，現在提案されている技術から考えられる発展の可能性を記したもので，インパクトダイナミクスによってアイデアを生成する際に技術的な側面についてのベースとなる情報を与えるものである．この未来イシューはワークショップ実施者側で事前に用意され，ワークショップ当日に参加者に提供される．未来イシューは，ワークショップのテーマに関連する技術情報を適切に理解できる人物に作成を依頼する．通常，未来イシューの作成では，はじめにワークショップ実施者側が「技術情報（要素技術）の選定」を行う．次に未来イシュー作成者に「事業ジャンルの抽出」を行ってもらった後，未来イシューの作成を行ってもらう．

要素技術の選定

　未来イシューを作成する際に，何もない状態から未来イシューを考えることは，作成者に大きな負担を与えることになる．その負担を軽減するために，あらかじめワークショップ実施者側で，ワークショップのテーマに関連する技術情報を選定しておき，それを未来イシュー作成者に与える．未来イシュー作成者に与えられる技術情報は，一般に公開されている技術情報から，ワークショップのテーマに関連したものを選び出し，その中に含まれている技術領域を列挙したものである（これを要素技術と呼ぶ．要素技術の例については付録Aを参照）．要素技術は，ワークショップ実施者側の数名でできるだけ多く（100個前後が目安）選定し，未来イシュー作成者に与えられる．

事業ジャンルの抽出

　未来イシュー作成者には，はじめに，与えられた要素技術について，技術が発展していく上で関わり合いが深くなると考えられる要素技術を組み合わせて今後のサービスや事業を考えてもらう．要素技術の組み合わせで形作られるサービスあるいは事業を，以下では事業ジャンルと呼ぶ．

未来イシューの作成

　次に，事業ジャンルごとに１つの未来イシューを作成してもらう．事業ジャンルごとにそこに含まれる要素技術をもとにして，「これらの要素技術がこうなっているのだから，近い未来はこうなるはずだ．」といった形で未来イシューを作成してもらう．未来イシューは，「背景」，「具体的な生活者像」，「必要とする技術」，「展開されるビジネス」，「フラクチャーポイント（このシナリオが成立するために必要不可欠なブレイクスルー）」の５つの視点で考えてもらい，それぞれを１個の項目として文章化してもらう．複数人で未来イシューの作成を行う際には，まず全員で事業ジャンルの抽出を行う．その後，事業ジャンルごとに担当者を１名決め，個別に未来イシューの作成を行う．完成した未来イシューについては意見の集約などは行わず，各人が作成した未来イシューを単純に束ねたものをワークショップで利用する．作成者の負担を考え，技術発展シナリオの作成は複数人で行われることが多い．

第6章　ユーザー視点の導入による事業アイデアの質の向上　　　　171

ユーザー視点・技術者視点での未来イシュー作成方法

　これまでの未来洞察手法を用いたワークショップでは，要素技術を適切に理解できる技術者に未来イシューの作成を依頼していたため，技術視点の未来イシューを利用していたと言える。本研究では，未来イシューにユーザー視点が取り込まれていれば，インパクトダイナミクスでのアイデア生成過程において，技術者視点だけで作られた未来イシューを用いる場合とは別の要素が与えられ，結果的に，生成されるアイデアにも別の評価がなされると仮定し，ユーザー視点による未来イシューと技術者視点による未来イシューのそれぞれによるインパクトダイナミクスの結果を比較した。

　ユーザー視点の未来イシューの作成は，ユーザーの視点を持つだけではなく，要素技術を適切に理解できる人に依頼する必要がある。そこで，この条件を満たす人物，いわゆるゲートキーパーもしくはリードユーザーと思われる人に作成を依頼した。具体的には，スマートシティに関連する技術を理解することのできる知識を持ち，加えて社会とユーザー動向のいずれも理解した上で事業主視点をもった人（経営学と組織論を専門とする研究者1名）に未来イシューの作成を依頼した。本研究で実施したワークショップのテーマでのユーザーとは，スマートシティで生活する人々を意味する。そのため，スマートシティに関する技術や情報が理解できることに加えて，コミュニティ問題に関しての実践的な知識と経験を持ち，さらに，そのサービスをコミュニティでどのようにマネージするのかという視点を持つ人物に未来イシューの作成を依頼するのが適当と考えられる。そのため，経営学と組織論を専門とする研究者にユーザー視点の未来イシューの作成を依頼した。

　これに対して，技術者視点の未来イシューは，実際の企業においてICTの技術者として製品開発を行っている4名に作成を依頼した。

　以降，前者をユーザー視点の未来イシュー，後者を技術者視点の未来イシューと呼ぶ。

　本研究で実施したワークショップにおいては，ワークショップ実施者側の3名が，現在提案されている近未来に対する技術情報の資料（未来工学研究所の「2035年の科学技術」（文部科学省科学技術政策研究所・未来工学研究所，2005）から関連する85個の要素技術を選定し，それを未来イシューの作成者に与えた。

未来イシュー作成者（経営学と組織論を専門とする研究者ならびに ICT 技術者）には，与えられた要素技術を組み合わせて事業ジャンルを作成してもらった後，事業ジャンルごとに未来イシューを作成してもらった．その結果，技術者視点の未来イシューが5つ，ユーザー視点の未来イシューが6つ作成された．技術視点の未来イシューの作成では，事業ジャンルの作成は ICT 技術者4名で行い，その後事業ジャンルごとに担当者1名を決め，個々に技術発展シナリオを作成した．したがって，ユーザー視点・技術視点のどちらも，1つの未来イシューを担当者1名が単独で作成している．そのように作成された技術発展シナリオを単純に束ねて，技術発展シナリオとした．

本研究では，インパクトダイナミクスで使用する未来イシューの違いによって，チームを2つに分けワークショップを実施した．Aグループには技術者視点の未来イシューを，Bグループにはユーザー視点の未来イシューを与え，インパクトダイナミクスよる事業アイデア生成を行わせた（なお，インパクトダイナミクスに用いた社会変化仮説は A, B グループともに同じものである）．

6.2.3 アイデアの第三者評定

Aグループ（技術者視点の未来イシューが与えられたグループ：3チーム合計11名），Bグループ（ユーザー視点の未来イシューが与えられたグループ：3チーム合計11名）のそれぞれが作成した社会変化仮説と事業アイデアを，マーケティング実務者4名，有識者4名（情報工学，都市計画，イノベーション，経営の各分野の専門家）の合計8名に評定してもらった．評定項目は，心理学や社会心理学の関連研究のレビューから生成され，かつアイデアを評定する観点として多くの先行研究で用いられている，独自性，有用性，実現可能性の3つとした（Amabile, 2005; Franke, 2006; Kristensson, 2004; Moreau, 2005）．

・独自性：内容がどのくらい独自で面白いか
・有用性：内容が未来の社会にとってどのくらい有用か
・実現可能性：内容がどのくらい実現可能か

評定は，5がもっとも評定が高く（独自性，有用性，実現可能性のそれぞれが

高く)，1がもっとも低くなるように，1〜5の5段階で行ってもらった。そして，AグループとBグループとで，それぞれが作成したアイデアに対する評定の平均を比較した。

6.2.4　事後アンケート

　チームでアイデア生成を行う場合，メンバー同士でどれぐらい同調・合意して議論が進められているかが，また，議論しているアイデアに対するメンバー自身の評価が，生成されるアイデアの質に影響を与えることが知られている(Stroebe, 1994)。与えられた未来イシューの違いによって，メンバーの合意度，アイデアに対する評価に差があった場合，生成されたアイデアの質に影響を与える可能性がある。そこで，第三者によるアイデア評定に加えて，ワークショップ参加者（Aグループ11名，Bグループ11名，合計22名）に対して事後アンケートを実施し，AグループとBグループの結果を比較することで，与えられた未来イシューの違い（技術者視点かユーザー視点か）による，メンバーの合意度，アイデアに対する評価の違いを分析した。アンケートでは，事業アイデアを生成する際のチーム作業に関して，以下の4項目を回答してもらった（1〜5の5段階，数字が高いほど当てはまることを意味する)。

- Q1：本日のご自分のチームで作ったアイデアは，チームメンバー全員が合意して作られたと思いますか。
- Q2：本日のアイデアを作る議論全体は，あなたにとって満足でしたか。
- Q3：本日ご自分のチームで作ったアイデアを，あなたは面白いと思いますか。
- Q4：本日ご自分のチームで作ったアイデアを，あなたは現実味があると思いますか。

　それぞれの質問は，ワークショップ参加者が感じた，Q1：合意度，Q2：満足度，Q3：アイデアの面白さ，Q4：アイデアの現実味，についての測定項目となっている。

6.3 評定結果

6.3.1 社会変化仮説

社会変化仮説に関しては，1チーム当たり3個，合計18の社会変化仮説が出された．Aグループの9個の社会変化仮説，Bグループの9個の社会変化仮説についての評定結果を表6.1に示す．独自性，有用性，実現可能性のそれぞれの評定値の評定者間の一致度を調べるために，ケンドールの一致係数Wを計算したところ，独自性で0.377，有用性で0.357，実現可能性で0.331という数値が得られ，いずれも0.1％水準で有意であった．このことから，いずれの評定項目においても，評定者による評定の違いはなかったと言える．

独自性，有用性，実現可能性のそれぞれの評定値について，グループ間で差があるかどうかを検定した（なお，データ数が少ないため，ノンパラメトリックの検定であるU検定を実施した）．表6.1に示した通り，独自性，有用性，実現可能性のいずれにもグループ間で有意な差は見られなかった．

社会変化仮説の作成は，未来イシューが与えられる前に実施されている．つまり，AグループとBグループが同じ条件で作成していることになる．独自性，有用性，実現可能性の評定にグループ間の差がみられなかったことから，両グループのワークショップ参加者のアイデア生成の能力に差はなかったと考えられる．

6.3.2 事業アイデア

インパクトダイナミクスによって生成された事業アイデアに関しては，Aグ

表6.1 社会変化シナリオに対する評価

	グループ平均 (SD)		U値 (p値)
	A	B	
独自性	3.03 (0.67)	2.64 (0.55)	51.0 (.37)
有用性	3.39 (0.30)	2.96 (0.73)	52.0 (.33)
実現可能性	3.35 (0.57)	3.19 (0.60)	47.5 (.56)

表6.2 事業アイデアに対する評価

	グループ平均 (SD)		U値 (p値)
	A	B	
独自性	2.44 (0.40)	2.98 (0.58)	21.5 (.032)
有用性	3.38 (0.28)	2.99 (0.87)	59.5 (.464)
実現可能性	3.51 (0.31)	2.81 (0.54)	86.5 (.003)

ループは9アイデア(チーム当たり3アイデア),Bグループは11アイデア(チーム当たり3〜4アイデア)が出された。独自性,有用性,実現可能性のそれぞれの評定値の評定者間の一致度を調べるために,ケンドールの一致係数Wを計算したところ,独自性で0.246,有用性で0.394,実現可能性で0.299という数値が得られ,いずれも0.1%水準で有意であった。このことから,いずれの評定項目においても,評定者による評定の違いはなかったと言える。

独自性,有用性,実現可能性のそれぞれの評定値について,グループ間で差があるかどうかを調べるためにU検定を行った(表6.2)。その結果,独自性に関しては,Aグループ(2.44)よりもBグループ(2.98)の方が,評点が有意に高かった($p=.032$)。また実現可能性に関しては,逆にAグループ(3.51)の方がBグループ(2.81)よりも有意に高かった($p=.003$)。

この結果は,ユーザー視点の未来イシューに基づいて考えたBグループのアイデアは独自性が高かったのに対して,技術者視点の未来イシューに基づいて考えたAグループのアイデアは実現可能性が高かったことを示している。この結果から,ユーザー視点が加わることでアイデアの独自性が高くなるということが示唆された。

6.3.3 事後アンケート

グループごとの各質問に対する平均点は表6.3のようになった。また,グループ間での各質問に対する回答に差があるかどうかを調べるためにU検定を行った(表6.3)。

Q1の合意度とQ2の満足度に関しては,両グループともに高い評価となり,どちらの質問でもグループ間には統計的に有意な差は見られなかった。また,

表 6.3 事後アンケート結果

	グループ平均 (SD)		U 値 (p 値)
	A	B	
Q1. 合意度	4.28 (0.62)	4.64 (0.48)	42.0 (.28)
Q2. 満足度	3.91 (1.00)	4.10 (0.51)	56.5 (.80)
Q3. アイデアの面白さ	3.73 (0.75)	4.55 (0.50)	26.0 (.023)
Q4. アイデアの現実性	3.55 (0.50)	3.10 (0.67)	82.0 (.18)

Q4 のアイデアの現実性に関しても，グループ間に統計的に有意な差は見られなかった。Q3 のアイデアの面白さに関しては，B グループ (4.55) の方が A グループ (3.73) よりも統計的に有意に高い回答となっていた ($p=.023^*$)。この結果から，ユーザー視点の未来イシューを与えることによって，アイデア作成者自身が面白いと感じるアイデアを生成できていたことが示唆された。

6.4　総合考察

6.4.1　ユーザー視点導入の効果

　社会変化仮説の独自性，有用性，実現可能性に関しては，グループによる差は認められなかった。このことは，創造的な（独自なあるいは有用な）アイデアを生成する能力の点では，グループによる差がなく，その点で各チームがほぼ等しく構成できていたことを示唆する。一方，インパクトダイナミクスによる事業アイデア生成に関して言えば，独自性については，A グループよりも B グループの方が，評定値が有意に高かったのに対して，実現可能性については，逆に B グループよりも A グループの方が，評定値が有意に高かった。つまり，ユーザー視点の未来イシューに基づいて考えた B グループのアイデアは独自性が高かったのに対して，技術者視点の未来イシューに基づいて考えた A グループのアイデアは実現可能性が高くなった。このことは，実現可能性にあまり捉われずにアイデアをより独自性の高いものにするには，アイデアを考える際にベースとなる情報にユーザー視点を導入することが効果的なことを示唆している。また，事後アンケートの結果から，ユーザー視点の未来イシューが与

えられた方が自分の生成したアイデアをより面白いと評価していることがわかった。

アイデア評定の結果ならびにアンケート結果の両者より，ユーザー視点で作成された未来イシューを用いた方が，アイデアの独自性が高く，かつ面白いと感じられるものになり，技術者視点で作成された未来イシューを用いた方が，アイデアの実現可能性が高くなる可能性が示唆された。

これは，アイデア生成を始める前の技術周辺情報の整理の仕方やその内容が，生成されたアイデアの評価に影響する可能性を示したと言える。アイデアを考える際に利用される情報（いわば，アイデア生成のための入力）を変えるだけで，生成されたアイデア（いわば，アイデアという出力）の質が変化し得ることを示した点に，本章の大きな貢献があると考えられる。では，アイデアを考える際に利用される情報の違いは，アイデア生成にどのような影響を与えているのであろうか。以降では，「議論の方向性」，「未来イシュー作成における視点の違い」に着目し，アイデアを考える際に利用される情報の違い（技術者視点とユーザー視点で作成された情報の違い）がもたらす影響を考察していく。

6.4.2 議論の方向性の分析

ここでは，技術者視点が与えられた場合と，ユーザー視点が与えられた場合とで，ワークショップで実際に行われた議論の視点や方向に違いが見られるかどうかについて分析した。

アイデア生成における議論の性質に関しては，大きく分けて「収束的な議論」と「拡散的な議論」の2つがあるとされている（Guilford, 1967）。収束的な議論においては，アイデア生成を行う際に，提示されている数多くある情報をまとめる行為が中心となる。製品を完成させるためには，高いレベルの技術やその知識が必要になるため，収束的な議論を行うことで，それらの技術や知識の集約と整理が促進され，信頼性の高い製品の開発が可能になるというメリットがある（Vincenti, 1990）。そのため，製品の信頼性を重視しがちである技術者は収束的な議論を行いやすいと考えられる。しかし，そういった技術者視点からの収束的な議論は，視野を狭め，他の可能性に目を向けるという行為の妨げになるという報告もある（von Hippel, 1994）。一方，拡散的な議論や思考は，

ブレインストーミングなどで用いられる考え方で，数多くのアイデアを手当たり次第ひねり出すような議論や思考である。

様々な視点を組み合わせることによって，今まで考えを巡らしていなかったような広い視野からアイデアを生成することが可能になる。技術者とユーザーのアイデア生成プロセスに関して，技術者は今ある技術的な情報について関係性の高いものを組み合わせてアイデアを生成しているのに対して，ユーザーは今ある技術的な情報の関係性にはあまり注目せず，関係性の低い情報についても考慮する傾向があることが指摘されている（Kristensson, 2004）。

これらを考え合わせると，技術者視点でのアイデア生成では，これまでの情報をまとめるような収束的な議論が起こりやすく，また，ユーザー視点のアイデア生成では，新しい視点が積極的に取り入れられることによって拡散的な議論が起こりやすいと考えられる。

そこで，事業アイデア生成のチーム作業に関して，そこで行われた議論がどのようなものであったかについて，独立の観察者に観測してもらった。観察者は，会話分析の経験を持つ心理学・認知科学の6名の研究者とし，各チームに1名配置した。観察者には，議論の方向性に関するチェックシートとストップウォッチを配布した。観察者は，それぞれのチームがアイデア生成の議論を行うテーブルの横（チーム全員の声が聞こえる距離）に座り，観測者それぞれがストップウォッチで時間を確認しながら，5分ごとにその時間での「議論の拡散・収束」，「議論の方向性」，「議論の変化」の3点について評価を行い，チェックシートに記入していった。以下がチェックシートの記入項目となる。

議論の拡散・収束

その時間帯の議論では，主に，
- α：トピックやアイデアが増加していた
- β：トピックやアイデアが減少していた
- γ：トピックやアイデアに変化がなかった，あるいは上記のどちらとも判断しがたいものだった

議論の方向性

その時間帯の議論は，主に，

$α$：「それでその後どうなるか？＝So what?」だった
　　$β$：「なぜそうなのか？＝why?」だった
　　$γ$：上記のどちらとも判断しがたいものだった
議論の変化
その時間帯の議論は，主に，
　　$α$：それまでの議論から大きく変化した
　　$β$：それまでの議論の延長であった
　　$γ$：上記のどちらとも判断しがたいものだった

　なお，Aグループの1つのチームでは，途中20分ほどチーム内で2つに分かれて議論を行っていたため，その間の議論は分析対象としなかった。ここでは，それぞれの$α$と$β$の比率が分かりやすくなるように，観測された$α$と$β$の値を用いて$α/(α+β)$を計算し，グループ間で比較した。これらの値は，議論の拡散・収束に関しては大きいほうが議論が発散している（アイデアが増加している）時間が多かったということ（議論の拡散指数），議論の方向性に関しては「その後どうなるのか」という方向に議論が進んでいる時間が多かったこと（議論のSo What指数）になり，議論の変化に関しては議論の流れに変化が起こった時間が多かったこと（議論の変化指数）を示している。
　議論の拡散指数に関しては，Aグループが0.47だったのに対して，Bグループは0.62，議論のSo What指数は，Aグループが0.41，Bグループは0.78，議論の変化指数はAグループ0.39，Bグループ0.34となった（表6.4）。両グループ合わせて6チームであり，統計的な検定は難しいため値の定性的な比較にとどまるが，最も特徴的だったのは，議論のSo What指数がAグループよりもBグループでかなり高くなったことである。また，議論のSo What指数

表6.4　議論の方向の分析

	A	B
拡散指数	0.47	0.62
So What 指数	0.41	0.78
変化指数	0.39	0.34

ほどの差は見られなかったが，議論の拡散指数についても同様にBグループの方が高かった。

以上より，議論が拡散し，「なぜそうなのか？＝why?」という事実の原因を問うよりも「それでその後どうなるか？＝So what?」という未来の可能性を考える局面は，AグループよりもBグループで高いことが伺える。この結果は，技術者視点の未来イシューを与えられるよりも，ユーザー視点の未来イシューを与えられた方が拡散的な議論が起こっていたことを示唆している。事業アイデアの評定結果と事後アンケートの結果によって示された，第三者から見てもアイデア生成者自身から見てもBグループの方が独自性の高いアイデアを生成しているということを考え合わせれば，与えられたユーザー視点の未来イシューの影響によって，チームでの議論にユーザー視点が加わり，ユーザーの思考傾向である拡散的な議論や思考が促進され，様々な未来の可能性が議論された結果，より独自性の高いアイデアが生成されたと推察することができるだろう。

6.4.3 未来イシューにおける視点の違い

本研究では，インパクトダイナミクスにユーザー視点で作成された未来イシューを用いることで，生成される事業アイデアの独自性が高まることを示した。ここでは，技術者視点とユーザー視点の未来イシューにどのような違いがあったのかを，実際に作成された未来イシューの内容と，未来イシューの作成時の考え方を比較して分析していく。

未来イシューの内容の違い

未来イシューには，「背景」，「具体的な生活者像」，「必要とする技術」，「展開されるビジネス」，「フラクチャー・ポイント」の5つの項目がある。技術視点とユーザー視点の未来イシューを比較すると，「具体的な生活者像」に顕著な違いが見られた（付録B）。たとえば，技術者視点の未来イシューの具体的な生活者像には，「…任意の条件で検索することができる」，「…日常的なサービスを受ける」，「…供給元を動的に選択できるようになる」，「…インターネットを経由して享受できるようになる」といった記述が見られた。技術者視点で

第6章　ユーザー視点の導入による事業アイデアの質の向上　　　　181

は，「新しいサービスが与えられ，利用できるようになる」という点から生活者像を記述していることがわかる。一方，ユーザー視点の未来イシューの具体的な生活者像では，「…すべての生活者にとって社会基盤の整備は大きな問題である」，「…安全で環境に優しいエネルギーを求めている」，「…環境負荷の小さい製品を求める」といった記述が見られた。ユーザー視点では，生活者の置かれている状況や要求という点から生活者像を記述していることがわかる。これらのことから，未来イシューの具体的な生活者像は，技術者視点では「ある特定のサービスが与えられる」人であり，ユーザー視点では「ある状況に置かれ，いくつかの要求を持つ」人であると解釈できる。

　具体的な生活者像は，新しい事業アイデアを展開する対象者を考える際に重要な役割を果たしていると考えられる。技術者視点の未来イシューが想定する「サービスが与えられる」という生活者を満足させるためには，そのサービスを実現し，生活者に提供することが重要になる。そのため，実現可能性を重視した事業アイデアの生成が行われやすくなると考えられる。一方，ユーザー視点の未来イシューが想定する生活者像は，生活者の置かれている状況や要求が提示される。利用者側の状況や要求をベースとしてアイデアを生成する傾向は，ユーザーのアイデア生成時に見られる傾向であることが知られており（Terwiesch, 2009），そこから考えれば，生活者の置かれている状況や要求の提示によって，ユーザーのアイデア生成時の思考傾向に近づきやすくなると想像できる。そのため，ユーザー視点の未来イシューが与えられた場合，生成されたアイデアの独自性が高くなった可能性が考えられる。

未来イシュー作成時の考え方の違い

　未来イシューの具体的な生活者像には，技術者視点とユーザー視点で大きな違いが確認できた。その違いは，技術者視点とユーザー視点で未来イシュー作成時の考え方の違いによってもたらされたと考えることができる。そこで，その考え方の違いを明らかにするため，Aグループ，Bグループのそれぞれの未来イシューを作成した，ICT技術者4名と，経営学と組織論を専門とする研究者1名に対するインタビューを行った。インタビュー時間はそれぞれ120分であり，発話はICレコーダに記録された。質問項目は，以下の2つである。

質問1：未来イシューの作成で重視した点，工夫した点，難しかった点
質問2：作成した未来イシューがどの程度ユーザー視点を反映していると思うか

インタビューの結果，技術者と研究者において，顕著な違いがあったのが，未来イシュー作成時のベースとなる考え方であった。
　質問1に対して，技術者は「自分の技術に対する知識をベースにした」，「たとえば，ロボットについてのアイデアを考える場合，産業用か介護用かといった形で領域を決め，そのドメインをベースに考えた」という発言をしている。さらに，質問2に対して研究者が，「Aの未来イシュー（技術者の作成した未来イシュー）に対して実際の場面をイメージしにくい」，「技術の詳細まで理解できると現状の技術に流される」といった指摘をしている。また技術者は，「確からしさが重要」，「統計的な情報が重要」という発言を行っていた。ここでいう確からしさというのは，技術の実現可能性や利用可能性のことであり，未来の事柄に関する確からしさは，予算額の大きいドメイン，国際的な標準化が進んでいるドメインに属する事柄であるという点で判断し，また，統計的な数値を確からしさの根拠とする傾向が強いことが確認された。技術者は，自分が持っている技術知識ドメインを発想の出発点としており，技術者のこのような考え方は，デルファイ法（Gordon & Helmer-Hirschberg, 1964）にみられるような線形な未来変化を仮定したものに近く，現状の延長としてしか未来を捉えられていないと思われる。
　一方，研究者は質問1において「使用局面をイメージした」，「具体的な社会の状況をイメージする必要があった」という発言をしている。研究者はそれが使用される社会や使用局面のイメージから発想していることが確認された。
　これらを整理すると，技術者的発想は技術やドメインをベースに考えるため，いまある技術ドメインにフォーカスし，その技術がどう使えるかという発想になる。そのため，現状とは異なるニーズや社会状況を思い浮かべにくい。一方，ユーザー的発想は現状（現実社会）から考えるため，現状とは異なるニーズや社会状況を考えることができるという特徴があったと言える。こういった特徴の影響を受けたため，ユーザー視点の未来イシューを用いたグループは独自性

が高いアイデアを，技術者視点の未来イシューを用いたグループは実現可能性が高いアイデアを生成したと考えられる．

6.4.4 最後に

本研究では，ユーザー視点を導入することで，議論の方向性やアイデアの考え方に影響を与え，アイデアの独自性を高める効果があることを示唆した．さらに，本研究の手法を用いれば，ユーザーを直接参加させる必要がないため，情報漏洩というリスクを抱えることなく，ユーザー視点を反映したアイデアの生成が可能なことを示した．本研究では，未来イシューの作成方法の違いがアイデア生成にもたらす影響について論じてきたが，作成された未来イシューの内容に関する分析は十分であるとはいえない．本研究では，技術者視点では4名で5つ，ユーザー視点では1名で6つの事業ジャンルが作成された．それぞれの事業ジャンルの要素技術の組み合わせについて，技術者視点とユーザー視点の共通性を見てみると（図6.2），技術者視点の事業ジャンル2, 3, 4, 5は，ユーザー視点の事業ジャンル5, 4, 2, 3とそれぞれ共通している要素技術が

	シナリオ番号 （要素技術数）	技術者視点				
		1 (7)	2 (16)	3 (9)	4 (19)	5 (9)
ユーザ視点	1 (18)	0	5	1	10	1
	2 (10)	0	0	0	9	0
	3 (7)	3	0	0	0	4
	4 (10)	3	0	6	0	0
	5 (19)	1	10	2	0	2
	6 (20)	0	1	0	0	1

図6.2　事業ジャンルごとの要素技術の共通数

多いことが確認できた。このことから，技術者視点とユーザー視点の要素技術の組み合わせは，ある程度は同じ傾向を持っていることが確認できる。しかし，技術者視点とユーザー視点では，ほとんど共通していない技術要素の組み合わせもあり，また，そもそも事業ジャンル数が異なっているなど，両者に様々な違いが見られる。この違いは，視点の違いによるものであるのか，作成人数の違いによるものであるのかは，本研究では分析することができていない。ユーザー視点と技術者視点の未来イシューの作成方法に関して，事業ジャンルそのものや，要素技術を組み合わせる際の方法にどのような違いがあるのかを明らかにしていくことが今後の課題の1つであると考えている。さらに，ワークショップにおけるチーム内での議論の方向性については調査したものの，議論の内容については分析していない。議論している事業アイデアをどのような社会に対して展開することを想定しているのか（たとえば，今の社会を考えているのか，将来訪れると想像した社会を考えているのか）によって，生成されるアイデアの質が異なってくると考えられる。さらに，議論の際に利用している情報の種類やそのバリエーションなども生成されるアイデアの質に影響を与えていると考えられる。今後，アイデア生成時の発話の内容分析を行い，議論の内容がアイデア生成にもたらす影響を明らかにしていくことが課題である。

謝　辞

　本ワークショップを実施するに当たり，越塚登教授（東京大学），清水剛准教授（東京大学），秋田典子准教授（千葉大学），横山ゆりか准教授（東京大学）にご協力いただきました。また本研究は，株式会社日立ソリューションズならびに日本たばこ産業株式会社との共同研究として実施されました。ここに謝意を表します。

参考文献

Allen, T. J. (1977). *Managing the Flow of Technology: Technology Transfer and the Dissemination of Technological Information within the R & D Organization*. MIT Press.

Amabile, T. M., Barsade, S. G., Mueller, J. S., & Staw, B. M. (2005). Affect and creativity at work. *Administrative Science Quarterly*, **50**, 367-403.

旭化成．サランラップの歴史．http://www.asahikasei.co.jp/saran/products/saranwrap/

about/history.html

Berthon, P. R., Pitt, L. F., McCarthy, I., & Kates, S. M. (2007). When customers get clever: Managerial approaches to dealing with creative consumers. *Business Horizons*, **50**, 39-47.

Franke, N., Von Hippel, E., & Schreier, M. (2006). Finding commercially attractive user innovations: A test of lead-user theory. *Journal of Product Innovation Management*, **23**, 301-315.

Fuchs, C., & Schreier, M. (2011). Customer empowerment in new product development. *Journal of Product Innovation Management*, **28**, 17-32.

Gordon, T. J., & Helmer-Hirschberg, O. (1964). *Report on a Long-Range Forecasting Study*. CA: RAND Corporation.

Guilford, J. P. (1967). *The nature of human intelligence*. New York: McGraw-Hill.

von Hippel, E. (1988). *The Sources of innovation*. NY: Oxford University Press.

von Hippel, E. (1994). Sticky information and the locus of problem solving: Implications for innovation. *Management Science*, **40**, 429-439.

Kristensson, P., Gustafsson, A., & Archer, T. (2004). Harnessing the creative potential among users. *Journal of Product Innovation Management*, **21**, 4-14.

Lilien, G. L., Morrison, P. D., Searls, K., Sonnack, M., & von Hippel, E. (2002). Performance assessment of the lead user idea-generationprocess for new product development. *Management Science*, **48**, 1042-1059.

文部科学省科学技術政策研究所・未来工学研究所（編）(2005). 2035年の科学技術：文部科学省デルファイ調査 未来工学研究所.

Moreau, P. C., & Dahl, D. W. (2005). Designing the solution: The impact of constraints on consumers' creativity. *Journal of Consumer Research*, **32**, 13-22.

丹羽清 (2006). 技術経営論 東京大学出版会.

Ogawa, S., & Piller, F. T. (2006). Collective customer commitment: Reducing the risks of new product development. *MIT Sloan Management Review*, **47**, 65-72.

Piller, F. T., & Walcher, D. (2006). Toolkits for idea competitions: A novel method to integrate users in new product development. *R & D Management*, **36**, **3**, 307-318.

Sawhney, M., Verona, G., & Prandelli, E. (2005). Collaborating to create: The Internet as a platform for customer engagement in product innovation. *Journal of Interactive Marketing*, **19(4)**, 4-17.

Schoemaker, P. J. H., Day, G. S., & Snyder, S. A. (2013). Integrating organizational networks, weak signals, strategic radars and scenario planning. *Technological Forecasting and Social Change*, **80**, 815-824.

Stroebe, W., & Diehl, M. (1994). Why groups are less effective than their members: On productivity losses in idea-generating groups. *European review of social psychology*, **5**, 271-303.

Terwiesch, C., & Ulrich, K. T. (2009). *Innovation tournaments: Creating and selecting exceptional opportunities*. Cambridge, MA: Harvard Business School Press.

Vincenti, W. G. (1990). *What engineers know and how they know it.* MD: Johns Hopkins University Press.
Washida, Y. (2005). Collaborative structure between Japanese hightech manufacturers and consumers. *Journal of Consumer Marketing*, **22**, 24-35.
鷲田祐一（2006）．未来を洞察する　NTT出版．
鷲田祐一・三石祥子・堀井秀之（2009）．スキャニング手法を用いた社会技術問題シナリオ作成の試み　社会技術研究論文集，**6**, 1-15.
鷲田祐一・植田一博（2008）．イノベーション・アイディアを発生させる需要側ネットワーク伝播構造の研究　情報処理学会論文誌，**49**, 1515-1526.

付　録

A. 要素技術の例（文部科学省科学技術政策研究所・未来工学研究所（2005）より選定）
化石資源のクリーン利用技術
教育・学習支援技術
分子・有機エレクトロニクス
環境にやさしい効率的な物流システム技術
循環型・低環境負荷製造技術
公的部門のガバナンス・マネジメント
資源再利用
大規模ネットワークに耐えるソフトウェア技術
新たな交通システム技術
ヒューマンサポート（人間の知能支援）
革新的原子力システム
セキュリティエレクトロニクス
カーエレクトロニクス
ゲノム・プロテオーム及び生体情報伝達機構の解明と革新的生産技術
ITの医療への応用
地球環境高精度観測・変動予測技術
環境経済指標
社会基盤における環境技術
水素エネルギーシステム
交通安全に関する技術
（以下，省略）

B. 未来イシュー：具体的な生活者像の例
B1. 技術者視点の具体的な生活者像の例

第6章　ユーザー視点の導入による事業アイデアの質の向上　　　　187

- 交通網の最適化：利用者の目的地に到達するまでの交通経路を，いつでもどこでも瞬時に任意の条件で検索することができる．また，交通の予約・変更等も利用者が所有する様々なデバイスにより容易に行う事ができる．ARにより，利用者を目的地へとナビゲートできる．
- あなたに最適な健康サポート：医療に関連し，日々の生活を通じて身体的に健康を維持するために日常的にサービスの提供を受ける．例として，バイタルデータ・食事内容・運動内容や過去データ・遺伝子データ・健診データ・治療データ・投薬データの他，気温や流行疾病などの環境・社会データなどから日々自動検診，健康アドバイスを行う．さらに必要とあれば，医師による遠隔検診，予防接種，生活環境調整などを行う．
- 電力流通への参加：自宅の再生可能エネルギー，複数の電力事業者から供給元を動的に選択できるようになる．アルゴリズム取引を用いた電力の売買を行う生活者も現れる．
- 公的サービスの完全IT化・住民情報管理の効率化：政府部門におけるIT化が進み，個人認証技術と個人情報保護技術が確立し，税務・納税，年金，保険，福祉等の住民サービスがすべてインターネットを経由して享受できるようになる．また，戸籍謄本や住民票，既往歴等の住民情報の電子化による管理が進む．

B2. ユーザー視点の具体的な生活者像の例
- 社会の全ての人々の生活は基本的に交通・運輸，通信，防災，セキュリティのような社会基盤に依存している．都市部の生活者の場合には，鉄道やバスのような交通網やセキュリティといった側面により強く依存しているのに対して，農村部の生活者は道路と自動車，そして（自然災害に対する）防災により強く依存しているという程度の差はあるものの，全ての生活者にといって社会基盤の整備は大きな問題である．とりわけ，近年ではセキュリティや防災に関する関心が高まっている．
- 電力供給手段を自ら保有しようとする生活者：たとえばソーラーパネルやコジェネレーション・システムを自宅に設置しようとする生活者は，「安全で環境にやさしいエネルギー」を求めているという側面だけでなく，計画停電や電力使用制限の経験を踏まえて自ら安定的な電力供給手段を保有しようとする側面も持っている．
- 「安全で環境にやさしいエネルギー」を求める生活者：東日本大震災を契機として，原子力発電への依存から脱して，代替可能エネルギーを利用すべきだと考える生活者は急速に増加している．

第7章 情報の多様性がアイデア生成に及ぼす影響の検討[1]

清河幸子・鷲田祐一・植田一博・Eileen Peng

7.1 はじめに

7.1.1 創造的アイデアの生成

　研究活動であれ，企業における商品開発であれ，我々は，日々，新規で独創的なアイデアを生み出すことが求められている。よって，いかにして創造的なアイデアを生み出すことが可能かを明らかにすることは重要な研究課題と言える。

　創造的なアイデア生成プロセスに関する先行研究の多くでは，主として，発想プロセス自体に関心が払われてきたことから，発想の手がかりとなる情報については制限されることが多かった。たとえば，Finke らの創造的認知アプローチ (Finke, Ward, & Smith, 1992) では，発想の際に材料となるパーツは与えられるが，それらを解釈するための手がかりとなる情報は通常与えられない。また，Osborn (1957) によって考案された創造的なアイデア生成技法の1つであるブレーンストーミングの有効性に関する研究（レビューとして，本間，1996; Mullen, Johnson, & Salas, 1991) においても，発想の手がかりとなる情報は与えられないことが一般的である。

　しかし，現実世界においては，発想に際して，様々な情報を収集して手がかりとすることが多く，また，どのような情報を収集し，活用するのかというこ

---

[1] 本章は，清河幸子・鷲田祐一・植田一博・Eileen Peng (2010). 情報の多様性がアイデア生成に及ぼす影響の検討，認知科学，**17**(3), 635-649. をもとに加筆・修正を行った。

とが生成されるアイデアの質に大きく影響すると考えられる。そこで，本研究では，情報抽出を含めてアイデア生成プロセスを捉え，アイデア生成時に生じやすい問題とより創造的なアイデアを生み出すための方策について検討する。

7.1.2 アイデア生成時における問題点

Brown, Tumeo, Larey, & Paulus（1998）は，アイデア生成プロセスに関して，連想記憶のモデルをベースとした行列モデル（Matrix model）を提案している。彼らは，個人の知識状態をカテゴリレベルで表し，どのカテゴリからアイデアが生成されるのかを，カテゴリ間の連想強度に基づいて確率的に表現している。基本的な原理としては，課題要求に合わせて，個人のもつ知識の意味的ネットワークの中から情報がサンプリングされ，その中で最も活性化の高いカテゴリからアイデアが生成されると仮定されている。なお，時間の経過に伴い，アイデアが生成されるカテゴリは変化していくが，初期には同じカテゴリから続けてアイデアが生成される確率が高いことが仮定されている。

Nijstad & Stroebe（2006）は，Brown et al.（1998）の行列モデル同様，連想記憶のモデルをベースとし，よりプロセス的側面を精緻化したSIAM（Search for Ideas in Associative Memory）を提案している。このモデルでは，アイデアの生成プロセスは，(1) 長期記憶内での意味的ネットワークにおける知識の活性化と，(2) 知識の組み合わせおよび新たな連想関係の生成によるアイデア産出の2段階に分けて捉えられている。したがって，創造的なアイデアを生成できるかどうかは，「どのような知識が活性化されるか」という点と，「どのような組み合わせが作られるか」という点にかかっていることになる。このうち，活性化の範囲が限定されてしまうと，その後の組み合わせも制限されてしまうことから，知識の活性化はより影響が大きいプロセスと考えられる。

いずれのモデルにおいても，アイデア生成時の知識の活性化，すなわち，どのような情報を利用できるかという点が重要なポイントとなっている。また，この知識の活性化は内的な手がかりと外的な手がかりによって生じると考えられている。内的な手がかりには，個人の関心や注意が相当し，外的な手がかりには実験者などによって外から与えられる情報が相当する。本来的には両方の手がかりが利用可能な知識の範囲を規定することになるが，先行研究で設定さ

れてきたアイデア生成状況では，グループでのアイデア生成状況を除けば，発想のもととなる情報が外的に提示されることは稀である。したがって，これまでは主として，内的な手がかりによる知識の活性化が問題とされてきたことになる。

　Ward (1994) は，「新しい生き物を生成する」という課題に取り組む際に，実在の生物と共通点を含む事例が多く生成されることを見出している。これは，「生き物」という課題要求に沿って，実験参加者が活性化させたカテゴリやその中の事例がアイデア生成時に影響していることを示している。また，Leung, Maddux, Galinsky, & Chiu (2008) は，外国での居住経験が創造性と正の関連をもつことを示している。なお Maddux & Galinsky (2009) によると，この関係は，創造性を測定する課題（洞察課題，連想課題，生成課題）や実験参加者の属性（社会人，大学生）が異なっても認められる頑健なものであることが示されている。これらの結果は，外国での居住経験によって，利用可能な知識の範囲が広がったことによるものと解釈できるが，裏を返せば，利用可能な知識の範囲がアイデア生成時に影響していることを示していると考えられる。

　このように，個人の関心や注意といった内的な手がかりの影響を受けて，利用可能な知識の範囲が創造的な活動のパフォーマンスを左右するという点は，創造的問題解決の一つである洞察問題解決における制約論的アプローチ（開・鈴木, 1998; Knoblich et al., 1999; Ohlsson, 1992）の指摘と共通している。この立場は，個人の経験や自然な傾向性が制約となって問題解決時の探索範囲を規定し，目標状態への到達を阻害していると考える。また，目標状態と現状とのズレが制約強度にフィードバックされることにより，制約の影響が弱められることで，最終的には探索範囲が変化し，目標状態への到達が達成されると考える。洞察問題解決研究で通常用いられている課題とアイデア生成課題では，目標状態が明確かどうかという点に大きな違いがあるものの，個人の内的な制約によって利用可能な知識の範囲が限定され，そのことがパフォーマンスを阻害するという点は共通する見解と言える。

　以上より，創造的なアイデア生成を促進するためには，利用可能な知識の範囲を限定する制約を緩和させ，広範な知識の利用可能性を高めることが重要と考えられる。

7.1.3 情報提示がアイデア生成に及ぼす影響

それでは，個人のもつ内的な制約を緩和させ，アイデア生成時に利用可能な知識の範囲を広げるにはどうしたらよいだろうか。知識の活性化は内的な手がかりだけではなく，外的に提供される手がかりによっても生じることから，1つの方法としては情報を提示するという方法が考えられる。

Dugosh, Paulus, Roland, & Yang（2000）は，他者の生成した具体的なアイデアを実験参加者に提示し，その情報に十分な注意が払われる状況が作られれば，アイデア生成が促進されることを示している。また，Coskun, Paulus, Brown, & Sherwood（2000）は，具体的なアイデアではなく，アイデアが関連しているカテゴリの名称であっても，数が多い場合にはアイデア生成を促進することが可能であることを示している。さらに，情報を提示するかどうかの影響だけではなく，提示される情報の多様性の影響について検討した研究も存在している。たとえば，Nijstad, Stroebe, & Lodewijkx（2002）は，「他者の生成したアイデア」として提示される具体的なアイデアの属するカテゴリ数によって「多様性」を操作し，提示される情報の多様性がアイデア生成に及ぼす影響を検討した。アイデアを提示されない統制条件との比較から，他者のアイデアが提示されることで生成されるアイデア数が増加し，多様なアイデアを提示された方がより多様なアイデアを生成できることが明らかとなった。

これまで挙げてきた研究は，いずれもアイデア生成時に明示的に利用されることを意図して情報が示された時の影響を検討したものであった。それに対して，Rietzschel, Nijstad, & Stroebe（2007）は，アイデア生成課題とは関連のない課題として，アイデア生成課題の前に方向づけ質問を与えることの影響を検討している。その結果，アイデア生成とは無関連な文脈で知識の活性化が高められたとしても，そのカテゴリからアイデアが生成されやすくなり，アイデアの独自性が高くなることが示された。

以上より，情報を提示することによって，個人の関心や注意といった内的な制約を緩和させ，利用可能な知識の範囲を広げることが可能であると言える。また，この効果は，与えられる情報が多様であるほど大きい。さらに，提示される情報は必ずしも具体的なアイデアである必要はなく，知識の活性化を促すきっかけとして作用すれば十分に効果があると言える。

このように，個人の内的な制約を緩和させるという点においては，情報を提示することは有効と言える。しかし，その一方で，提示される情報によって利用可能な知識の範囲が影響されるという点にも注意が必要である。たとえば，Coskun et al. (2000) では，情報の提示方法の影響についても検討しているが，一定時間が経過するごとに1つずつカテゴリ名を呈示する「継時提示」条件では，提示されたカテゴリに即したアイデアが生成される傾向が認められている。また，Nijstad et al. (2002) でも，提示されたアイデアが属するカテゴリ内でのアイデア生成が促進され，他のカテゴリにおける生成が生じにくくなっていた。これらの結果は，情報を提示することで，内的な制約を緩和させ，情報提示がない場合に比較して利用可能な知識の範囲を広げてはいるものの，提示された情報によって新たな制約として作用していると解釈することができる。

7.1.4 情報抽出を含むアイデア生成プロセスを考える必要性

前節で見てきたように，外的に情報を提示することによって，個人の内的な手がかりによる知識利用の限界を克服することが可能である。しかし，その一方で，外的に情報が示されることによって，今度はその情報に制約されるという見方もできる。したがって，アイデア生成時に利用可能な知識の範囲を考えるにあたっては，内的な制約に加えて，外的な制約にも着目する必要があると言える。また，外的に提示される情報が多くなるにつれて，今度は「どの情報を手がかりとして利用するのか」という点についても考慮する必要が出てくる。

現実世界において，我々がアイデア生成を求められている状況で接触することができる情報は，実験状況で提示される情報に比べて膨大である。したがって，全ての情報がアイデア生成に用いられるわけではなく，選別・抽出が行われると考えるのが自然である。しかし，これまでの研究においては，特定の情報を提示することの効果は検討されているものの，この情報抽出プロセスの影響については十分に検討されてきていない。

そこで，本研究では，より現実場面に即したアイデア生成プロセスを考えるために，図7.1に示す枠組みによってアイデア生成プロセスを捉えることとする。まず，この枠組みでは，外的に提供される情報の抽出が2段階からなると仮定する。今日では，様々な情報ツールの発達により，広範な情報に対する入

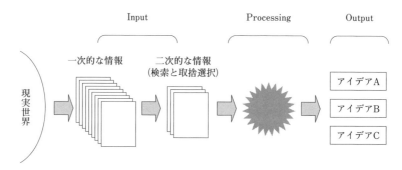

図7.1 情報抽出を含むアイデア生成プロセス

手可能性が高まっている。しかし，アイデア生成にかけられる時間が限られていたり，あるいは，一度に処理できる情報量が限られていたりすることなどから，全ての情報を入手し，処理することは不可能である。したがって，非常に多くの情報の中から，限られた情報のみが抽出されることとなる。このようにして，現実世界から抽出された情報を「一次的な情報」と呼ぶ。

また，この一次的な情報の全てがアイデア生成に用いられるとは限らない。実際にアイデア生成の手がかりとなる情報は，一次的な情報の中からさらに取捨選択されると考えられる。こうして，アイデア生成の直接的な手がかりとなるべく抽出された情報を「二次的な情報」と呼ぶことにする。

ここで，現実世界から一次的な情報へ，そして，一次的な情報から二次的な情報へと行われる情報の抽出には何が影響しているのだろうか。まず，現実世界から一次的な情報を抽出する際には，情報の入手可能性が影響すると考えられる。全ての情報が均等に分布しているわけではなく，頻度の高いものもあれば，低いものもある。したがって，頻度の高い情報に接触する確率が高くなり，その情報が抽出される確率が高くなるだろう。これに加えて，検索時に用いられるキーワードの選択には，個人がもつ関心や知識が関わっていると考えられることから，内的な制約の影響も考えられる。

次に，一次的な情報からさらに二次的な情報へと情報を取捨選択する際には，何が影響するのであろうか。ここでも，情報自体の要因と情報を参照する個人の要因の両方が影響すると考えられる。まず，情報の要因としては，情報の顕

現性が影響すると考えられる。具体的には，一次的な情報において，意味的なまとまりが見出しやすい内容が抽出されやすくなるのではないだろうか。なお，この意味的なまとまりを見出す際には，情報の内容を端的に表す語句の重複が重要な手がかりとなるだろう。一方，個人の要因としては，ここでも，関心や知識が作用すると考えられる。

　以上の枠組みに従うと，アイデア生成の手がかりとなる情報は，情報の入手可能性や顕現性といった個人の外にある要因の影響とともに，個人のもつ知識や関心といった内的な要因の影響を受けて，選択されると考えられる。

7.1.5　本研究の目的

　以上より，本研究では，情報抽出を含めたアイデア生成プロセスの枠組みを用いて，創造的なアイデアの生成を促進するための方策を明らかにすることを目的とする。具体的には，多様な情報を提供することがアイデア生成に対して及ぼす影響を検討する。なお，この問いを検討するにあたって，実務の発想支援ワークショップで用いられているスキャニング手法を題材とする。

　このワークショップでは，未来社会において生じ得る変化を予測することが課題とされている。そして，「未来は現在の線形な延長線上にある」とは考えず，線形の延長線上にある情報をあえて外した情報を積極的に収集・吟味することによって，これまでにない新たな発想をすることが求められる（鷲田・三石・堀井，2009）。具体的には，なるべく幅広い情報ソースを用いることで情報を俯瞰できる状況が設定されるが，このような状況設定をもたらす手法がスキャニング手法である。この多様な情報を提供することによって，これまで想定したことのなかった点への着目を促すという発想は，前述の先行研究の知見からも支持されるものである。

　しかし，提示された多様な情報がどのように活用されるのかという点については十分に明らかになってはいない。前述したように，我々が情報を探索・吟味する際には，否応なしに，内的な知識や経験といった制約の影響を受ける。よって，たとえ，多様な情報が提供され，利用可能な状況が作られたとしても，内的な制約に従わない情報は発想の手がかりとして活用されないことも生じうるのではないだろうか。もし，そうであるとするならば，ただ多様な情報を提

供するだけではなく，それらを積極的に活用するようなさらなる工夫が必要となるだろう．スキャニング手法については，これまで実務で用いられてきており，経験的には有効性が認められていると考えられる．しかし，実証的な検討を行うことによって，効果を検証することは有用と考えられる．

以上より，本研究では，大量の情報が利用可能な状況において，どのような情報が実際に利用され，結果としてアイデア生成に対してどのような影響が生じるのかという点について明らかにすることを目的とする．特に，情報の多様性が果たす役割に着目する．なお，ここでの「多様性」とは，先行研究にならい，情報が属する意味的カテゴリによって捉えるものとする．

7.2 実験1

7.2.1 目 的

一次的な情報の多様性を操作し，利用可能な情報の多様性が生成されるアイデアの質に及ぼす影響を検討する．なお，利用可能な情報の中から実際にどのような情報が利用されたのかについても明らかにするため，実際に利用された二次的な情報の多様性およびそのアイデアの質に対する影響についても検討を行う．

7.2.2 方 法

実験参加者

アムステルダム大学生35名．

材 料

㈱博報堂が開発したスキャニング・マテリアルの英語版データベースから情報セットを作成した（スキャニング・マテリアルについては第2章を参照のこと）．英語版のスキャニング・マテリアルの例を図7.2に示す．今回のデータベースには総数96個のスキャニング・マテリアルが存在していた．実務のワークショップでは，100〜200個程度のスキャニング・マテリアルが使用されるが，本研究では時間的な制約から，データベースから30個のスキャニング・マテ

第7章 情報の多様性がアイデア生成に及ぼす影響の検討

> 7
>
> **Changing climate on the Tibetan plateau**
>
> China is one of the world's largest emitters of greenhouse gases. Climate change is having a huge impact in China, and nowhere more so than on the Tibetan plateau in the far west, thousands of meters above sea level.
>
> Keywords: (China, greenhouse gas, climate change)
>
> Reference:
>
> 　　　　The province of Qinghai is a land of snow-capped mountains and glaciers, deserts and vast open grasslands. A world away from the big cities of Beijing and Shanghai. It has a fragile ecosystem - susceptible to the slightest change in climate - and scientists say global warming is already having a major impact here.
> 　　　　The glaciers that have been here for thousands of years are melting. And that is happening right across the Tibetan plateau. Melting waters from the glaciers feed many of Asia's longest rivers, including the Yangtze and the Mekong.
> 　　　　If the glaciers disappear, that could have a huge impact on hundreds of millions of people downstream. What is happening in Qinghai is a wake-up call about the long term impact of global warming - not just for China but for much of Asia as well.
>
> 　　　　　　　　　　　　　　　　(The BBC News)
>
> HAKUHODO FORESIGHT

図7.2　実験1で使用した英語版スキャニング・マテリアルの例

リアルを抽出して1つの情報セットを構成することとした。

各スキャニング・マテリアル（以下，記事と呼ぶ）は，第2章で説明したとおり，タイトル，コメント，キーワード，参考資料から構成されている。タイトルおよびコメントは㈱博報堂のスタッフにより付与されたものである。なお，参考資料は日本・アジア諸国・欧米諸国の実在のマスメディアを中心に選定されたものであった。

一次的な情報の多様性を操作するために，2種類の情報セットを作成した。具体的には，まず，全ての記事中のタイトルとキーワードを意味のあるまとま

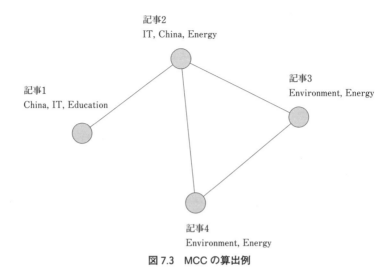

図 7.3　MCC の算出例

りに分割し，各記事の内容を反映する語句（トピックワード，以下 TW）を抽出した．たとえば，図7.2 の記事からは，"climate"，"change"，"Tibetan plateau"，"China"，"greenhouse gas" の 5 つの TW が抽出された．次に，データベースに含まれる 95 個全ての記事から可能な全ての記事ペアに関して，TW の重複を調べた．そして，重複が 1 つ以上あった場合には，その記事ペアは「関連あり」とみなした．その後，記事ごとに他記事との関連数を算出し，上位 30 個で「多様性・低」セットを構成した．また，関連数が 8 位から 37 位までの 30 個で「多様性・高」セットを構成した．そして，情報セット内の任意の記事ペアに存在する関連数を総リンク数で割ることで，作成された情報セットの多様性を表すマテリアル・クラスター係数（Material Cluster Coefficient，以下，MCC）を求めた．

　この MCC は 0 から 1 までの値を取り，記事同士の関連数が多いほど値が大きくなる．すなわち，MCC の値が小さいほど情報セットの多様性が高いことを意味している．たとえば，図7.3 に示した 4 個の記事セットの MCC を求めてみよう．この 4 個の記事間で可能な総リンク数は $_4C_2 = 6$ である．また，実際に 1 つ以上の TW が重複し，「関連あり」とみなされたリンクは 4 である．

したがって，これらの記事セットの MCC は 4÷6＝0.67 となる。なお，本実験用に作成した2つの情報セットの MCC は，「多様性・低」条件で 0.59，「多様性・高」条件で 0.36 となった。

7.2.3 手続き

実験は2回に分けて集団形式で実施された。1回目の参加者は 20 名，2回目の参加者は 15 名であった。実験参加者は2種類の情報セットのうちのいずれか一方のみを与えられた。初めに，5分間で 30 枚全ての記事に目を通し，最も興味を引いた3枚を選ぶよう求められた。その後，制限時間 20 分で，与えられた記事を踏まえて，「未来への変化可能性」を自由に発想し，2つのアイデアとしてまとめることが求められた。与えられた教示は，「これからやっていただく課題は，今読んでいただいた記事に共通して暗示されているとあなたが感じる『未来への変化の可能性』を指摘するというものです。正解があるわけではないので，既存の枠を越えて，広く，自由に発想して下さい。2つのアイデアをどのようにして作るかは自由です。ただし，必ず2つのアイデアを出して下さい」であった。回答時には，それぞれのアイデア生成時に用いられた記事番号を記し，重要性の高いものには番号に○を付すよう求められた。ここで記された記事が実際にアイデア生成に用いられた二次的な情報とみなされる。なお，教示は英語とオランダ語で行われ，回答は英語で行うよう指示された。

7.2.4 結果と考察

一次的な情報の多様性がアイデアの質に与える影響の検討

1人につき2つ，計 70 個のアイデアが生成された（生成されたアイデア例を付録に示す）。課題に習熟した専門家4名が，全てのアイデアの質に関する評価を独立に行った。なお，評価者はいずれも日本語を母語としていたことから，評価の負担を軽減するため，筆者が日本語に訳したものを評価対象とした。評価の観点は，独自性，新規性，妥当性，有用性，面白さ，記事との一貫性で，各々5段階で評定された。観点ごとに，ケンドールの一致係数 W を求めたところ，記事との一貫性を除く全ての観点で有意な W が得られた（表 7.1）。記事の一貫性に関しては，評価者ごとに方向性が異なっていることが示唆された

表7.1 アイデアの質の平均値（条件別）とケンドールの一致係数 W

	多様性・低 ($N=36$)	多様性・高 ($N=34$)	W ($N=70$)
独自性	2.01 (0.65)	1.89 (0.72)	0.56**
新規性	1.99 (0.65)	1.88 (0.72)	0.53**
妥当性	3.06 (0.61)	3.04 (0.60)	0.39*
有用性	2.59 (0.64)	2.51 (0.80)	0.47**
面白さ	2.24 (0.67)	2.19 (0.86)	0.55**
記事との一貫性	3.04 (0.52)	3.07 (0.55)	0.29

( ) 内は SD, **$p<.001$, *$p<.01$

が，観点ごとに4名の評価値の平均値を算出し，その値をアイデアの評価値として用いることとした（条件別平均値を表7.1に示す）。

一次的な情報の多様性を独立変数，各評価値を従属変数としたt検定を実施した結果，どの評価値に関しても有意な条件間差は認められなかった。

二次的な情報の多様性に関する検討

上記の結果は，一次的な情報として多様な情報が与えられ，利用可能であったとしても，それが直接的には生成されるアイデアの質を高めることにはならないことを示唆している。しかし，この結果が生じたのは，たとえ一次的な情報として多様な情報を与えたとしても，二次的な情報を抽出する際に，多様性を減じるような情報抽出方略が用いられたためである可能性がある。つまり，一次的な情報における多様性の差がアイデア生成の直接的な手がかりとなる二次的な情報においてはなくなってしまった結果，両条件のアイデアに差が見られなくなったという解釈である。

この可能性について検討を行うために，実験参加者がアイデア生成の手がかりとして実際に使用した二次的な情報のMCCを算出した（多様性・低条件で$M=0.83$, $SD=0.24$，多様性・高条件で$M=0.79$, $SD=0.24$となった）。はじめに，一次的な情報のMCCとの比較を行ったところ，両条件とも二次的な情報のMCCが一次的な情報のMCCよりも有意に高いことが示された（多様性・低条件で$t(35)=6.20$，多様性・高条件で$t(33)=10.42$，いずれも$p<.001$）。

第 7 章　情報の多様性がアイデア生成に及ぼす影響の検討

表 7.2　二次的な情報の MCC の分布（条件別）（%）

	多様性・低 (N=36)	多様性・高 (N=34)
MCC=0	0.0	0.0
0<MCC<1	38.9	50.0
MCC=1	61.1	50.0

表 7.3　二次的な情報の MCC のカテゴリ別アイデアの質の平均値

	0<MCC<1 (N=31)	MCC=1 (N=39)
独自性	1.96 (0.65)	1.94 (0.71)
新規性	1.94 (0.65)	1.92 (0.71)
妥当性	3.26 (0.47)	2.88 (0.64)
有用性	2.67 (0.71)	2.46 (0.72)
面白さ	2.22 (0.69)	2.22 (0.82)
記事との一貫性	3.22 (0.39)	2.93 (0.59)

（　）内は SD

　また，条件間で二次的な情報の MCC について比較を行ったところ，有意な差は認められなかった（$t(68) = .73$）。さらに，二次的な情報の MCC について，「MCC=0（全ての記事間に TW の共有が存在しない）」，「0<MCC<1（TW の共有のある記事とない記事が混在している）」，「MCC=1（全ての記事間で TW の共有が存在する）」の 3 つに分類して，χ^2 検定によって条件間で分布を比較した（条件別分布を表 7.2 に示す）。その結果，条件間に有意な分布の偏りは見られなかった（$\chi^2(df=1, N=70) = .88$）。

二次的な情報の多様性とアイデアの質の関連の検討

　二次的な情報の多様性とアイデアの質の関連を検討するため，0<MCC<1 の場合と MCC=1 の場合とに群わけし，アイデアの質の各評価値の比較を行った（群別の平均値を表 7.3 に示す）。その結果，妥当性および記事との一貫性に関して，0<MCC<1 群で有意に評価が高いことが示された（妥当性で $t(68)$

$= 2.76, p < .01$,記事との一貫性で $t(65.7) = 2.45, p < .05$)。

結果のまとめ

以上より,一次的な情報の多様性が生成されたアイデアの質に影響するという結果は得られなかった。しかし,この結果は,たとえ相対的に多様な情報が利用可能であったとしても,実際に発想時に用いられる二次的な情報を抽出する際に多様性が減じられてしまったことによることが示唆された。また,二次的な情報の多様性が高い場合には,妥当性や記事との一貫性といった点において質の高いアイデアが生成されることが示された。

7.3 実験 2

7.3.1 目的

実験1では,たとえ一次的な情報として,相対的に多様な情報が与えられても,二次的な情報を抽出する際に多様性を減じるような情報抽出方略が用いられたことにより,生成されるアイデアの質を高めることにつながらなかった可能性が指摘された。実際,二次的な情報として用いられた全ての記事間でTWの共有が見られた場合に比較して,TWの共有のない記事が含まれている場合に,アイデアの妥当性や記事との一貫性が高いという結果が得られたことから,利用可能な情報の多様性を減じることなく情報を抽出できれば,創造的なアイデア生成が促進される可能性がある。

また,二次的な情報を抽出する際に多様性が減じられたのは,TWの共有に基づく情報抽出が行われたためと考えることができる。これは,情報の顕現性が情報の選択時に影響していることを示唆している。もし,そうであるならば,利用可能な情報においてTWの共有がほとんど見られない状況を設定した場合には,異なる情報抽出方略が用いられるのではないだろうか。

この可能性について検討するため,実験2では,記事間でのTWの共有を減らすことで,「多様性・高」条件で与えられる一次的な情報の多様性を高めた上で,一次的な情報および二次的な情報が生成されるアイデアの質に及ぼす影響について検討する。

7.3.2 方　法
実験参加者

　マサチューセッツ工科大学生 24 名。

材料・手続き

　実験1と同じであった。ただし，「多様性・高」条件で提示される記事のMCCが実験1よりも小さな値となるよう，他記事との関連数が下位の30個によって「多様性・高」セットを構成した。その結果，一次的な情報のMCCは 0.01 となった。また，実験は3人までの小集団で実施した。なお，教示は英語で行い，回答も英語で行うよう求めた。

7.3.3　結果と考察
一次的な情報の多様性がアイデアの質に与える影響の検討

　生成されたアイデアは全体で48個となった。アイデアの質の評価は実験1と同じ手続きで行った。観点ごとに，ケンドールの一致係数 W を求めたところ，記事との一貫性を除く全ての観点で有意な W が得られた（表7.4）。実験1同様，観点ごとに4名の評価値の平均値を算出し，その値をアイデアの評価値として用いることとした（条件別平均値を表7.4に示す）。

　一次的な情報の多様性を独立変数，各評価値を従属変数とした t 検定を実施した。その結果，実験1同様，どの評価値に関しても有意な条件間差は認めら

表7.4　アイデアの質の平均値（条件別）とケンドールの一致係数 W

	多様性・低 ($N=24$)	多様性・高 ($N=24$)	W ($N=48$)
独自性	2.25 (0.67)	2.03 (0.71)	0.50**
新規性	2.19 (0.73)	1.93 (0.76)	0.53**
妥当性	3.13 (0.63)	3.11 (0.59)	0.39*
有用性	2.71 (0.52)	2.60 (0.59)	0.42*
面白さ	2.24 (0.63)	2.20 (0.65)	0.50**
記事との一貫性	3.16 (0.65)	3.07 (0.56)	0.34†

（　）内は SD，**$p<.001$，*$p<.01$，†$p<.10$

れなかった。

二次的な情報の多様性に関する検討

　一次的な情報から二次的な情報を抽出する方略について検討するため，実際にアイデアの生成に用いられた二次的な情報のMCCを算出した（多様性・低条件で$M=0.84$, $SD=0.21$, 多様性・高条件で$M=0.03$, $SD=0.04$となった）。

　実験1同様，一次的な情報のMCCとの比較を行ったところ，多様性・低条件では有意な上昇が見られたのに対して（$t(23)=5.91$, $p<.001$），多様性・高条件では有意な上昇は見られなかった（$t(23)=1.71$, $p=.10$）。

　また，条件間で二次的な情報のMCCについて比較を行ったところ，多様性・高条件において有意に値が低いことが示された（$t(24.8)=18.32$, $p<.001$）。さらに，二次的な情報のMCCについて，「MCC=0（全ての記事間にTWの共有が存在しない）」，「0＜MCC＜1（TWの共有のある記事とない記事が混在している）」，「MCC=1（全ての記事間でTWの共有が存在する）」の3つに分類して，Fisherの直接確率計算法により，条件間で分布を比較した（条件別分布を表7.5に示す）。その結果，条件間に有意な分布の偏りが示された（$p<.001$）。具体的には，多様性・高条件では，MCC=0，すなわち，全ての記事間にTWの共有がない場合が存在しているのに対して，MCC=1，すなわち，全ての記事間にTWの共有がある場合は見られなかった。一方，多様性・低条件では，実験1同様，MCC=1は見られるがMCC=0は見られなかった。以上より，一次的な情報の多様性が極度に高い場合には，二次的な情報を抽出する際にTWの共有が手がかりとされないことが示された。

表7.5　二次的な情報のMCCの分布（条件別）（%）

	多様性・低 ($N=24$)	多様性・高 ($N=24$)
MCC=0	0.0	58.3
0＜MCC＜1	41.7	41.7
MCC=1	58.3	0.0

第7章　情報の多様性がアイデア生成に及ぼす影響の検討

表7.6　二次的な情報の MCC のカテゴリ別アイデアの質の平均値

	MCC=0 (N=14)	0<MCC<1 (N=20)	MCC=1 (N=14)
独自性	1.80 (0.72)	2.31 (0.56)	2.23 (0.76)
新規性	1.66 (0.69)	2.28 (0.68)	2.14 (0.78)
妥当性	2.91 (0.47)	3.20 (0.64)	3.21 (0.66)
有用性	2.34 (0.56)	2.89 (0.48)	2.64 (0.53)
面白さ	1.96 (0.55)	2.43 (0.67)	2.18 (0.60)
記事との一貫性	2.95 (0.44)	3.14 (0.58)	3.25 (0.77)

(　)内は SD

二次的な情報の多様性とアイデアの質の関連の検討

　二次的な情報の多様性と生成されたアイデアの質の関連を検討するために，二次的な情報の3つのカテゴリ間でアイデアの質の各評価値について比較を行った（群別の平均値を表7.6に示す）。

　その結果，独自性と新規性に関して有意傾向の（独自性で $F(2, 47) = 2.56$, $p = .09$，新規性で $F(2, 47) = 3.20$, $p = .05$），有用性に関して有意な二次的な情報の多様性の影響が認められた（$F(2, 47) = 4.61$, $p < .05$）。Tukey の HSD 検定を行ったところ，新規性と有用性に関しては，0<MCC<1 群において MCC=0 群よりも5%水準で有意に評価が高いことが示された。また，独自性に関しても有意傾向（$p = .09$）ではあるが，同様のパターンが認められた。以上より，二次的な情報の多様性が極度に高い場合には，かえって創造的なアイデアの生成が阻害されることが示された。

結果のまとめ

　実験2では，情報間で TW の重複がほとんど見られないようにして一次的な情報の多様性を高めた上で，一次的な情報および二次的な情報の多様性が生成されるアイデアの質に及ぼす影響を検討した。その結果，一次的な情報の多様性が極度に高い場合には二次的な情報を抽出する際に情報の多様性の低下が生じにくくなることが示された。しかし，記事間で全く TW の共有がない情報に基づいてアイデアが生成された場合には，むしろアイデアの質が低くなる

ことも明らかとなった．

7.4 総合考察

7.4.1 結果のまとめ

　実験1では，アイデア生成時に利用可能な情報の多様性を操作し，生成されるアイデアの質に対する影響を検討した．その結果，たとえ一次的な情報の多様性が高くても，生成されるアイデアの質が高くなるわけではないことが示された．しかし，この結果は，アイデアを生成する際に直接的な手がかりとなる二次的な情報を抽出する際に，多様性を減じる情報抽出方略が用いられ，結果として利用できた情報の多様性が条件間で異ならなかったことによるものと解釈された．また，二次的な情報の多様性とアイデアの質の関連について検討したところ，実際に利用されたアイデアの多様性が高い場合に，妥当性や記事との一貫性といった点で質の高いアイデアが生成されることが示された．

　実験2では，一次的な情報の多様性を実験1よりも高めた上で，一次的な情報および二次的な情報の多様性が生成されるアイデアの質に及ぼす影響を検討した．その結果，情報セット内で記事間のTWの重複が極端に少ない状況では，二次的な情報の多様性の低下が生じないことが示された．しかし，二次的な情報の多様性が高すぎる場合には，新規性や有用性，独自性といった点においてアイデアの質が逆に低くなることも明らかとなった．

7.4.2 一次的な情報の多様性が二次的な情報の多様性およびアイデアの質に及ぼす影響

　以上の結果は，本研究で提案した情報抽出を含めたアイデア生成プロセスの枠組みで解釈することが可能である．まず，実験1, 2ともに，一次的な情報の多様性は生成されるアイデアの質に直接影響を及ぼしていなかった．これは，たとえ多様な情報が与えられていたとしても，全ての情報が実際にアイデア生成時に利用されるわけではなく，情報抽出が生じたことによるものと解釈できる．実験1のように，一次的な情報において記事間でTWの重複が見られる場合には，TWの重複が二次的な情報の抽出時に有効な手がかりとして利用さ

れたものと考えられる。これは，情報の顕現性の影響による抽出と解釈できる。一方，実験2の「多様性・高」条件のように，一次的な情報において TW の重複が極めて少ない場合には，それを手がかりに情報抽出を行うことが困難となり，全ての記事間で TW の重複のない情報が二次的情報として抽出される割合が高くなったものと考えられる。ここでは，情報の顕現性は抽出の制約とならなかったものと考えられる。

また，実際にアイデアの生成に利用された二次的な情報の多様性がアイデアの質と関連することが示されたが，この関連性は直線的ではないことも明らかとなった。この結果は次のように解釈することが可能である。まず，実験1では，二次的な情報において「MCC＝1」の場合と「0＜MCC＜1」の場合では，前者で妥当性や記事との一貫性といった点でのアイデアの質が低いことが示された。これは，前者において，外的な手がかりによって活性化される知識の範囲が狭く，利用された知識の種類が限定されていたことによるものと考えられる。一方，実験2の「多様性・高」条件では，一次的な情報から二次的な情報の抽出が行われる際に情報の顕現性が手がかりとはならなかったため，内的な制約に基づいた抽出が行われたと考えられる。その結果，アイデア生成時に利用される知識の活性化に対しても外的な手がかりの影響力が弱められ，内的な手がかりが優先された可能性がある。そのため，二次的な情報において多様性が保たれていたにもかかわらず，元々もっていた関心や知識に沿ってアイデアが生成されてしまったために，新規性や有用性，独自性といった点においてアイデアの質が低かったのではないだろうか。

別の可能性としては，活性化された知識を統合する際のコストによる解釈も指摘できる。実験2の「多様性・高」条件で情報の顕現性が情報抽出の手がかりとならなかった場合にも，外的な手がかりによる知識の活性化が作用していた可能性はある。もしそうであるならば，二次的な情報において「MCC＝0」の場合には，他の場合に比較して，多くのカテゴリに属する知識が活性化していたことになる。本来，利用可能なカテゴリ数が多いほど，アイデア生成には有利に働くと考えられるが，本研究で用いられた課題のように，生成すべきアイデア数が限られている場合には，あまりに多様な知識が利用可能であることは，それらを統合するためにかかるコストが大きくなる分，不利に働くのかも

しれない。

7.4.3 創造的なアイデア生成を促すには

　以上の結果から，アイデア生成時に利用された情報の多様性が生成されるアイデアの質に影響することが示された。しかし，ただ単に多様な情報を与えるだけでは，アイデアの質を高める上で十分ではないことも明らかとなった。したがって，本研究の結果からは，スキャニング手法は原理的には創造的なアイデア生成を引き起こす上で有効な方法ではあるものの，現実的には多様性を活用するための付加的な働きかけが必要ということになる。

　それでは，どのような工夫をすることで，多様な情報の利用を促すことができるだろうか。一つの方法としては，一次的な情報から二次的な情報を抽出する際の情報抽出方略に介入するという方法が考えられる。具体的には，まず，本研究と同様に，アイデア生成の手がかりとして利用する情報を自由に抽出させる。その後，抽出された情報とはTWの重複のない記事を示し，追加された記事を含めて発想を行うことを求めるという方法が考えられる。なお，一次的な情報として与える記事セットはある程度TWの重複が認められるものとすることで，二次的な情報の多様性を適度に保つことができるのではないだろうか。

　また，情報の抽出ではなく，情報の解釈について介入する方法も考えられる。Kray, Galinsky, & Wong（2006）は，反実仮想的な（counterfactual）思考をすることで，情報同士の関係への着目が促され，創造的なアイデア生成が高められることを示している。このように同じ情報が手がかりとして抽出された場合にも，どの点に着目するか，またどのような関連性を見出すかによって，生成されるアイデアが異なってくると考えられる。

7.5　結　論

　本研究では，情報抽出を含めたアイデア生成プロセスに関する枠組みを用いて，創造的なアイデア生成を促進するための方策について検討してきた。アイデア生成時に利用可能な知識の範囲は，個人の関心や知識といった内的な要因

だけでなく，外的に提示される情報の性質といった外的な要因の影響も受ける。また，多様な情報を提示すれば，そのまま情報が活用されるわけではなく，多様性を減じる形で情報の抽出が行われることが明らかとなった。さらに，多様な情報が実際に利用されたとしても，情報同士の意味的な関連性があまりに低い場合には，むしろアイデアの質を低下させてしまうことも明らかとなった。これらの知見を踏まえて，今後は，利用可能な情報の中から，適度に多様な情報を抽出し，アイデア生成に活用していくための方法を実証的に検討していく必要がある。

付 記

本研究の一部は，The 31st Annual Conference of the Cognitive Science Society，日本認知科学会第 26 回大会，ACM Creativity & Cognition 2009 において発表された。

謝 辞

本研究は，㈱博報堂からの東京大学及び民間機関等における共同研究（「新ディスカッション法と創造性に関する手法開発の研究」）助成，ならびに，平成 22 年度中部大学特別研究費（B）（課題番号：22IL04B，研究代表者：清河幸子）の支援を受けました。また，実験の実施に関して David B. Nieborg 氏，MIT Japan の皆様に，アイデアの評定作業に関して，㈱博報堂の「イノベーション・ラボ」の皆様に，多大なご協力をいただきました。ここに記して感謝の意を表します。

参考文献

Brown, V., Tumeo, M., Larey, T. S., & Paulus, P. B. (1998). Modeling cognitive interactions during group brainstorming. *Small Group Research*, **29**, 495-526.

Coskun, H., Paulus, P. B., Brown, V., & Sherwood, J. J. (2000). Cognitive stimulation and problem representation in idea-generating groups. *Group Dynamics: Theory, Research, & Practice*, **4**, 307-329.

Dugosh, K. L., Paulus, P. B., Roland, E. J., & Yang, H.-C. (2000). Cognitive stimulation in brainstorming. *Journal of Personality and Social Psychology*, **79**, 722-735.

Finke, R.A., Ward, T.B., & Smith, S.M. (1992). *Creative cognition: Theory, research, and applications*. Cambridge, MA: MIT Press.

開一夫・鈴木宏昭（1998）．表象変化の動的緩和理論：洞察メカニズムの解明に向けて　認

知科学, 5, 69-79.
本間道子 (1996). ブレーンストーミング集団における生産性の検討 心理学評論, 39, 252-272.
Knoblich, G., Ohlsson, S., Haider, H., & Rhenius, D. (1999). Constraint relaxation and chunk decomposition in insight problem solving. *Journal of Experimental Psychology: Learning, Memory, & Cognition*, 5, 1534-1556.
Kray, L. J., Galinsky, A. D., & Wong, E. (2006). Thinking within the box: The relational processing style elicited by counterfactual mind-sets. *Journal of Personality and Social Psychology*, 91, 33-48.
Leung, A. K-y., Maddux, W. W., Galinsky, A. D., & Chiu, C-y. (2008). Multicultural experience enhances creativity. *American Psychologist*, 63, 169-181.
Maddux, W. W., & Galinsky, A. D. (2009). Cultural borders and mental barriers: The relationship between living abroad and creativity. *Journal of Personality and Social Psychology*, 96, 1047-1061.
Mullen, B., Johnson, C., & Salas, E. (1991). Productivity loss in brainstorming groups: A meta-analytic interaction. *Basic and Applied Social Psychology*, 12, 3-23.
Nijstad, B. A., & Stroebe, W. (2006). How the group affects the mind: A cognitive model of idea generation in groups. *Personality and Social Psychology Review*, 10, 186-213.
Nijstad, B. A., Stroebe, W., & Lodewijkx, H. F. M. (2002). Cognitive stimulation and interference in groups: Exposure effects in an idea generation task. *Journal of Experimental Social Psychology*, 38, 535-544.
Ohlsson, S. (1992). Information processing explanations of insight and related phenomena. In M. T. Keane, & K. J. Gilhooly (Eds.), *Advances in the psychology of thinking*, vol. 1. Hertfordshire, UK: Harvester. pp. 1-44.
Osborn, A. F. (1957). *Applied imagination: Principles and procedures of creative thinking*. 2nd edition. New York: Scribners.
Rietzschel, E. F., Nijstad, B. A., & Stroebe, W. (2007). Relative accessibility of domain knowledge and creativity: The effects of knowledge activation on the quantity and originality of generated ideas. *Journal of Experimental Social Psychology*, 43, 933-946.
Ward, T. B. (1994). Structured imagination: The role of conceptual structure in exemplar generation. *Cognitive Psychology*, 27, 1-40.
鷲田祐一・三石祥子・堀井秀之 (2009). スキャニング手法を用いた社会技術問題シナリオ作成の試み 社会技術研究論文集, 6, 1-15.

第7章 情報の多様性がアイデア生成に及ぼす影響の検討　　　211

付録：生成されたアイデア例

　実験1，2を通じて，6つの評価値を合計した得点が高かった2例（回答例1と2）と低かった2例（回答例3と4）を以下に示した。実際の回答は直筆で，また英語で行われたが，評定に際して第一著者が電子化するとともに，アイデアの日本語訳を追加した。なお，回答の上部の "No. of related articles" には，アイデア生成時に実験参加者によって抽出された記事の番号が，"Keywords" にはアイデア生成のもとになったキーワードが記してあり，下部の "Summary of the Idea" にはアイデアの具体的な内容が記されている。また，アイデア生成時に実験参加者が「特に重要な役割を果たした」とみなした記事の番号には○がつけられている。

回答例1：独自性（3.50），新規性（3.50），妥当性（3.25），有用性（3.75），面白さ（3.50），記事との一貫性（4.00）

No. of related articles	Keywords	No. of related articles	Keywords
18	iPhone, medical information	41	Segway, urban transportation
20	Airplanes, Wi-Fi	46	otaku reintroduction pop idol
23	Kiosk, self-service	70	tropical wine, high-tech viticulture
25	Baseball, eBay, Stub Hub	80	Email, employees, stress
27	eBay, court, airplanes	88	ICT crime social security
31	LiveJournal, Harry Potter, obscenity	41	Segway, urban transportation

Summary of the Idea	There are more and more made-up names used commonly. They are added to our language and are mostly technology-based. People encounter them frequently, and most have a common perception of what the world means. However those who are not tech-savvy could fall behind the times and be unable to understand what others are talking about. As our culture becomes more globalized, common knowledge will continue to grow, making more words and facts that people "have" to know to get by. 造語を使うことがより日常的になるだろう。それらは現在の言葉に付加され，その多くが技術ベースのものだろう。人々はそれらを頻繁に目にし，その世界が意味することの共通の認識を得ることになる。しかし，技術的な知識のない人々は時代から遅れ，他の人々が話していることが理解できなくなるだろう。私たちの文化はよりグローバル化し，常識は広がっていく。人々がうまく生きていくために知っておかなければならない言葉や事象がどんどん作られていくだろう。

回答例 2：独自性（3.00），新規性（3.00），妥当性（4.00），有用性（3.75），面白さ（4.00），記事との一貫性（3.50）

No. of related articles	Keywords	No. of related articles	Keywords
17	Music Downloads, Social network sites		
19	E-Music, mobile phone, music		
24	Online videos, music, hackers		
64	digital music, consumer behavior, piracy		

Summary of the Idea	The juristic system needs to be adapted to the new technical developments. How can copyright for instance work online without infringing copyright's owners; like the Creative Commons for the instance. And there is also the matter of privacy. How people can protect their system and data of violators. Before laws will be changed, I foresee the trend that more projects like CC will rise up and come up with different possible solutions. 法体系は新たな科学技術の発展に適応する必要がある。例えば，創造的所有地（Creative Commons）のように，著作権所有者の権利を侵害せずに，オンラインの著作権が機能するにはどうしたらいいだろうか？ また，プライバシーの問題も存在している。侵入者からシステムやデータを守るにはどうしたらいいだろうか？ 法律が変わる前に，創造的所有地（Creative Commons）のようなプロジェクトがもっと立ち上がり，様々な可能な解決策を打ち出すのではないかと考える。

回答例 3：独自性（1.00），新規性（1.00），妥当性（1.50），有用性（1.25），面白さ（1.25），記事との一貫性（1.75）

No. of related articles	Keywords	No. of related articles	Keywords
7	Glaciers melting water, Climate change, Fragile ecosystem		
10	pollution → prematurely death		
73	electronic pollution		China
77	abandon wooden chopsticks		
83	drought potato farming		

Summary of the Idea	China has a pollution problem and also a climate problem. I think because of all production of wooden chopsticks, in the future China will lose many more trees. With global warming, glaciers will melt into water. There won't be any trees to suck up the water, that's growing in amount. So there will be more fluids with mud possibly many people will die. 中国は公害問題と気候問題を抱えている。木の割りばしのような製品のために，将来，中国から多くの木が消えるのではないだろうか。地球温暖化のため，氷河が溶けていくだろう。水を吸い上げる木がなくなり，水量が増加するだろう。それで，多くの人々が亡くなるような洪水が増えるのではないだろうか。

第7章 情報の多様性がアイデア生成に及ぼす影響の検討　　　213

回答例4：独自性（1.00），新規性（1.00），妥当性（2.50），有用性（1.00），面白さ（1.00），記事との一貫性（1.75）

No. of related articles	Keywords	No. of related articles	Keywords
22	China, Video game, corruption		
47	Birth control, slogans, China		
52	China, Unicom, cell phone, military		
73	Electronic pollution, China		
93	China, Socialism, Internet participation		
95	China wealth distribution		

Summary of the Idea	China is coping with development issues. Government is taking a pro-active role. 中国は開発問題に対処している。政府が積極的な役割を担っている。

第8章　未来洞察による新商品開発とイノベーション

古江奈々美・鷲田祐一・藤原まり子

8.1　実務における未来洞察手法

8.1.1　背　景

　社会変化仮説と未来イシューを掛け合わせた未来シナリオに基づき，10年程度先の中長期的な将来を見据えた新商品開発（ここではプロダクトとサービスの両方を含む）を実施し，最終的にはイノベーションの実現へと結びつけることが，未来洞察手法を用いる企業が願ってやまない目標である（西村，2015）。これまで述べてきたように，未来洞察手法は，単に将来の幅広い可能性を吟味できるという特徴に加え，5～10年（最長で20年程度まで）という中期的な期間設定は，新技術の開発や新規市場の開拓のための，いわば準備期間が設けられていることを意味するため，イノベーションの実現を目指す企業にとって魅力的な手法であるといえよう。

　もちろん，将来を幅広く予測する未来洞察手法から生まれる新商品アイデアのすべてが，必ず製作可能かつ市場へ受け入れられる保証付きのものではない。加えて，第2章で指摘されている通り，90年代後半から日本で取り入れられた未来洞察手法は，アジアでの情報収集への活用しやすさや日本企業の使いやすさを追求し，繰り返し試行錯誤され今日に至るものの，手法自体に揺らぎや脆弱性が存在することが各学問領域の専門家によって議論されている。

　一方で，未来洞察手法のメリットやデメリットを実務家はどのように認識しているのであろうか。これを明らかにするために，未来洞察手法を体験した実務家89名へ意識調査（詳細は後述）を実施した。すると，手法自体の問題もさ

ることながら，企業内の職種によって未来洞察手法の活用に積極的な職種とそうでない職種の存在が発見された．また，職種ごとの違いに加え，未来洞察手法の中で，複数のメンバーとの収束作業によってアイデアの創造性が失われてしまうことを危惧する共通意見がみられた．最終章では，以下の手順で，職種ごとの未来洞察手法を活用したいという意識に違いが生まれるのか，そして複数の人とのディスカッションの中でアイデアを収束させることに違和感を抱くのか，についての背景を考えてみたい．

8.1.2 本章の主題

はじめに，ひと口にイノベーションと言っても，様々な定義や内容のものがあるので，未来洞察手法はどのようなタイプのイノベーションの実現を目指しているのか，つまり，未来洞察手法によるイノベーションの領域的定義を試みたい．同時に，その目標とするイノベーションの領域が近いと考えられるデザイン思考手法との共通点および相違点を整理し，未来洞察手法の新商品開発における特徴を明らかにする．そして，未来洞察手法による新商品のアイデア創造を体験した実務家の意識調査を実施し，(1) その未来洞察手法の特徴がゆえに，職種によって未来洞察手法を新商品開発に活用しようという意識の差が存在していること，および (2) 未来洞察手法を用いて組織的に作られる新アイデアのことをイノベーションを生むアイデアだと思うかどうかについてのパラドクス心理が存在していること，の2点を明らかにする．これらの議論を通じて，本章では実務上のイノベーション技術としての未来洞察手法の立場を明快にし，実務家が未来洞察手法に対して抱く心の障壁のメカニズムを理解し，企業の中で，新商品開発へ未来洞察手法を適用する際に，マインドチェンジの必要性があることを主張する．

8.2 市場の予測可能性とイノベーション概念の関係性

8.2.1 新商品開発段階での未来市場の予測可能性

未来洞察手法の目標とするイノベーションの領域を示す下準備として，ニーズの顕在化の有無および，ターゲットとする顧客の新規性の有無によって左右

される新商品開発段階で判断可能な市場普及予測の難易度に着目し，複数のイノベーション概念の整理・分類を行うこととする。

ブレイクスルーとなるような新商品を開発するためには，顧客の顕在化しているニーズをくみ取るのではなく，潜在的なニーズをくみ取ることが重要と言われる。そして，顧客は自らの要求をうまく整理して伝えることができないため，その背後にある隠れたニーズをくみ取る必要があるという（Goffin & Lemke, 2004）。しかし，潜在的なニーズをくみ取ることは，文字通り隠れたニーズを見極め，本当にそのニーズが存在しているのかの確証を得ないまま，商品を世に送り出すことを意味する。そのため，企業にとってはリスクが高い試みである。すべての新商品開発における成功は，市場へ普及するか否かを予測できるかどうかにかかっているといっても過言ではなく，顕在化しているニーズに応えた新商品開発でさえも，決して安易ではない。

新商品開発という行為そのものが抱える予測の困難さは，ニーズの見え隠れのみに規定されるものではない。新商品のターゲットとする顧客が既存顧客であるのか，それとも新規顧客層であるのか否かにも大きく左右され得る。この場合，新規顧客層を開拓する必要のある新商品開発のほうが，売り手先がはっきりとしている既存顧客向けの新商品開発よりも普及するのかどうかという予測可能性は低い。このような戦略の分類は，いわゆるアンゾフのマトリクス（アンゾフ，1969）で提示された企業経営戦略の基礎概念である。

本章では，そのようなアンゾフのマトリクス上に展開される複数タイプのイノベーションを，(1) ニーズの顕在化の有無，(2) ターゲットとする顧客の新規性の有無という2つの軸を用いて分類・整理を行う。新商品開発の主体者が，市場に普及するかどうかの予測可能性の程度という切り口で様々なイノベーション概念を考察した上で，未来洞察手法における新商品開発の目指す領域を明示する。

8.2.2 予測可能性の度合とイノベーションの種類

丹羽（2006）によると，イノベーション研究やイノベーション論と呼ばれる分野において，種々の着眼点からの分類がなされ，それぞれのタイプのイノベーションの含意内容の紹介や，どのように実現すればよいかといった研究は既

図8.1 市場普及における予測可能性の度合とイノベーションの種類の関係性

に盛んに行われているという。ここでは，さらに，その複数のタイプのイノベーションを，前述のとおり (1) ニーズの顕在化の有無，(2) ターゲットとする顧客の新規性の有無という着眼点で分類し直した (図8.1)。

縦軸であるニーズの顕在化の有無に着眼すると，顕在しているニーズに応えるイノベーションとして代表的なものは，Christensen & Bower (1996) によって提唱されている持続的イノベーション (sustaining innovation) と破壊的イノベーション (disruptive innovation) である。この分類は，先行する大企業が既存顧客の声に耳を傾けた結果，既存技術の延長に努めることで革命的なイノベーションを起こすことができずに，新興企業による，"そこそこの性能"を生み出す破壊的技術によるイノベーションによって市場を奪われるというイノベーションのジレンマを説明するものである。持続的イノベーションと比較して，破壊的イノベーションは性能はある程度抑えてでも価格を抑えてほしいという新規顧客の需要を取り込んだ結果，実現するものだとされる。そのため，横軸であるターゲットとする顧客の新規性の有無で見た場合，持続的イノベーションは既存顧客，破壊的イノベーションは新規顧客となる。

一方で，潜在的なニーズに応えるタイプとして丹羽 (2006) によって定義づけられたものが革新的イノベーション (novel innovation) である。丹羽 (2006) は，上段の顕在化しているニーズに応えるイノベーションは，程度の差はあれ，

あくまで改良にすぎず，潜在的なニーズに応える革新的イノベーションがSchumpeter (1934) の意味する本来のイノベーションを意味していると主張する。潜在的ニーズはさらに現在の潜在的ニーズと将来の潜在的ニーズに分けられる。

8.2.3 新商品開発における未来洞察手法の特徴と，デザイン思考の比較

第1章で既に説明されているが，企業が商品開発において将来市場に投入する商品を構想する上で未来洞察手法と似た考え方にデザイン思考 (Brown, 2008) がある。この項では両者の共通点および差異を示すことで，商品開発への応用における未来洞察手法の目的領域を明らかにするとともに，デザイン思考に対しても，より将来性が高く，未来志向の意思決定に対して有効性が高い手法であることを示す。

共通点その1：職種混合による新商品開発

まず，未来洞察手法でのワークショップは，異なる職種混合によるチームによって実施することが期待されているという点でデザイン思考の手法と共通点を持つ。異なる職種混合による新商品開発の効用については多くの先行研究が存在する。Gupta, Raj, & Wilemon (1986) は，商品開発におけるR&D部門とマーケティング部門の協働がどのような場合に特に必要とされるのかについて論じている。たとえば，ビジネス環境の不確実性が大きいほど，R&D部門とマーケティング部門の協働の必要性が大きくなるという。そして，R&D部門とマーケティング部門の協働が必要とされる状況下にもかかわらず，現実で協働できていない場合は，イノベーションが成功する可能性が下がることも指摘している。

Song, Montaya-Weiss, & Schmidt (1997) は，新商品開発におけるR&D部門，製造部門，マーケティング部門の協働は，何に触発されて実行されるのかを明らかにしている。市場が不確実であったり，新商品開発プロセスにおいて速さや効率性が求められたりしているなどの外部要因によって3部門の協働は促されるのか，それとも協働した場合には社内で報酬が与えられるなどの内部要因によって促されるのかを比較した結果，後者によって促されるという結果が出

た。これらの先行研究は，職種混合による新商品開発の効用については検証されたものの，その成功は，社内でどのように適切な体制を築き上げ，運用すればよいのかにかかっていることを示唆している。未来洞察手法とデザイン思考手法は，こういった，社内での異なる職種による協働によってイノベーションの成功率を高めることを期待した手法と言える。

共通点その2：潜在的ニーズを炙り出す効果

先に述べたように未来洞察手法は実現されていない，隠れた消費者の需要を炙り出す手法であり，このことはデザイン思考手法にも共通する。

デザイン思考とは，デザイナーのように一連のイノベーション活動に人間を中心として設計する精神を吹き込む方法だと定義される（Brown, 2008）。デザイナーの職業的特徴について Norman（1988）は，技術者とビジネスの人々は問題を解決するように訓練を受けている一方で，デザイナーは本当の問題を発見するよう訓練を受けていると指摘する。デザイン思考は，最初からひとつの選択肢に絞るのではなく，それぞれ2段階において複数の選択肢を発散・収束するプロセスを踏みながら，適切な潜在的ニーズとそれに対する正しい解決方法を見つけることを目的とするものである。また，両者は技術開発にまったく関連していないように見える生活者の行動や習慣・文化的流行を吟味するという人間中心の設計という点も共有する。

共通点その3：イノベーションを実現するための具体的手法

イノベーションを起こすにはどうすればよいのかという問いに対し，これまでに多様な切り口でその技法が論じられてきたが，その多くは，成功した商品開発の経緯を振り返ることで，すでに「起きた」イノベーションの要因の特徴を洗い出し，全社的に企業がとるべき方針を形式知化したものと捉えられる。たとえば，複数の企業や大学など外部機関と連携し，技術や知識を組み合わせることで起こり得るとされるオープンイノベーション（Chesbrough, Vanhaverbake, & West, 2006）や，顧客側で起きているイノベーティブな現象を吸収し，商品アイデアにつなげることで起こり得るとされるユーザーイノベーション（von Hippel, 2005），新興国で研究開発を行うことで起こり得るとされる

リバースイノベーション（Govindarajan & Ramamurti, 2011）などが挙げられる。これらの概念は，既存のイノベーション現象を整理するという役割に加え，それ以上に，こうすればイノベーションを起こせるはずだという強い主張でもある。しかしこれらの研究の多くは，ケーススタディが中心であり，具体的にどのようにすればよいのかという方法の提示が弱いというのが現状である。

　イノベーションを起こすための取り組みとして，伊丹（2009）が"イノベーションプロセス"を提示しているが，これも抽象的だと言わざるを得ない。伊丹はイノベーションを「技術革新の結果，新製品やサービスを作り出すことで人々の生活を変えるもの」と定義した上で，(1) 筋のいい技術を選び，(2) 顧客の立場になって技術を市場へ提供し，(3) 収益を生むビジネスモデルを構築し顧客が驚くようなコンセプトに基づいて普及させること，という3つのステップを，企業がイノベーションを実現させるために必要なプロセスとして提示している。しかし，何が「筋のいい」技術なのか，何が「収益を生む」のか，といった疑問に対しては具体的な指標は示されておらず，これまでの経験則や属人的な能力に拠るしかない。

　それに対し，未来洞察手法とデザイン思考手法はどちらも，具体的なプロセスを踏むという点において他の技法と一線を画している。未来洞察手法がスキャニングマテリアルの収集，それに基づく社会変化仮説の構築，未来イシューとの掛け合わせによるシナリオ構築，というプロセスを踏むことは第2章で詳述したとおりであり，同様にデザイン思考手法においても明確化されたプロセスが存在する。

　デザイン思考手法は，P&Gやサムスン電子など，世界有数のグローバル企業を相手にしてデザインコンサルティングを行うIDEO社によって広められた。IDEO社は，デザイン思考手法を巧みに活用することで，家電などのハードのデザインに留まらず，教育システムなども含め，ハードとソフトの両面からイノベーションを生み出している（フォーブスジャパン，2015）。デザイン思考において，人間中心の設計をするためのプロセスは，(1) 観察，(2) アイデア創出（アイディエーション），(3) プロトタイピング，(4) テスト，の4つである（Norman, 1988）。まず，潜在的な顧客のもとで参与観察調査を実施し，真のニーズを理解する。次に，数多くのアイデアを発散・収束のプロセスを経て創出

し，正しい問題を選択していく。そしてラピッド・プロトタイピングとテストを反復し，試行錯誤の中で正しい解決方法として最適な商品の在り方を探っていく。つまり，デザイン思考による商品開発方法は，(1) 革新する能力，根本的な問題に創造的な解答を見つける能力のあるデザイナーの思考方法を体系化したこと，(2) 潜在的な顧客の真のニーズを参与観察によって探ること，(3) 繰り返しのラピッド・プロトタイピングとテストから，顧客の反応を観察し，真のニーズを満たしている商品かどうか確認を行いながら商品化を進めること，という確立された3つのステップをもとに進められるのである。

つまり，商品開発に応用された未来洞察手法とデザイン思考手法は，潜在的ニーズを標的とすること，また数あるイノベーション実現のための技法の中でも，そのプロセスに高い具体性を持つという共通点を持つ。

相違点：現在志向か未来志向か

上記の通りの共通点を持つ未来洞察手法とデザイン思考であるが，その最大の相違点は現在志向と未来志向という標的とする時間的領域の違いである。未来洞察手法は，その名の通り，未確定の未来に対する洞察を得ることを主眼としている。一方でデザイン思考は現在のデザイナーが，基本的には現在のニーズを探るための手法であり，未来の商品開発に確実性を付与することを目的とはしていない。

この相違より，企業が将来の商品開発に応用する際の，未来洞察手法の優位性が見えてくる。まず，デザイン思考が参与観察による直近の潜在ニーズの把握に全力を注ぐのに対し，未来洞察手法は社会変化仮説と未来イシューの掛け合わせというプロセスを導入している。確かに，参与観察をすることで，顧客の口からは直接語られない根本的な問題を探り，それを解決するための商品が開発されることで，イノベーションになる可能性は十分にある。なぜなら，明日にでもすぐ必要とされているものを開発しようと意図するのであるから，市場への普及も速やかである。しかしながら，見方を変えると，もしも市場の環境が大きく変化すれば，その商品は数年後に廃れている可能性もある。参与観察によるニーズの把握は，顕在化していないとはいえ，直近ニーズの把握に限定されてしまっているということに注意する必要がある。

次に，デザイン思考はデザイナーの現在の思考方法を体系化したものであるため，デザイナー本人がデザイン思考の手法を利用してもあまり新規性がない。この問題点は第1章でも指摘したとおりである。デザイナー以外の分野の人々，特に技術革新に偏って傾注しやすい技術者にとって，人間の真のニーズを探り，製品開発するための手法としてはデザイン思考は有効と考えられるのだが，デザイン実務を中心的に担うデザイナーにとって新規性が薄いという弱点は，デザイン思考手法を実務で実際に利用する際の大きな障害になりやすい。いっぽう，未来洞察手法はデザイナーをも含むすべての職種に未来志向の思考法という新しい概念を提供するものであるので，もう少し間口が広い。技術者はもちろんのこと，予測困難な将来的ニーズの予見を可能とするという点で，デザイナーのさらなる創造性の発揮が期待できる手法であると言えよう。

8.2.4　両手法によるイノベーションの領域

以上の議論を踏まえると，デザイン思考と未来洞察手法がそれぞれ促進するイノベーションの領域は，図8.2のように布置される。

デザイン思考によって実現され得るイノベーションの領域は現在の潜在的なニーズ探索によるイノベーションであり，未来洞察手法によって実現され得るイノベーションの領域は将来の潜在的なニーズ探索によるイノベーションであ

図8.2　未来洞察手法によるイノベーションの領域

る。さらに，横軸に着目すると，デザイン思考は既存顧客へのアプローチとして活用できる場合が認められるものの，未来洞察手法がターゲットとする顧客は，時系列的に「新規」な顧客と考えるべきであろう。

　先に述べたように，商品を市場に投入した際に本当にターゲットとする顧客に受け入れられ，普及するのかどうかという点で予測が困難であるために，新商品開発担当者が実行に不安を感じる程度は，縦軸では下へ向かって，横軸では右に向かうにつれて大きくなる。つまり，未来洞察手法で目指しているイノベーションの領域は，市場へ普及するかどうかという予測可能性が低いため，新商品開発担当者が最も不安を感じる領域であることがわかる。

　その際，新商品開発に用いる技術や発想そのものが既存の技術やアイデアからどの程度飛躍しているかという視点，つまり，いわゆる既存商品からの変化量と，市場普及の予測困難性やそのことに対する不安が，必ずしも正の相関関係にあるわけではないことに留意すべきである。既存商品の使用技術や商品アイデアからの変化量が大きく非連続的で飛躍があるものは急進的イノベーション（radical innovation），いっぽう変化量が小さく連続的であるものは漸進的イノベーション（incremental innovation）と分類される（McDermott & O'Connor, 2002）。丹羽（2006）は技術・アイデアともに既存のものからの変化が少ない連続的な漸進的イノベーションは革新的イノベーションと全く異なるものだと主張する。しかし，潜在的なニーズを満たすイノベーションが必ずしも常に新しい技術や，予測不可能なアイデアのみによって実現されるとは限らない。顧客の潜在的なニーズを満たす新商品を実現するために，結果的に既存技術や既存の商品のマイナーチェンジをする，ということも十分にあり得るということだ。

　たとえば，前出のIDEO社が生み出した新商品のひとつに，Keep the Charge（釣銭貯金）というものがある。これは，Bank of Americaによる顧客向けサービスで，顧客がデビットカードを使って買い物をした際に，1ドル未満の端数を繰り上げて引き落とし，余剰分（つまり釣銭）を顧客の貯蓄口座へ振り込むという新しいサービスである。新規顧客として子育て中の母親をターゲットとし，IDEO社によってエスノグラフィが実施された結果，子育て中の母親に限らず多くの人が使用した金額を切り上げて大まかに捉えており，母親に限ると家計の苦しさや意志の弱さからなかなか貯金できないという実態が明

らかとなった．これらの潜在的な特徴を加味した結果，Keep the Charge という新しいサービスが生まれた．この新サービスは 2005 年の 10 月に開始され，1 年に満たないうちに Bank of America は 250 万人の新規顧客を得ることに成功した（IDEO, 2015）．この新商品は，直接消費者の要望を反映させた商品ではなく，潜在的なニーズの反映に成功したイノベーションとみなすことができる．それにもかかわらず，目新しい技術や多くの人が思いつきもしなかった奇抜なアイデアはほとんど採用しているわけではない．

それに対して，未来洞察手法においては，技術や戦略における演繹的な未来イシューを，帰納推論による社会変化仮説に掛け合わせる手順を踏むため，上記で挙げた例のような，現状観察に徹するデザイン思考から生まれる商品アイデアよりは，比較的急進的な商品アイデアが生まれやすい傾向がある．

いずれにせよ，未来洞察手法やデザイン思考によって実現を目指すイノベーションの領域は，市場への普及可能性の予測が難しく，新商品開発に携わる者が不安を感じる領域であることは共通している．

8.3 企業組織の中での未来洞察

8.3.1 新商品開発取り組み姿勢の 3 分類

未来洞察手法が扱う領域は，市場への普及可能性の予測が困難な領域のイノベーションであるが，この領域に挑む企業は少なからず存在する．Miles, Snow, Meyer, & Coleman, Jr.（1978）の研究では，企業ごとに新商品開発への取り組み姿勢の違いが見られ，大きく「Defender」「Prospector」「Analyzer」という 3 つのタイプに分類できるという（なお，3 つのどの分類にも属さず，新商品開発における戦略の方向性が定まっていない企業は「Reactor」と定義されている）．

Defender とは，商品とターゲットとする顧客がはっきりとわかっている市場（既存商品・既存顧客による安定した市場）を好み，その市場における高いシェアを死守することを徹底する戦略をとる企業を指す．Prospector とは，えり好みせずに市場環境の変化を幅広く観察し，潜在的なニーズをみたす商品開発を狙う戦略を採用する企業を指す．Analyzer とは Defender と Prospector のど

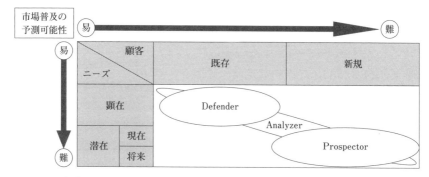

図 8.3 市場普及における予測可能性の度合と新商品開発に関する企業戦略の関係性

ちらの戦略も取り入れ，既存の商品や顧客による安定した市場へのアプローチを維持しつつ，チャレンジングな市場での新商品投入を狙う戦略を採用する企業を指す。これらを前述の 2 軸の戦略マトリクス上に布置すると，図 8.3 のように表すことができる。企業という観点では，最も市場普及の予測が難しい不確実な領域のイノベーションを実行に移す主体は，Prospector か Analyzer だということになり，つまり未来洞察手法を積極的に活用する主体となるのも Prospector か Analyzer である企業だと解釈できる。Gupta, Raj, & Wilemon (1986) は，Prospector にとっては，R＆D 部門とマーケティング部門の協働が最も必要であり，その必要度合は Analyzer，Defender の順に下がっていくという。このことも，Prospector または Analyzer が異なる業種の混合によるシナジー効果を期待する未来洞察手法を使用する有効性が高いことを意味している。

　Miles, Snow, Meyer, & Coleman, Jr. (1978) は，Defender, Prospector, Analyzer である企業それぞれの経営管理方法の特徴についても述べている。Defender 企業は，会計担当者が一番力を持ち，市場の動向を読むことに極力お金をかけない効率的な組織づくりを徹底する。それに対して，Prospector 企業は，マーケティング担当者と研究開発者の立場が強く，多種多様なオペレーションを行う。Analyzer 企業は，マーケティング担当者と技術担当者の力が強く，安定的なオペレーションとダイナミックなオペレーションを同時に行う。

この見解は，企業ごとの戦略の違いに限らず，企業内の職種ごとに新商品開発における目標が大きく異なっている可能性を示唆している．

8.3.2 職種の違いによる活用意欲の差を調査

このような問題意識を受けて，本章では，未来洞察手法体験後の実務家89名に，この手法についての意識調査を実施した．職種ごとの人数は，研究系が10名，技術系が23名，デザイン系が32名，企画（マーケティング）系が24名である．今回実施した調査は，未来洞察手法のワークショップ終了時に，未来洞察手法を経験して感じたメリット・デメリットを自由回答法で回答用紙に記入する方式とした．対象となったワークショップは3個で，そのうち2個はいわゆるオムニバス形式のワークショップ，残りの1個が内容について守秘義務が懸けられた単独企業のカスタマイズドワークショップである．3個のワークショップともにデザイン系，企画（マーケティング）系の人材が対象のものであったが，一部研究系の人材も含まれていたので，集計対象とした．なお，営業系の人材も少数含まれていたが，それら回答者は同時にデザイン系か企画（マーケティング）系も兼任していたので，今回は集計対象から除外した．質問は以下の二つの極めて簡単なものである．

質問1：このような作業をすることで，従来の通常のプランニング作業やデザイン作業と比較して，どのようなメリット・デメリットがあると思いますか？

質問2：このような作業によるアウトプットは，どのような場面や相手に対しての説得・説明資料にしやすいと思いますか？

この意識調査の結果を分析したところ，職種ごとに未来洞察手法を新商品開発で利用しようという意識に大きな差があることが明らかとなった．職種ごとで違いが見られるということは，単に一部の体験者がこの手法の利用方法を認識できていないということではなく，職種ごとに新商品開発で目指すべき目標の違いが存在し，5～10年後の中長期的な新商品アイデアを出すという共通の目標が掲げられている場であるにもかかわらず，所属する職種の特徴が強く現

れるということを意味する。

一般に，企業における所属する職種ごとの特徴的な考え方というものは，どのように見られるのだろうか。Gouldner（1957, 1958）の先行研究によると，ある企業に所属する実務家は，所属する企業全体の存続および発展への貢献が求められると同時に，企業内の職種グループに属し，その職種内における成果への貢献が求められている。個人は，自身のパーソナリティに加え，社会的な役割として，所属企業に対する忠誠心と専門家集団に対する忠誠心という二重の忠誠心を求められているとされる。そして，所属企業に対して強い忠誠心を持つ個人はコスモポリタン志向者（Cosmopolitans），専門家集団に対して強い忠誠心を持つ個人はローカル志向者（Locals）と呼ばれている。この先行研究は，同じ企業の職員であっても，職種ごとによってものの見方や捉え方に大きな違いが出ることを裏付けている。

8.3.3　ビジネスへの応用に後ろ向きな職種グループの存在

89名分の意識調査の自由回答の結果をアフターコーディングして集計したところ，未来洞察手法でのワークショップに対し，「本気になれない・確実性がない」や「ビジネスにつなげる具体性がない」と答えた人が89名中11名であった。表8.1に示すように，この11名の内訳は，技術系と企画（マーケティング）系に属する人の10名と研究系とデザイン系に属する人の1名であった。これは技術系・企画（マーケティング）系に属する人の方が研究系・デザイン系に属する人よりも未来洞察手法をビジネスで活用することに消極的だということを意味している（$p<0.01$; フィッシャーの直接確率検定による）。

また，未来洞察手法を使用した際に「参加者の方向性のぶれを懸念する」と答えた人は，89名中15名であったが，この15名の内訳は，技術系と企画（マーケティング）系に属する人の11名と研究系とデザイン系に属する人の4名であった。これは，技術系・企画（マーケティング）系に属する人の方が研究系・デザイン系に属する人よりも参加者の方向性のぶれを懸念する傾向があることを示している（$p<0.1$; フィッシャーの直接確率検定による）。Mietzner & Reger（2005）の先行研究によると，質の高いシナリオを作成する際には，適任の人を選択する必要があると指摘されているため，確かに参加者のパーソナリティ

表 8.1 「ビジネスへの応用をしぶる」におけるフィッシャーの有意差検定

	技術系＋企画系	研究系＋デザイン系	計	フィッシャーの直接確率	
ビジネスへの応用をしぶる	10	1	11	両側 P 値 片側 P 値	0.0084 0.0064
－	37	41	78	Cramer の V	0.2866
計	47	42	89	Yule の Q	0.8345

表 8.2 「参加者の方向性のぶれを懸念する」における有意差検定

	技術系＋企画系	研究系＋デザイン系	計	フィッシャーの直接確率	
参加者の方向性のぶれを懸念	11	4	15	両側 P 値 片側 P 値	0.0959 0.0704
－	36	38	74	Cramer の V	0.1851
計	47	42	89	Yule の Q	0.4875

表 8.3 「アイデア・コンセプトが生まれる」における有意差検定

	技術系＋企画系	研究系＋デザイン系	計	フィッシャーの直接確率	
アイデア・コンセプトが生まれる	10	9	19	両側 P 値 片側 P 値	1.0000 0.5941
－	37	33	70	Cramer の V	0.0019
計	47	42	89	Yule の Q	−0.0045

は結果に影響するであろう。しかし，未来洞察手法は一方向にしばられない幅広いシナリオを作成できるのが利点であるため，そもそも参加者の方向性に「正しさ」なるものを厳格に規定する必要はないはずである。「ビジネスへの応用をしぶる」という結果に加え，この結果は，技術系・企画（マーケティング）系に属する人たちは，未来洞察手法そのものに加え，未来を予測するという行為自体に対して懐疑的であることを示唆している。

一方で，未来洞察手法を用いることで「アイデア・コンセプトが生まれる」と答えた人は，89 名中 19 名であった。この 19 名は，技術系と企画（マーケテ

ィング）系に属する人の10名と研究系とデザイン系に属する人の9名という内訳であり，人数の有意差は見られなかった。つまり，技術系・企画（マーケティング）系に属する人と研究系・デザイン系に属する人ともに，未来洞察手法によって「アイデア・コンセプトが生まれる」という効果があることを認めている人が同程度存在するにもかかわらず，技術系・企画（マーケティング）系に属する人たちは，ビジネスへの応用に消極的で，未来を予測する行為自体に懐疑的であることがわかる。なぜ，このような職種ごとの差が生まれるのであろうか。

8.3.4 職種グループによって異なる新商品開発への期待

　技術系・企画（マーケティング）系という職種グループと，研究系・デザイン系という職種グループでは，新商品開発への期待が異なることが，先の結果の背景にあると考える。技術系・企画（マーケティング）系は新商品開発に対して，中長期的なイノベーションの実現をあまり期待せず，むしろ既存の顧客の既存のニーズへいち早く応える新商品を世に出すことを期待している。すなわち，短期的な新商品開発を数多く実行することを重要視している。一方で，研究系・デザイン系は，潜在的なニーズをじっくりと探り，新規顧客に対するアプローチを考え，新商品開発にイノベーションの実現を期待している。すなわち，量にはこだわらずに長期的な構えで新商品開発に取り組むことを重視している（図8.4）。

　従来，デザイン系の職種というのは，すでに技術的仕様設計が完了した製品の意匠だけを担当する役割と考えられてきた。いっぽう研究系の職種は従来，商品のアイデアやコンセプトを生み出すという行為自体にあまり携わらない役割と考えられてきた。未来洞察手法に接することで，これら2つの職種の人たちには，中長期的な商品アイデア開発という新しい動機を与えることができていると解釈できる結果である。いっぽう，技術系・企画（マーケティング）系の人たちに対しては，未来洞察手法に接しても，日常的な業務を超えた新しい役割や動機を与えることができていないようで，結果的に日常的な業務の中で期待されている役割に固執する結果になってしまっていると解釈できよう。

　おそらく，デザイン系・研究系の人にとっては，未来洞察手法は日常的業務

第 8 章　未来洞察による新商品開発とイノベーション　　　231

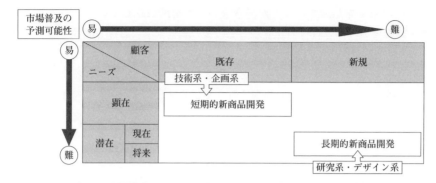

図 8.4　市場普及における予測可能性の度合と職種グループの関係

での役割をなにも毀損しないままに純粋に新しい役割を享受する機会として機能しているのであろう。マイナスが何もなくプラスばかりに見えるので，手法に対して否定的になる要素は見当たらないということだ。いっぽう技術系・企画（マーケティング）系の人にとっては，日常業務の中でいかに素早く効率的に解決策を提示するか，という期待をされているため，未来洞察手法に接すると，一定のメリットを感じつつも，本質的な部分で日常業務の価値を否定されているような印象を抱くのだと思われる。つまり，プラスとマイナスの両面があり，トレードオフな選択を迫られるような状況に置かれるため，結果的には慣れ親しんだ日常業務での役割を選択してしまうということだ。同じ手法に対して，職種によってこのように大きく捉え方が違うという点は興味深い。

　ところで，いくつかの先行研究による，このような職種による視点の違いは，それぞれの職種の教育的背景に起因する，つまり，文系か理系かという問題に関係するのではないか，という問題が提起される。たとえば，Feist（1991）は学生を用いた思考実験にて，文系の学生は統合的にものを考え，理系の学生は分析的なものの見方をするという違いを明らかにしている。鷲田（2014a）は，日本においてはほとんどの実務家が自分が文系か理系か，という自己認識を強く持っているがために，専門以外のテーマに対する苦手意識を抱いていることを指摘している。そして，理系人材側ははっきりと定義できない話を嫌い想定外に目を向けない傾向がある一方で，文系人材側は膨大な過去の事例のみに関

心を向け未来を意識することができないことを問題視している。つまり，文系・理系という高等教育の課程が，その後の職業生活における問題へのアプローチの方法，あるいは方向性を規定するということである。

しかし，今回の結果を踏まえると文系と理系という二分法的な教育背景が，未来洞察手法に対する姿勢に影響を与えているとは言えない。なぜならば，短期志向に分類された技術系は理系・企画（マーケティング）系は文系，いっぽう長期志向に分類されたデザイン系は文系・研究系は理系，というふうに，たすき掛けの構造になっているからである。

このことは，未来洞察手法が，現在の単一の問題を解決するための手法ではなく，未来の，しかも市場や技術という文理の垣根を飛び越えてしまう広範で複雑な問題を対象としなければならない手法であるということに起因していると解釈すべきだろう。これまでのところ，こうした手法は大学などでの教育や学術研究の場で重点的に取り上げられてきたとは言い難く，教育的背景の違いによって未来洞察手法に対する姿勢が規定される可能性は低いと考えるべきだ。むしろ，実務生活においてそれぞれの専門職種が日常的に置かれている環境によって，未来事象に対する態度が規定されていると考えるほうが自然である。

8.3.5　未来洞察手法を主導する担い手としてのデザイナー

研究系・デザイン系のうち，特にデザイン系に属する人たちが，どのようにして未来洞察手法をうまく活用するのかという点に特に注目したい。未来洞察手法を「説得材料として使える」と回答した人は，89名中12名であったが，この12名はデザイン系に属する人の8名，研究系・技術系・企画（マーケティング）系に属する人の4名という内訳であった。

これは，デザイン系に属する人は，それ以外の人よりも，未来洞察手法を企業内で周囲を説得する際に活用できると捉えていることを表している（$p < 0.05$; フィッシャーの直接確率検定による）。Anggreeni & van der Voort（2008）は，シナリオはデザイナーが問題空間の中でより的確な解決策を作り上げる際の思考を支援する役割を果たす可能性を説いている。先に述べたように，デザイン思考はデザイナーのアプローチの方法を他の職種の人たちに対して形式知化した手法であるが，いっぽうシナリオを用いる未来洞察手法はデザイナーのアイデ

表 8.4 「説得材料にできる」におけるフィッシャーの直接確率検定

	デザイン系	研究系・技術系・企画系	計	フィッシャーの直接確率	
説得材料にできる	8		4	12	両側 P 値	0.0244
					片側 P 値	0.0214
—	24	53	77	Cramer の V	0.2527
計	32	57	89	Yule の Q	0.6308

ァ創造活動自体をも支援できる手法という主張である。そして，今回の意識調査の結果によれば，デザイン系に所属する人たちは，それが周囲を巻き込みながらイノベーションを実現する際に説得材料として使用できる，と捉えている。これはどのように解釈できる現象であろうか。おそらく，デザイナーたちは，シナリオ手法を利用することで，日常のデザイン業務の中で他部署の人たちに最も説明しにくい要素をうまく説明できると感じているのではないだろうか。それは，第1章で説明したアブダクションという要素である。田浦（2012）が説明するように，アブダクションは個人的な動機で発露する創造活動である。もちろん，企業内でのデザイン活動では，個人的な動機であっても多くの場合は審美的な視点よりも論理的な視点が重視されて実施されるのであるが，個人的動機である，という一点において他部署の人からは論理的根拠を懐疑的に見られる部分でもある。しかしシナリオ手法は第4章で詳説したとおり，通常の因果関係を飛び越えて二段推論の結果に人の焦点を導く効果がある。この効果をうまく活用することで，デザイナーは自身の創造活動の論理性を補強できると感じているのではないだろうか。そう考えるのが先行研究や今回の調査結果に対して最も整合的な解釈である。

　このようなデザイナーの行動を鑑みると，未来洞察手法を企業の新商品開発で効果的に活用するための主導役として，デザイナーという職種は有望である。つまり，従来のような意匠設計の最終段階を担う役割だけではなく，中長期的な新商品開発戦略の基礎を立案する役割も担うということである。

8.3.6 デザイン部の機能変化

このようなデザイン系人材の新しい機能への期待は，実はすでに日本の一部大企業で具現化が始まっている。鷲田（2014b）によれば，日米中の比較調査の結果，3か国の中で日本だけがICTの導入によってデザインの付加価値が低下してしまっている傾向が顕著である。そしてそのような現象の背景には，ICTによってデザイン創造活動がデザイナー以外の人にも実現可能なものになってきてしまい，結果的にデザインという要素がものづくりのプロセスの中でコスト削減の対象になってしまっている事実があると指摘されている。このような現実の中で，日本の大手電機製品製造企業や自動車製造企業の一部では，デザイン部に従来とは違う機能を付与し，デザイナー人材を意匠設計の専門家ということ以外でも活用しようという試みが始まっている。たとえば㈱日立製作所のデザイン部では，未来洞察手法を用いて2005～2030年の社会変化の胎動をとらえ，サスティナブルな都市生活を実現するための「25のきざし」を発表している（日立デザイン，2005）。また，富士通デザイン㈱も未来洞察手法を用いて未来のテクノロジーと働く人々の関係をビジョンとして描いている（富士通デザイン，2015）。このような事例は他にも多数あり，日本の製造業大企業におけるデザイン部の機能が急速に変化してきていることが確認できる。

Urban et al.（1987）によれば，先進国の典型的な大手製造業企業の商品開発においては，デザインという言葉が使われるプロセスは2つあると説明されている。1つ目は，その商品開発の最初期に実施される「デザイン過程」の策定（その新商品の全体の計画と設計を指すと思われる）であり，経営層の指示を受けて開発部門で実施されると説明されている。2つ目は，商品アイデアを具現化する文字通りの「デザイン」（意匠設計とほぼ同義と思われる）であり，市場参入計画が定まった後にやはり開発部門によって実施されると説明されている（そして，この2つ目の「デザイン」の前後では，マーケティング関連部門との連携・サポートが頻繁に行われるとされている）。しかし，これまで多くの日本の製造業企業のデザイン部には，2つ目の「デザイン」業務しか機能付与されていなかったし，それゆえその職種にもそのような期待しかなかったと言える。一方，昨今のデザイン部の機能変化は，まさにUrbanらが指摘する1つ目の「デザイン過程」の策定へと脱皮しようとする試みだと解釈できる。そしてそのよ

うな試みの中で，すでに未来洞察手法が積極的に活用され始めているということだ。

　このような新しい種類のデザイン系職種では，前述のデザイン思考と未来洞察手法が組み合わせで利用されはじめている傾向もある。つまり，デザイン部が自ら戦略意思決定の上流に対して発信しようとする場合には未来洞察手法を用い，他方，他部署（主に技術系・企画（マーケティング）系の部署）で実施され始めているデザイン創造作業に対して積極的に作用して付加価値を高めようとする場合や，研究系部署のように，従来は新商品開発から距離があった部署を巻き込みたい場合などには，デザイン思考を共有言語として用いるのである。今後，日本の製造業の中長期的な新商品戦略においては，このような形でデザイン系職種の関与度が徐々に高まってゆく可能性がある。今回の意識調査結果は，そのような変化の予兆を示唆しているとも解釈できるだろう。

8.4　イノベーションを育むのは，個人か，組織か，社会か

8.4.1　個人による突発的なイノベーションへの憧れ

　最後に，本章の意識調査の回答全体を俯瞰する中で発見された，創造性とその創造主体，および情報共有の在り方との間で発生している興味深いパラドクスについて論じる。

　自由回答方式であるにもかかわらず，一部の回答者が共通して，1つの興味深いデメリットを挙げていた。それは，「チームメンバーとの合意をはかりながら未来シナリオを作っていくと，説得性は高まるものの，多くの人が賛同し裏付けされた大衆的な意見になってしまい，イノベーティブな意見でなくなってしまう」という意見である（9名／89名中）。確かに，意見やアイデアを収束させる段階で，それぞれの個人の意見には何かしらの修正や追加が行われるので，それぞれの意見の独自性が失われていくことは否定できない。しかし，この意見は，イノベーションに対し，「ごく一部の才能のある個人の手によって突発的に起こされるもので，アイデアの段階では周りの賛同が得られないほどユニークなもの」という認識が存在していることを示唆している。未来洞察手法で創造されるアイデアは，演繹推論と帰納推論を二段推論で組み合わせて作

られた，かなり独自性の強いものが多いのであるが，それでもなお，一定数の参加者が，そのような組織的に作り出されたアイデアはイノベーティブさが欠けてしまっているのではないかと不安になっている様子が浮き彫りになる。

　もちろん，それらの回答者が潜在的に感じているような要素，つまりイノベーションは裏付けのされないランダムなものという側面も確かに存在している(Anthony, Johnson, Sinfield, & Altman, 2008)。たとえば，Griffin, Price, & Vojak (2012) によると，イノベーションは一部のシリアルイノベーターとよばれるセンスのある個人によって実現されるものであり，提案された当初は周囲からの賛同が得られにくいものだとされる。経営者はそのような人材を見つけ出し，活用することが重要だとされる。このような先行研究の影響や，イノベーションを実現した個人がメディアなどに頻出することなどの影響で，イノベーションを，Apple 社のスティーブ・ジョブズ氏や Facebook 創設者のマーク・ザッカーバーグ氏のような，天才肌の人間による突拍子もない思い付きや信念によって実現される英雄譚のようなものだと捉える風潮があるのも一面の真実であろう。

　このような英雄譚に対する一種の憧れの影響で，時間をかけてデザイン思考や未来洞察手法などの思考プロセスを組織的に実践すること自体が無駄だという考えが存在してしまっているのであれば，それは残念な現状と言わざるを得ない。それらの組織的に取り組む思考プロセスを経て生まれた商品アイデアは創造的だと認められないという固定観念で，たとえイノベーションへとつながるビジネスプランが生まれたとしても，それを深い思慮なく棄却してしまう危険性が示唆される。

8.4.2　多様な情報を利活用できるエキスパート人材の必要性

　このような傾向が発生してしまう原因は，突き詰めれば，アイデアの中身よりも，発案者のカリスマ性に期待する心理があることだと言えよう。Haunks (1998) は，個人の自信の心理がイノベーションの背景にあると主張している。一方で，昨今の日本の大企業においては，そのようなカリスマ経営者や企画者が突如出現する可能性は低く，集団によるイノベーション創出以外は実現性に乏しいと言わざるを得ない。特に，日本人の場合は，謙遜を美徳とする文化が

あるため，北米よりも自信や自尊心を持たない傾向であること（Brown, 2005）や，日本人は新興国の人材よりもディスカッションで自信を持つことができていないこと（Furue & Washida, 2015）などの事実が先行研究によって報告されてもいる。これらのことを踏まえると，日系企業の経営にとって，カリスマ性の強い個人によってイノベーションが実現されることを切望するのは全く賢明ではない。

　ではどういう人材であれば，この組織と個人にまつわるイノベーションのパラドクスを解決しうるのであろうか。組織で高度に情報を共有しつつも，個人の能力を十分に発揮するような人材というのは，存在するのであろうか。第5章では，未来洞察手法における参加者ごとの各種情報の利用方法の違いに着目して分析した結果，未来洞察手法に熟練したエキスパートは情報量の増減と利用する情報の多様性に比例的関係が見られないのに対して，一般的な参加者はそれが比例的な関係になってしまうという違いを発見した。同時に，多様な視点をもとに生成されたアイデアは独自性が高くなることも明らかにした。さらに第6章では，未来イシューの作成段階において，技術系の人材だけで作成した未来イシューよりも，技術系人材に加えてユーザーの視点を融合することができる経営学者が協働して作成した未来イシューのほうが，結果的に考案されたアイデアがイノベーティブであると評価される確率が有意に高いという発見をした。これらのことから，シーズ情報からニーズ情報まで，情報の多寡にかかわらず多様な視点を持てる人材が組織的なイノベーション創出活動においてエキスパート人材になりうることが示唆される。いっぽう第7章では，そのようなエキスパート人材ではない個人を対象にする場合は，アイデア作成のために提供される情報があまりにも多様であるとかえって考案されたアイデアの質が低下する現象が報告された。したがって，エキスパート人材ではない参加者を対象にする場合は，提供する情報の多様性を中庸にコントロールすることが重要であると主張された。多様な情報を利活用できる人材の有無が未来洞察の成否を左右すると解釈できる結果である。また第4章の研究では，原因要素に対する深い理解がシナリオ手法利用における自信度を高めることも示唆されている。傑出したカリスマ性を持つ英雄的イノベーターでなくても，多様な情報のマネジメントに長けた人材であれば，組織活動の中でイノベーティブなアイ

デアを生みだせると解釈できる結果である。

　意思決定研究や情報学研究，あるいは実務としてのICT産業では，情報の質よりも量に注目が集まっている。いわゆるビッグデータ研究においては，計算機能力の飛躍的な向上に合わせて，これまで利用されてこなかった大量の情報を掘り起こせば，新しい知見が次々に発見されるのではないかという主張がなされている。同時に人工知能技術の進歩によって，近い将来，人間と同等の質的解釈が可能なコンピュータが出現すると予想する研究者もいる。ではそんなビッグデータと人工知能があれば，間もなく80億人に達しようとする人々が住む約200にものぼる世界の国や地域の，数千年におよぶ歴史や文化に根付く多様な社会の未来シナリオを，本当に描けるというのであろうか。少なくとも，それ以外の社会変化仮説の未来シナリオも多様に準備し，心構えを作っておくほうが賢明であることは間違いないだろう。

　重要なのは，情報の量よりも質，そしてその質の多様さである。その多様さを，情報の量に影響されずにマネージできる人材が組織によるイノベーション創出のエキスパートと言える。個人のカリスマ性はイノベーション創出の必須条件ではない。

8.4.3　イノベーションに対するマインドチェンジの必要性

　これらの研究結果をもとにすれば，未来洞察手法を新商品開発に用いる際に，2つのマインドチェンジが必要だと言えるだろう。1つ目に，中期的な将来を見据えた新商品アイデアという同じ目標が設定されていても，日頃の業務内容に起因した，新商品開発に対する期待への差異が職種ごとに存在していることを認識し，それぞれの職種が自らの見解を主張しあうのではなく，共通のディスカッションルールに則って互いに理解し合おうと歩み寄る姿勢が非常に重要である。せっかく未来洞察手法を通じて異業種の交流によるシナジー効果を期待しても，職種間の心理的な障壁を取り払うことができないまま取り組むのでは，手法が持つ効果が十分に発揮されず，時間の無駄になってしまう。2つ目に，カリスマ性の強い個人によるイノベーション創出への憧れを捨て，組織によるイノベーションの創出を目指す手法を受け入れることである。「独自性の高いアイデアの開発は，大勢で面倒なディスカッションをするよりも，自分一

人で部屋に籠って考案する方がやりやすい」というような考え方，あるいは，「自分はカリスマ性のある天才肌の人間ではないのでイノベーション創出とは無縁だ．自分のような凡人の話を聞くよりもビッグデータと人口知能に頼るほうがマシだ」というような考え方は，ともに変えるほうがよいだろう．

　組織的なイノベーション創出作業において個人に求められるのは，一言でいえば多様性への貢献である．ビッグデータや人工知能だけでは到底捉えきれない，我々自身が作り出したこの複雑な社会が内包する無限と表現すべき多様性への理解こそが，未来洞察の本当の目的だといえる．そして，第4章で説明したとおり，その理解が十分にあれば，カリスマ性がなくても，人はその次のステップ，つまり求められるイノベーションのためのアイデア創出へと踏み出せると言えよう．

8.4.4　長期的にイノベーションを推進する組織的インフラストラクチャの必要性

　日本企業の多くの組織構造では，潜在顧客に対する新規市場を狙った長期的な商品・サービスの開発を担う部門・部署が，事実上存在していないという問題がある．本来であれば経営企画部という名前を持つ部門・部署がその任を担うべきなのだが，多くの日本の企業でのそのような部門・部署は，実質的には総務会計担当部門である．たしかにそのような部門・部署は中長期計画などを策定することが多いが，それは現状の事業の延長に他ならず，未来洞察などが示唆する潜在顧客に対する新規市場開拓というような問題はほぼ一切取り扱わないと言っても過言ではないだろう（あるいは取り扱ったとしても，研修や勉強会レベルであり，まったく本気ではない）．

　では，日本の企業において，潜在顧客に対する新規市場開拓は誰が担っているのか？　多くの場合，それは経営者本人であろう．しかし昨今の大企業では，そのような経営者ですら定期的な人事異動や昇進ローテーションの一部に組み込まれてしまっているので，任期はせいぜい定年前後の数年というのが一般的である．そんな人材がはたして自分がリタイアした後の時代の，潜在顧客に対する新規市場開拓などという難問に，本当に取り組むだろうか？　はなはだ疑問と言わざるを得ない．

しかし，このような問題は，日本企業だけではなく，かつての欧米企業でも一時期見られた問題である。組織が肥大化すれば自ずとこのような問題が浮上するのはある程度やむを得ない部分もある。スキャニング手法の開発に長年尽力してきた Business Futures Network 社では，そのような潜在的な問題を抱える大規模グローバル企業に対して，単発のコンサルティング活動だけではなく，全社的に新規事業創出を委ねられている部門・部署を対象にした，複数年にわたる新規事業策定のためのコンサルティング活動を提供することも多いという (Business Futures Network, 2015)。つまり，長期的にイノベーションを推進するための，組織的なインフラストラクチャを企業内に構築するということだ。そのような機能が企業組織内に継続的に存在していれば，経営者のカリスマ性に不必要に期待したり，ワークショップなどで組織的に生成されたアイデアや知識に対して「イノベーションではないのではないか？」という疑念をいだいたりする傾向も弱まるだろう。

　しかし残念ながら，現状の日本企業の経営企画部門・部署にそのような機能を期待するのは難しいだろう。現状の事業の責任を負い，その延長線上での事業維持拡大を考えなければならない部門・部署に，非連続な未来を考えなさいということ自体，矛盾しているからだ。ゆえに，やはり未来洞察などの手法を活かして非連続な未来を見つめ，潜在顧客に対する新規市場開拓を検討する部門・部署は，デザイン系と研究開発系の人材を活用して，別の組織として新規に設置する必要があるのだろうと思われる。一部の企業ではこのような業務を「スカンクワークス」と呼ぶこともある。そして，そのような部門・部署は，既存の経営企画部門や営業マーケティング系の部門，あるいは技術系部門からの影響を受けない形で事業の未来シナリオを検討する環境を持つべきと思われる。いわば，狭義のマーケティング戦略やエンジニアリングマネジメントではなく，文字通りの新規市場開拓戦略を専任で担当する環境ということだ。

　いったん既存の産業分野の常識や現在の顧客を離れ，いま一度企業の競争力を見つめ直し，新たに開発すべき分野や，提携・買収すべき技術，あるいは専門性を組み立て直し，まったく新しいビジネスモデルの構築を検討するのもこのような部署の任務である。現在の領域に隣接する領域に事業を広げるのは比較的容易であるが，それだけでは不十分な場合もある。新しいビジネスモデル

構築の検討において最も重要なのは，既存の顕在化している競争力に固執するのではなく，新たなビジネスモデル上のサプライチェーンの中で「ボトルネック」となるもの（たとえば，不可欠な資源や原料，技術，販路など）を探り出し，それを他社より先に手に入れる戦略を下敷きに持つことであろう。企業の中長期計画が的外れになる主な原因の1つは，将来に向けて現在の競争力のみで勝ち進める市場がどれほど残っているかという認識の甘さにある。さらに，「ボトルネック」となる要素を特定できたにも関わらず，その獲得に最善を尽くそうとしないままに，その新たなビジネスモデルに漠然と漕ぎ出してしまう企業もある。しかし，そのような形の中長期戦略を立案してしまうということは，いわば負け戦に自ら赴くようなものであり，将来，その企業経営の命取りにすらなりかねない。ゆえに，未来洞察を踏まえた戦略立案という機能においては「何を獲得しておけば将来の市場を制することができるのか」までのシナリオを明確化することがきわめて重要である。

　このような機能はしかし，経営者に対して，強い発言力や影響力を保持している必要がある。なぜなら，いざ社会が変化して，新規市場開拓に踏み出さなければならないときには，まさにその企業の未来を担う舵取り役になるからだ。それゆえ，日本企業の場合であれば，やはり数多くの取締役人材の中の誰かがこのような機能を専門で担当する部門長になることが望ましいだろう。しかもできれば定期的なローテーションから外れて，長期にわたってこのような機能を維持する人材であるほうが望ましい。社外取締役制度や相談役制度などの活用も有望かもしれない。いずれにしても，現状の日本企業においては，このような機能を持つ組織が一般的に普及しているとは言い難く，新たな組織設計が必要であろう。

8.5　結論と今後の学際的研究への期待

8.5.1　本章のサマリ

　本章では，まず，未来洞察手法の目指すイノベーションの領域は，新規顧客の潜在的なニーズに応えることで実行されるイノベーションの領域であり，様々に存在するイノベーションの中でも，市場に普及するか否かの予測が困難

であるために最もリスクが高く見える領域であることを確認した.そして,そのような特徴ゆえに,未来洞察手法を実際にビジネスで活用するにあたっては消極的な職種グループ(企画(マーケティング)系・技術系)と積極的な職種(デザイン系・研究系)に分かれてしまうことを意識調査結果の分析によって検証した.さらに最後に,イノベーションとはカリスマ性の高い個人によって実行されるものだという誤解が存在するために,本書が焦点を当てているような組織的にイノベーション創出を目指す手法自体に対して心理的な矛盾を感じている実務家が少なからずいることを指摘した.それら2点の問題に対して,前章までのそれぞれの研究結果を総合し,多様な情報をマネージできるエキスパート人材の重要性と必要性を説明し,カリスマ性の高い個人でなくても,この社会の無限の多様性を理解することで,組織的にイノベーションが創出できることを主張した.そして,そのような人材を集めて,長期的にイノベーションを推進するための,組織的なインフラストラクチャを企業内に構築することの必要性も浮き彫りになった.

8.5.2 今後の課題

経営や政治経済の判断や意思決定の場に,シナリオ手法の導入が検討されるようになって,はや半世紀以上が過ぎているが,それでもなおその効用の検証が十分に進まず,かつ数々の誤解が払拭されないままでいるのは,大きな問題である.日本の場合はさらに,社会科学領域での重要な研究成果はほとんど海外から輸入・伝播されてくるもの,という受け身な姿勢が支配的であるという二重の問題もある.学術的な経営学研究だけではなく,本章が試みたように,実務における未来洞察活動の事例からもシナリオ手法の効果検証を進めること,そしてその背景を形成している情報学や意思決定研究や統計学,さらには認知科学や人類学の知見にも結び付ける努力をすること,などが重要になってくるであろう.さらに,未来洞察によるシナリオ手法で生み出された意思決定やアイデアを具現化するためには,従来のものづくりで重視されてきたエンジニアリング学だけではなく,デザイン学からも知見を仰ぐことが求められるだろう.

このような,文字通りの学際的な研究姿勢が,未来洞察やシナリオ手法の真相解明には欠かせないものである.情報の多様性のマネジメントという,本書

が全体として主張している問題も，まさに同じ方向のものである．現代の細分化されすぎた学術研究体制は，このようなシナリオ手法研究の推進をむしろ難しくしてしまっている部分もある．そのような困難さに打ち勝って，日本にも，人間の本質的な欲求としての「未来変化への心構え」という行為の理解を進めるスタートラインをつくるために，本書で記した諸研究が少しでも貢献できれば幸いである．

参考文献

Anggreeni, I., & van der Voort, M. (2008). Supporting Scenario Building in Product Design. *Proceedings of the 22nd British HCI Group Annual Conference on People and Computers: Culture, Creativity, Interaction*, 2, 111-114.

Ansoff, H. I. (1968). *Corporate strategy : an analytic approach to business policy for growth and expansion*. Middlesex: Penguin Books.（アンゾフ，H.I. 広田寿亮（訳）(1969). 企業戦略論　産業能率大学出版部）

Anthony, S. D., Johnson, M. W., Sinfield, J. V., & Altman, E. J. (2008). *The Innovator's Guide to Growth: Putting Disruptive Innovation to Work*. Harvard Business Review Press.

Brown, R. A. (2005). The Paradox of Japanese Self-Esteem. 情報研究，32, 1-12.

Brown, T. (2008). Design thinking. *Harvard business review*, 86(6), 84.

Brown, T. (2009). *Change by Design: How Design Thinking Transforms Organizations and Inspires Innovation*. New York: Harper Collins.

Business Futures Network. Futurealities, http://businessfutures.com/home/programs-projects/（執筆時最終アクセス：2015年11月14日）

Chesbrough, H., Vanhaverbake, W., & West, J. (Eds.) (2006). *Open innovation : researching a new paradigm*. Oxford : Oxford University Press.

Christensen, C. M., & Bower, J. L. (1996). Customer Power, Strategic Investment, and The Failure of Leading Firms. *Strategic Management Journal*, 17, 197-218.

Feist, G. J. (1991). Synthetic and analytic thought: Similarities and differences among art and science students. *Creativity Research Journal* 4, 145-155.

フォーブスジャパン（2015）．THE HEART OF INNOVATION 「チーム力」の軌跡　天才はもう要らない　6月号, 20-31.

富士通デザイン（2015）Work Renaissance,
http://jp.fujitsu.com/solutions/offerings/workstyle/work-renaissance/

Furue, N., & Washida, Y. (2015). A comparative study of product planning experiment between Thailand and Japan: Why have specific innovations in emerging countries been realized? *Proceedings of PICMET '15*, 1687-1695.

Goffin, K., & Lemke, F. (2004). Uncovering your customer's hidden needs. *European Business*

Forum, **June 22, issue 18 (Summer)**, 45-47.
Gouldner, A. W. (1957). Cosmopolitans and Locals: Toward an Analysis of Latent Social Roles.I. *Administrative Science Quarterly*, **2**, 281-306.
Gouldner, A. W. (1958). Cosmopolitans and Locals: Toward an Analysis of Latent Social Roles. II. *Administrative Science Quarterly*, **2**, 444-480.
Govindarajan, V., & Ramamurti, R. (2011). Reverse Innovation, Emerging Markets, and Global Strategy. *Global Strategy Journal*, **1**, 191-205.
Griffin, A., Price, R. L., & Vojak, B. A. (2012). *Serial Innovators: How Individuals Create and Deliver Breakthrough Innovations in Mature Firms*. Stanford University Press.
Gupta, A. K., Raj, S. P., & Wilemon , D. (1986). A Model for Studying R & D. Marketing Interface in the Product Innovation Process. *Journal of Marketing*, **50(2)**, 7-17.
Haunks, F. J. (1998). Innovation, Creativity and Success. *Small Business Economics*, **10**, 263-272.
von Hippel, E. (2005). *Democrationg Innovation*. The MIT Press.
日立デザイン (2005). 25のきざし
http://www.hitachi.co.jp/rd/design/25future/index.html
IDEO (2015, 11 23). "Keep the Change" Account Service for Bank of America. Retrieved from IDEO We are global design conmany. We create impact through design, https://www.ideo.com/work/keep-the-change-account-service-for-bofa
伊丹敬之 (2009). イノベーションを興す 日本経済新聞出版社.
McDermott, C. M., & O'Connor, G. C. (2002). Managing radical innovation: an overview of emergent stratedy issues. *The Journal of Product Innovation Management*, **19**, 424-438.
Mietzner, D., & Reger, G. (2005). Advantages and disadvantages of scenario approaches for strategic foresight. *International Journal Technology Intelligence and Planning*, **1**, 220-239.
Miles, R. E., Snow, C. C., Meyer, A. D., & Coleman, Jr., H. J. (1978). Organizational Strategy, Structure, and Process. *The Academy of Management Review*, **3**, 546-562.
西村行功 (2015). 「未来を読む」ビジネス戦略の教科書 毎日新聞出版.
丹羽清 (2006). 技術経営論 東京大学出版会.
Norman, D. (1988). *The Psychology of Everyday Things*. Basic Books.
Schumpeter, J. A. (1934). *The Theory of Economic Development: An Inquiry Into Profits, Capital, Credit, Interest, and the Business Cycle*. Transaction Publishers.
Song, M. X., Montaya-Weiss, M. M., & Schmidt, J. B. (1997). Antecedents and Consequences of Cross-Functional Cooperation: A Conparison of R & D, Manufacturing, and Marketing Perspectives. *Journal of product innovation management*, **14**, 35-47.
田浦俊春 (2012). デザインの社会的動機：技術成熟化社会における Pre-Design と Post-Design の役割 日本デザイン学会誌デザイン学研究特集号. **20**, 8-11.
Urban, G.L., Hauser, J.R., & Dholakia, N. (1987). *Essentials of New Product Management*. NJ：Prentice-Hall.
鷲田祐一 (2014a). デザインがイノベーションを伝える：デザインの力を活かす新しい経営戦略の模索 有斐閣.

鷲田祐一（2014b）．ICT 導入で日本のデザイン産業は活性化したのか？ *Nextcom*, **20**(4), 14-23.

事項索引

■アルファベット

A
Analyzer　225
Apple 社　236

B
BIP　34
BP グループ　34
B to B　54
Business Futures Network 社　34, 52, 72, 240

D
Defender　225

G
Global Business Network 社　34

I
IDEO 社　221
Institute for the Future 社　34
i. school　36

J
J-GLOBAL foresight　14

K
Keep the Charge　224
KJ 法　18, 63

L
Long Range Planning Service　34

M
MCC　198

P
peak-end rule　139

PEST 分析　11, 33
PPM 分析　54
Prospector　225

R
Rand 研究所　34

S
SEPTEmber 分析　11
SWOT 分析　54

T
TW　198

■ア　行
曖昧さ　121
アウトサイド・イン発想　13
アブダクション　16, 24, 233
アメリカ国防兵站局　7
意思決定　4
一次的な情報　194
一般均衡理論　2
イノベーション・ラボ　36
因果関係　121
因果律（causality）　5
インパクトダイナミクス　33, 72
エキスパート　147, 237
エスノグラフィ　25
演繹的な推論　5
オープンイノベーション　220

■カ　行
階層分析法　4
外部性　7, 13
科学技術振興機構　14, 85
革新的イノベーション　218
カリスマ性　236

247

雁行形態論　1
技術戦略マップ　8
技術ロードマップ法　8
帰納的推論　5, 14
急進的イノベーション　224
強制発想　74
共分散構造分析　3
経験則　1
経済産業省　8
ケーススタディ　1, 2, 221
ゲートキーパー　164
効果性（effectuality）　5
構造化手法　72
後方推論（backward inference）　5
心構え　6, 26
コスモポリタン志向者　228
コレスポンデンス分析　65
コンドラチェフ循環論　1

■サ 行
サランラップ　163
シェルグループ　34
自己組織化　22
自信　121
システムダイナミクス　3
持続的イノベーション　218
実現可能性　151
質的データ　23
シナリオ　3
シナリオ手法　4
シナリオ的中自信度　126
シナリオの定義　5
シナリオ・プランニング　5, 37
社会技術研究開発センター　85
社会技術問題　85
社会変化仮説　64
社会変化シナリオ　60, 63
重回帰分析　3
集約プロセス　48
少人数ディスカッション　40
職種　227
シリアルイノベーター　236
新エネルギー・産業技術総合開発機構　8

新古典派経済学　2
新商品開発　215
信念ネットワーク　4, 123
スカンクワーク　79, 240
スキャニング　11, 33
スキャニング・クラスター　60
スキャニング・マテリアル　44
スタンフォード・リサーチ・インスティテュート（SRI）　33
制約論的アプローチ　7, 191
セグメンテーション　54
世代効果　52
セデリスパリプス　2
先見性（anticipatory）　5
潜在的なニーズ　217
漸進的イノベーション　224
全体ディスカッション　40
前方推論（forward inference）　5
戦略計画学派　28
創造性　26
創造的認知アプローチ　189
創造的問題解決　7, 191
想定外　16, 110
創発戦略学派　28

■タ 行
多基準意思決定法　4
多様性　149, 154, 196, 239
探究（exploratory）　5
デザイナー　220
デザイン思考　24, 78, 219
データ処理　2
デルファイ法　8, 182
統計　2
洞察問題解決　7, 191
独自性　151, 199

■ナ 行
二次的な情報　194
二段推論　5, 233
日本総合研究所　36
日本たばこ産業　184
人間中心の設計　220

事項索引

■ハ 行
破壊的イノベーション　218
博報堂　36, 85
バタフライ効果　13, 48
判例　2
非線形な未来　12
日立製作所　234
日立ソリューションズ　160, 184
ビッグデータ　110, 238
ビッグデータ時代　51
ファシリテーター　62
不確実性　6
複雑系　2, 4
富士通デザイン　234
普遍性　2
フューチャーセンター　43
フラクチャー・ポイント　56
フラッシュモブ現象　48
ブレインストーミング　178
プロダクトライフサイクル論　1
文化性　26
文系　231
ベイジアンネットワーク　4, 123

■マ 行
マイクロ・シミュレーション　19
マテリアル・クラスター係数　198
マルチエージェント・シミュレーション　19
未来イシュー　52, 166, 170
未来工学研究所　8
未来洞察（foresight）　6, 8
未来年表　70
未来予測　8

■ヤ 行
有用性　151, 199
ユーザーイノベーション　48, 220
予測　1

■ラ 行
ラピッド・プロトタイピング　25, 78, 222
理解状態　142
力学　2
理系　231
リスク　121, 217
リードユーザー　164
リバースイノベーション　221
量的データ　23
歴史　1
連想記憶　190
ロイヤルダッチシェル社　5
ローカル志向者　228
ローマクラブ　3
ロレアル　36

人名索引

■アルファベット

A
Agular, F. J.　33
Allen, T. J.　164
Arnold Brown　33

B
Brown, T.　24

C
Chesbrough, H.　220
Christensen, C. M.　218

D
Dalkey, N. C.　8

E
Eileen Peng　189

F
Finke, R. A.　189
Forrester, J. W.　3

G
Geoff Woodling　33
Gordon, T. J.　8
Govindarajan, V.　221

H
von Hippel, E.　164, 220

K
Kahneman, D.　139

L
Lesca, N.　35
Loveridge, D.　35

M
Meadows, D. H.　3

N
Norman, D.　220

S
Schoemaker, P. J. H.　7
Smith, J. B.　35

V
Verganti, R.　25
Vernon, R.　1

■ア　行
赤松要　1
粟田恵吾　33, 147
アンゾフ（Ansoff, H. I.）　34, 217
石野幹生　33
伊丹敬之　221
植田一博　147, 163, 189
大澤幸生　22
奥出直人　25

■カ　行
川喜田二郎　18
清河幸子　189
紺野登　25

■サ　行
須藤明人　147

■タ　行
冨永直基　163

■ナ　行
西村行功　5, 28

丹羽清　217
沼上幹　27

■ハ　行
引谷幹彦　119
藤原まり子　33, 215
古江奈々美　215
堀井秀之　85
本田秀仁　119, 147

■マ　行
マイケル・ポーター　28
三石祥子　85
ミンツバーグ　28

■ワ　行
鷲田祐一　6, 189
和嶋雄一郎　163

著者紹介（五十音順，アルファベット順）

粟田恵吾
株式会社日本総合研究所未来デザイン・ラボディレクター。専門は，未来洞察，イノベーション研究。1982年九州大学経済学部を卒業。㈱博報堂に入社し，マーケティング局にて自動車・情報通信分野におけるマーケティングリサーチや戦略立案に従事。2005年フォーサイトチームを起案発足，不確実な未来を洞察する方法論の研究と実践を開始。2007年イノベーション・ラボに発展させ，未来洞察やビジネスエスノグラフィを活用した新規事業開発コンサルティング等に従事。2015年夏より現職。

石野幹生
株式会社日本総合研究所未来デザイン・ラボシニアマネージャー。専門は未来洞察，デザインリサーチに基づくイノベーションの機会探索。1996年早稲田大学大学院理工学研究科修士課程修了。㈱博報堂にて，自動車，通信，金融，総合電機，流通，酒類・飲料，化粧品・トイレタリー，官公庁など幅広い業種のマーケティング戦略，ブランド戦略立案業務に従事後，博報堂イノベーション・ラボにてさまざまな企業・団体の事業ビジョン開発，研究テーマ開発，新規事業開発，イノベーション人材育成などに携わる。2015年夏より現職。

植田一博
東京大学大学院総合文化研究科教授。1988年東京大学教養学部卒業。1993年東京大学大学院総合文化研究科博士課程修了。博士（学術）。東京大学大学院総合文化研究科助手，助教授，准教授，大学院情報学環教授を経て，現職。人と人のインタラクション，創造性，意思決定・判断，日本伝統芸能における技の解明などを研究対象にしている。第7回ドコモ・モバイル・サイエンス賞・奨励賞（2008年），日本認知科学会論文賞（2004年，2007年，2012年）などを受賞。日本認知科学会，日本心理学会，日本認知心理学会，行動経済学会，社会情報学会，人工知能学会，電子情報通信学会，Cognitive Science Society 各会員。

清河幸子
名古屋大学大学院教育発達科学研究科教授。専門は，認知科学，教育心理学。1998年東京大学教育学部を卒業。2005年東京大学大学院教育学研究科博士課程を満期退学。2009年博士（教育学）取得。中部大学講師，名古屋大学准教授を経て，2019年より現職。

須藤明人
静岡大学情報学部講師。専門は機械学習と汎用人工知能の実問題への応用。2002年早稲田大学理工学部卒業。2008年東京工業大学大学院総合理工学研究科博士課程修了。博士（工学）。東京大学生産技術研究所特任研究員を経て，2017年より現職。

冨永直基

株式会社博報堂中部支社マーケティング部長。博報堂生活総合研究所客員研究員。1984年筑波大学社会工学類卒業。同年株式会社博報堂入社。2003年から未来洞察を通した企業のコンサルティングを行う博報堂フォーサイトに創設メンバーとして参画。2008〜2012年コンサルティング局／博報堂イノベーション・ラボに所属。2013年より現職。マーケティング，ブランディング，未来洞察業務や研究などに従事。

引谷幹彦

1991年生まれ，2014年より青山学院大学大学院社会情報学研究科博士前期課程。現在，状況的学習論や活動理論を学びながら，児童養護施設や子ども・若者支援NPOのフィールドワークに取り組んでいる。

藤原まり子

スタンフォード大学修士課程修了（文化人類学）。1981年博報堂生活総合研究所の設立準備に参画し，34年間客員研究員を務め，国内外に生活者の変化について発表。政府省庁の研究会，懇談会の委員を歴任。国土審議会，情報通信審議会，関税・外国為替等審議会の委員を務める。地方自治体において総合計画，地域経済振興策の策定にも参加。1991年からBusiness Futures Network社およびFuturealities社の日本代表。高齢化する国内外の市場，新興国市場の開拓戦略のコンサルテーションなどに注力。2015年より，一般社団法人融合研究所研究員を兼務。

古江奈々美

東京理科大学経営学部助教。専門はマーケティング，イノベーション。2014年一橋大学商学部卒業。2015年同大学院商学研究科修士課程研究者養成コース（研究者養成5年一貫コース）卒業。2019年同大学院商学研究科博士後期課程修了。博士（商学）。2019年より現職。

堀井秀之

i.schoolエグゼクティブ・ディレクター。専門は社会技術論，イノベーション教育論。1980年東京大学工学部土木工学科卒業，1983年ノースウェスタン大学大学院修士課程・博士課程修了（Ph.D）。東京大学大学院工学系研究科社会基盤学専攻教授，東京大学知の構造化センター長を経て，同大学名誉教授。2009年より現職。

本田秀仁

安田女子大学心理学部講師。専門は認知科学，意思決定科学。2002年慶應義塾大学文学部卒業。2007年東京工業大学大学院社会理工学研究科博士課程修了（学術博士）。東京大学総合文化研究科特任研究員を経て，2018年4月より現職。

三石祥子

公益財団法人国際高等研究所研究支援部長。2000年3月大阪大学大学院理学研究科博士課程

修了。博士（理学）。日本科学未来館，文部科学省科学技術政策研究所，科学技術振興機構社会技術研究開発センター，日本学術会議，政策研究大学院大学を経て，2015年より現職。一貫して，専門家と非専門家，専門家同士の対話による新たな知・考え・展望の創出をテーマとしている。

鷲田祐一
一橋大学大学院商学研究科教授。専門は，マーケティング，イノベーション研究。1991年一橋大学商学部を卒業。㈱博報堂に入社し，生活研究所，イノベーション・ラボで消費者研究，技術普及研究に従事。2003年にマサチューセッツ工科大学に研究留学。2008年東京大学大学院総合文化研究科博士後期過程を修了（学術博士）。2011年一橋大学大学院商学研究科准教授。2015年より現職。

和嶋雄一郎
大阪大学高等教育・入試研究開発センター准教授。専門は，認知科学，知識工学，Institutional Research。2002年山梨大学工学部卒業。2009年東京工業大学大学院社会理工学研究科博士課程修了。博士（工学）。東京工業大学大学院教育研究支援員，青山学院大学附置情報科学研究センター助手，東京大学大学院情報学環特任助教，大阪大学未来戦略機構特任助教を経て，2017年より現職。

Eileen Peng
She graduated from the Massachusetts Institute of Technology with bachelors and master degrees in Materials Science and Engineering as well as a MBA from the MIT Sloan School of Business. She is currently a marketing manager at Vecna Technologies Inc. in Cambridge, MA.

Geoff Woodling
Geoff Woodling is an international foresight adviser and innovation practice leader with global companies. Geoff's professional interests have concentrated on developing the practice of foresight disciplines, an understanding of the innovation process and conception of new business within companies. With his co-founders in the US in SRI and in Japan, Business Futures has maintained a continuous global futures scanning programme for over thirty years. Having graduated from St Catharine's College Cambridge University (Scholar in geography 1968-7), Geoff joined Industrial Market Research Limited London as Director. Research and Secondment to London Business School 1976-78 led him to work as Director at Stanford Research Institute, London and later in Ca. USA. In SRI he joined their innovation management practice and co-founded Business Futures Network in 1983 on behalf of a group of 20 international companies which was spun out into a new company BFN in 1992 and Futurealities in 2008 during which time he worked at Jones Lang Wootton, London as Partner to 1992, and Director Hutchison Telecom Europe 2000 - 2003 to launch 3G service in Europe.

KDDI総研叢書3
未来洞察のための思考法
──シナリオによる問題解決

2016年5月20日　第1版第1刷発行
2019年8月20日　第1版第2刷発行

編著者　鷲　田　祐　一

発行者　井　村　寿　人

発行所　株式会社　勁　草　書　房

112-0005　東京都文京区水道2-1-1　振替　00150-2-175253
電話（編集）03-3815-5277／ＦＡＸ 03-3814-6968
電話（営業）03-3814-6861／ＦＡＸ 03-3814-6854
港北出版印刷・牧製本

Ⓒ WASHIDA Yuichi　2016

ISBN978-4-326-50424-4　　Printed in Japan

JCOPY ＜出版者著作権管理機構　委託出版物＞
本書の無断複製は著作権法上での例外を除き禁じられています。
複製される場合は，そのつど事前に，出版者著作権管理機構
（電話 03 5244-5088, FAX 03-5244-5089, e-mail : info@jcopy.or.jp）
の許諾を得てください。

＊落丁本・乱丁本はお取替いたします。
　　　　　http://www.keisoshobo.co.jp

KDDI総研叢書について

　KDDI総研は，KDDIグループのシンクタンクとして，「未来を見つめ，グローバルで多角的な視点から，調査，分析，構想し，ICT社会の発展に向けて提言すること」を企業理念としている．

　インターネットやモバイルの普及は，社会や産業，人々の生活に大きな変革と可能性をもたらすとともに，新たな政策・制度課題を投げかけている．

　KDDI総研叢書は，豊かな社会に向けて，知の力により時代に則したビジネスモデルや制度デザインを創造していくことを目指して刊行したものである．

　本叢書がICT社会の発展につながることを願ってやまない．

株式会社　KDDI総研
代表取締役社長　東条続紀

KDDI総研叢書・KDDI総合研究所叢書

小泉直樹・奥邨弘司・駒田泰士・張　睿暎・生貝直人・内田祐介
クラウド時代の著作権法
激動する世界の状況

A5判　3,500円　ISBN978-4-326-40285-4

高口鉄平
パーソナルデータの経済分析

A5判　3,400円　ISBN978-4-326-50415-2

原田峻平
競争促進のためのインセンティブ設計
ヤードスティック規制と入札制度の理論と実証

A5判　3,200円　ISBN978-4-326-50428-2

寺田麻佑
EUとドイツの情報通信法制
技術発展に即応した規制と制度の展開

A5判　3,500円　ISBN978-4-326-40330-1

実積寿也・春日教測・宍倉　学・中村彰宏・高口鉄平
OTT産業をめぐる政策分析
ネット中立性、個人情報、メディア

A5判　3,500円　ISBN978-4-326-50443-5

岡本　正
災害復興法学の体系
リーガル・ニーズと復興政策の軌跡

A5判　4,500円　ISBN978-4-326-40351-6

中野邦彦
地域SNSによるガバナンスの検証
情報通信技術を活用した住民参加

A5判　3,700円　ISBN978-4-326-30278-9

＊表示価格は2019年8月現在。消費税は含まれておりません。